# 企业常见法律风险事件应对实务指南

主编：程旭东

编写人员：罗华平　张宏莹　罗慧兰　潘国海

中国法制出版社
CHINA LEGAL PUBLISHING HOUSE

# 序

自1995年8月从事律师工作至今，我一直在珠三角腹地——广州、佛山、东莞、深圳四地与企业打交道，林林总总为数千家企业提供过法律服务。其中，参与过国企的改制，目睹了村镇集体企业的兴衰，见证了台资企业的进退，体验了港资企业与内地的融合，更深刻感受到民营企业的生生不息。

企业是现代经济社会的基本单元，企业从成立时起，就要接受现有法律法规各种规则的规范、约束，对内要进行管理，组织经营，对外要与市场中各种主体交往。企业在成立、经营、发展等过程中与股东、员工、客户、金融机构、政府等形成各种各样的法律关系，每个环节的每个法律关系中都存在潜在的法律风险。优秀的企业都是有足够的法律风险意识，采取措施有效防控，在专业的法律团队的辅助下踏过种种雷区而成长起来的，而不是频频踩雷后才找律师“灭火”“疗伤”。

工作中，我参与处理的法律事务多数是企业已经出现的纠纷，少数则是企业主动规范，采取防控法律风险的措施。许多因经营不善而关闭、停办、破产的企业除个别因经济转型被淘汰外，无一不是前期官司缠身的企业；而绝大部分主动规范，积极防控法律风险的企业都穿越了经济周期，顽强地存在，有的IPO（Initial Public Offerings，首次公开募股，以下简称IPO）上市，有的成为行业的隐形冠军，有的发展为知名企业。这就是众多企业样本中，是否积极防控法律风险在长时间跨度中产生的不同结果！

为此，十年前我就萌发了写一本指导企业防控法律风险的书。曾经以企业常用法律知识立题编写，写了一部分，总觉得内容枯燥、晦涩，不是专业人员难有耐心研读；也曾以归纳企业常用法律文书的方式希望通过规范的文书范本来防范相应的法律风险，但在将范本陆续交给客户使用过程中，常常还得根据实际情况进行调整，甚至重新设计有关条款；还曾以建立企业法律风险防控体系的方式来撰写，但成体系地建立法律风险防控机制对于中小微企业来说成本过高，并不现实。数年间就这样边思索边写作边否定，再思考再找方向。

三年前，我开始系统分析、归纳数千件发生在企业的案例。这些发生在实际经济生活中的案例，案情往往纷繁复杂，涉及法律关系错综复杂，案例通常晦涩难懂，非专业人员难有兴趣通读。但多数案例法律关系的主脉络清晰，有其共性，在企业中普通存在。于是，我产生一个想法：把案例中发生的在企业中普通存在的法律关系抽出来，用通俗的语言描写涉及一个清晰法律关系的发生在企业的故事，然后从律师角度有针对性地进行法律分析，从而指导企业防控此类法律风险。

我感觉找到了撰写这本书的方法了。为了加快这本书的写作进度，也为了进一步提高团队的专业能力，我让团队的部分成员加入这本书的写作中，在我的指导下，按照上述思路，共同参与撰写本书。

本书用通俗易懂的语言编写了企业在设立、股东权益、印鉴管理、合同管理、应收账款管理、劳资、产品质量、知识产权、税务、环保、经营、职务犯罪、决策、投资、融资、股权激励、IPO、清算等环节常见的160余种法律风险事件，逐一从律师专业角度进行法律分析，提出防控相关法律风险的建议。

本书围绕企业常见法律风险事件，分析防控，紧贴实务，是企业决策者、经营者、管理者、法务人员及相关岗位人员实用的防控法律风险用书。

本书中所写的企业常见法律风险事件，可能因社会经济的发展变得不再有普遍性，不合时宜；书中有关风险事件的律师分析，可能由于新法的颁布、法律的修改、法规及司法解释的出台、理解偏差等存在错漏、过时的情况。我与我的团队将关注社会经济、法律及企业经营环境的情势变化，在今后的工作中及时收集、分析新出现的典型案例，以三年为一周期，适时补充、修正本书的内容。

本书中所涉企业、人物、地域和情节，除公开信息或新闻报道的个别公众事件外，其余均为虚构，如有雷同纯属巧合，请勿对号入座。

感谢参与本书创作的团队成员罗华平、张宏莹、罗慧兰、潘国海，大家发挥专业、诚信、勤勉和效率的团队精神，勤奋工作、刻苦钻研使得本书能够按计划完成！

感谢参与校对及提供后勤支持的徐琳女士！

感谢本书编辑为本书的出版所作的专业、细致的工作！

程旭东

2019年6月30日

# 目　录

## 第一章　企业设立

## 第二章 股东权益保护

## 第三章 印鉴管理



## 第四章 合同管理

## 第六章 企业经营

## 第七章　劳资关系

## 第八章 产品质量

## 第十章 税 务

## 第十一章 环 保

## 第十二章 职务犯罪

## 第十三章 决 策



## 第十四章 投 资

## 第十五章 融 资

## 第十六章　股权激励

## 第十七章 IPO

## 第十八章 解散清算

# 第一章 企业设立

**001**

## 风险事件

### 隐名股东的烦恼

黄家辉是一家上市公司的财务总监。黄家辉的朋友冼慰民、张圆平拟投资成立嬴海市海鑫房地产有限公司（以下简称海鑫公司），邀请黄家辉一起出资。黄家辉看好嬴海市未来的城市发展，也看好未来房地产市场的前景，有意参与海鑫公司的投资。

黄家辉考虑到自己是上市公司的高管，虽然海鑫公司未来的业务与自己工作的上市公司没有关联，也不存在同业竞争的问题，但觉得直接以自己的名义入股不是很合适，需要避嫌。黄家辉便与妹夫田丰商量由黄家辉出资以田丰的名义入股海鑫公司，田丰欣然同意。

于是，黄家辉将人民币200万元汇入田丰的个人账户，由田丰汇入海鑫公司作为出资款。2005年海鑫公司成立时注册资金为人民币1000万元，工商登记的股东分别为冼慰民、张圆平、田丰，分别占60%、20%、20%的股份。

对此，田丰向黄家辉出具了一份确认书，确认其名下的海鑫公司股权属黄家辉所有。

海鑫公司经过十年的高速发展，总资产近百亿元，净资产达30亿元。在此期间，都是由田丰代黄家辉以股东名义参与海鑫公司的事务，田丰还是海鑫公司的三位董事会成员之一，每当海鑫公司有重大事项需要股东或董事会决议时，田丰都会事前与黄家辉沟通，并按黄家辉的意见进行表决。

十年来，黄家辉利用自己的金融知识及在金融界的人脉为海鑫公司融入了大量资金，为海鑫公司在房地产领域的发展起到了重要作用。

海鑫公司有过三次分红，归属田丰名下的分红款分别为人民币200万元、1600万元、5500万元及部分物业。每次分红款都是由海鑫公司安排汇入田丰个人账户，田丰再汇入黄家辉老婆何颖梓的个人账户，何颖梓再按分红款的5%至10%的比例向田丰老婆黄家玉的个人账户汇款，作为田丰代持股及参与公司事务的报酬。海鑫公司分配的物业包括9套商品房以及12间商铺均直接过户到何颖梓名下。

2015年3月的一晚，田丰醉酒，黄家玉翻看田丰的微信，看到了田丰与一名叫“冰崖岑梅”的女子露骨的聊天记录。黄家玉遂将相关内容全部拍照。

第二天田丰清醒后，黄家玉与其发生激烈争吵，之后双方为此越吵越烈，数度闹到要离婚的地步。虽经黄家辉等家人多次劝解，但田丰仍执意搬出另住，双方互不理睬。

田丰在与黄家玉的争吵中多次表示十年来他为海鑫公司付出巨大，他名下的海鑫公司股权应当属于他自己，他会行使自己的权利。

为此，黄家辉苦恼不已。

## 律师分析

### 适当安排，隐名股东的利益有保障

事件中黄家辉的苦恼实质是隐名股东面临的法律风险。

在现实社会中隐名股东在许多企业中存在。隐名股东是指企业的真正投资人向企业实际出资，但出于种种原因不以自己的名义登记为企业的股东，而是借他人名义登记为企业的股东，企业的股份登记在他人名下，由他人以出资人名义参与企业的相关事务，但股东的权益实际由该真正投资人享有。

在现行司法实践中隐名股东被赋予“实际出资人”的身份，而企业在工商管理部门登记备案的挂名的股东被赋予“名义股东”身份。

“实际出资人”与“名义股东”之间形成了委托代理的法律关系，如果“实际出资人”与“名义股东”就此签订了《委托代持股份合同》，“实际出资人”与“名义股东”之间还形成了委托代理合同关系。正常情况下“名义股东”应当按约定履行股份代持义务，如与企业的其他股东一起签订出资协议；参加股东会，按“实际出资人”的意思表决；及时将股份红利转付给“实际出资人”。

为了显示权利义务对等，《委托代持股份合同》最好约定“名义股东”的报酬，可以将“名义股东”的报酬与股份红利挂钩，激励“名义股东”处理事务的积极性与责任心。

未来，“实际出资人”出于种种原因需要显名，即成为工商登记备案的股东，可以通过“名义股东”与“实际出资人”签订《股份转让合同》，以股份转让的方式办理工商登记变更手续。

如果企业的性质是公司，“实际出资人”也可以在公司其他股东过半数以上同意的情况下，请求公司变更股东、签发出资证明书、记载于股东名册或记载于公司章程并办理公司登记机关登记，从而显名。

上述风险事件中，在黄家辉与妹夫田丰关系尚好时，黄家辉委托田丰代持海鑫公司股份，田丰能较好履行委托代持义务，按黄家辉的意愿进行股东会或董事会表决，及时将收到的股份分红款付给黄家辉的老婆。

然而，当黄家辉妹妹黄家玉与妹夫田丰的婚姻面临破裂的情形时，黄家辉委托田丰代持海鑫公司股份的法律风险突显。为此，黄家辉应当及时显名，否则，田丰擅自转让或质押其名下持有的海鑫公司股份，将会给黄家辉带来巨大的经济损失。

在此，黄家辉可凭田丰出具的确认田丰名下的海鑫公司股权属黄家辉所有的确认书、黄家辉向田丰个人账户汇入人民币200万元出资款的银行流水、田丰将分红款汇入黄家辉老婆何颖梓个人账户的银行流水、相关物业过户至何颖梓名下的凭证等材料主张黄家辉是海鑫公司的“实际出资人”。

鉴于黄家辉与海鑫公司的另外两位股东冼慰民、张圆平是好朋友，感情较好，黄家辉应积极与冼慰民、张圆平沟通，争取两人确认“实际出资人”的事实并同意其显名，尽快办理海鑫公司股东变更工商登记、海鑫公司向黄家辉签发出资证明书、将黄家辉的持股记载于股东名册或记载于公司章程等手续。

如田丰不予配合办理，黄家辉可向人民法院提起诉讼，请求确认其海鑫公司股东身份。

**建议：**

1. “实际出资人”（即隐名股东）与“名义股东”（即代持有股份方）签订《股份代持合同》。

2. 投入企业的出资款应由“实际出资人”账户汇给“名义股东”账户，再由“名义股东”账户汇入拟投资的企业账户。

“实际出资人”保存好上述银行汇款凭证，与《股份代持合同》一起作为认定“实际出资人”的重要资料。

3. 如有可能，“实际出资人”积极与企业其他股东沟通，取得其他股东签署的《“实际出资人”身份确认书》，确认“实际出资人”身份并同意未来应“实际出资人”要求可协助办理显名手续。

4. “实际出资人”及时向“名义股东”索要并保存好“名义股东”参与企业事务的资料，如股东出资合同、企业章程、股东会决议等。

5. “实际出资人”保存好企业分红的资料、凭证及“名义股东”向“实际出资人”转付企业分红款的汇款凭证。

6. “实际出资人”应保持对企业的关注、与“名义股东”的良好关系、与企业其他股东的沟通，掌握企业的情况，及时发现存在的风险。

**002**

## 风险事件

### 终止公司设立，避免投资风险

2007年年初，赢海市海鑫房地产有限公司（以下简称海鑫公司）董事长冼慰民在一次商会活动中认识了赢海市三铭五金制品有限公司（以下简称三铭公司）老板杨永钢。

数次接触后，冼慰民对杨永钢的印象良好。杨永钢向冼慰民建议利用三铭公司现有的技术优势、管理经验，以及海鑫公司在房地产行业的资源，双方合作投资成立一家建筑五金制品公司，经营铝合金门窗以及配件、建筑五金等。

冼慰民针对杨永钢的建议，安排海鑫公司投资部对此进行调研。海鑫公司投资部交给冼慰民的调研报告指出：房地产市场未来十年仍处于高增长态势，新建商品房将普遍使用铝合金门窗，对相关建筑五金制品的需求旺盛。该调研报告还认为，经考察三铭公司，其具有生产建筑五金制品的技术，具备相关的管理经验及组织生产的能力。

海鑫公司与三铭公司经数次沟通，双方决定共同投资成立“瀛海市铭鑫建筑五金制品有限责任公司”，并为此举行了签约仪式，签订了一份《投资成立瀛海市铭鑫建筑五金制品有限责任公司合同》（以下简称投资合同）。

该投资合同约定，双方共同投资人民币5000万元，租用三铭公司现有生产场地，成立“瀛海市铭鑫建筑五金制品有限责任公司”（暂用名，以下简称铭鑫公司）；三铭公司以现有生产设备加上货币出资合计人民币3000万元，占60%的股份；海鑫公司以货币出资人民币2000万元，占40%的股份；三铭公司货币出资的部分由海鑫公司垫付，三铭公司在二年内按年利率9%还本计息给海鑫公司；铭鑫公司后续发展需要资金由海鑫公司给予支持并协助融资；法定代表人由杨永钢担任。

该投资合同约定了铭鑫公司的经营期限、范围、目标、组织机构、利润分配、亏损分担等。

该投资合同还约定，任何一方违约导致本合同不能履行，违约方应按出资额的10%向守约方计付违约金；在铭鑫公司成立前，双方可协商解除本合同。

该投资合同未约定双方出资的期限及铭鑫公司成立的时间。

投资合同签订后，三铭公司安排人员申请办理并取得了“瀛海市铭鑫建筑五金制品有限责任公司”的名称预先核准登记通知书。

海鑫公司利用其在房地产行业的资源介绍三铭公司与数个楼盘洽谈供应铝合金门窗及建筑五金制品业务，三铭公司以自己的名义成功签约三个楼盘的建筑五金制品供货协议。

海鑫公司财务部审核三铭公司签订的三份建筑五金制品供货协议时发现大部分货款需要在楼房通过验收甚至向业主交楼并过了保质期后才支付，货款回笼周期过长，如大量开展此类业务，将积压大量资金，明显影响海鑫公司在房地产主业的发展。

同时，海鑫公司的法务部也指出应与三铭公司就禁止同业竞争，规范关联交易作出进一步协商。

为此，双方未能进一步对铭鑫公司的具体成立事务达成一致意见，未明确约定双方的出资期限，未签订铭鑫公司章程，也未领取铭鑫公司的企业法人营业执照等。

三铭公司则继续以自己的名义向三个已签约的楼盘供应建筑五金制品。

鉴于目前状况，海鑫公司决定解除与三铭公司签订的投资合同，终止建筑五金制品项目。

## 律师分析

### 投资设立公司合同的主要内容应当被公司章程吸纳

事件中海鑫公司对参与投资经营的建筑五金制品项目未作法律尽职调查，导致重大法律问题未能引起注意，签订的投资合同也不是一份完整的投资设立有限责任公司的合同。

投资设立公司合同，是公司在设立过程中，发起人之间就设立公司事项达成一致意思表示所签订的合同，是平等主体之间的民事法律行为，是调整各方在公司设立过程中的法律关系和法律行为的协议，首先应遵守合同法的一般规则，其次要遵循公司法的规定。

投资设立公司合同的内容应包括发起人的基本情况、发起人的出资额、出资方式、出资期限，拟设立公司的名称、住所、注册资本、经营范围等基本情况，发起人在公司设立过程中的权利义务，公司的股东会、董事会、监事会等组织机构产生办法、职权及议事规则，利润分配与亏损弥补，避免同业竞争，规范关联交易，争议解决，合同解除，违约责任等。

公司是企业法人，具有独立的法律人格，有独立的财产。

公司成立时发起人需要制定公司章程，公司章程是公司成立的基础，是公司的基本行为准则，是一家公司的灵魂，对公司的运营与发展具有重要意义。

公司章程的制定非常重要！

公司章程应依公司的实际情况制定，不可照搬格式版本，应体现公司治理的基本原则，公司运营的制度需要等。

公司章程应明确公司名称、住所、经营范围、注册资本，股东的出资额、出资方式、出资期限等，规定公司的机构及其产生办法、职权、议事规则、经营管理制度等。

公司成立后投资设立公司合同的主要内容将被公司章程吸纳，因此，草拟投资设立公司合同时应考虑到未来制定公司章程时的连续性。

上述风险事件中，海鑫公司拟与三铭公司合作投资设立公司经营建筑五金制品，除了必要的商业分析，有条件的话也应作法律尽职调查，进行法律分析，对关键的法律风险点进行评判、防范，并作为谈判的主要内容之一。

重点要关注：三铭公司履行出资义务能力，拟成立的铭鑫公司未来的财务独立、人员独立、业务独立和环保问题等。

鉴于三铭公司的主业是五金制品，正如海鑫公司的法务部指出要特别关注解决同业竞争问题，规范关联交易等。

所签订的投资设立公司合同对上述问题应有约定，在相关问题未有达成一致意见的解决方案之前，类似签约仪式活动的签约文本最好以合作投资意向书的文件出现。

另外，偏离主业的投资活动也应做更详尽的法律风险防控方案。

事件中，所幸海鑫公司及时与三铭公司协商解除了投资合同，否则继续履行将引发更大的法律风险。

**建议：**

1. 签订一份规范的《投资设立企业合同》。
2. 制定一份体现公司治理基本原则，反映公司运营制度性需要的公司章程。
3. 合理设置公司的组织机构，有完善的股东会、董事会、监事会等制度。
4. 合理的财务制度。
5. 合理的审计制度。
6. 具体的禁止同业竞争解决方案。
7. 具体的规范关联交易解决方案。
8. 制度适当的分子公司管理规定。
9. 其他视情况安排的监管方式。

003

## 风险事件

### 小股东出资迟迟不到位，大股东讨说法

嬴海市三铭五金制品有限公司（以下简称三铭公司）与嬴海市海鑫房地产有限公司（以下简称海鑫公司）协商解除了《投资成立嬴海市铭鑫建筑五金制品有限责任公司合同》。

海鑫公司董事长冼慰民与三铭公司老板杨永钢仍保持着良好的朋友关系，海鑫公司还将旗下开发的海鑫世锦楼盘的铝合金门窗等建筑五金制品的订单给了三铭公司。

三铭公司满怀信心地将主要产品转向建筑五金制品，逐步减少其他五金产品的生产，为此添置了新的生产线。由于建筑五金制品货款的回笼周期较长，三铭公司的资金变得非常紧张，严重影响了公司的业务发展。

杨永钢经多方沟通，尝试了多种融资渠道，最后决定引入外部股东融资。

杨永钢接受上次跟海鑫公司合作失败的教训，聘请了金融领域的律师设计了融资方案：三铭公司将其全部经营性资产包括厂房、设备、原材料、半成品等及无形资产包括商标、专利等共同作价人民币6000万元占60%的股份，引入二名至三名外部股东以货币出资4000万元占40%的股份，共同设立“嬴海市三铭建筑五金制品有限责任公司”（以下简称三铭建筑五金公司）。原三铭公司改名“嬴海市三铭实业有限公司”，成为杨永钢的家族持股企业，不再从事五金制品的经营，彻底解决同业竞争及关联交易问题。

经多次协商，三铭公司与嬴海市嘉美投资管理有限公司（以下简称嘉美公司）、贾有财签订了《出资设立嬴海市三铭建筑五金制品有限责任公司合同》，约定嘉美公司出资2000万元占20%的股份，贾有财个人出资2000万元占20%的股份，与三铭公司共同出资设立三铭建筑五金公司，全部出资款应在三铭建筑五金公司领取营业执照之日起三个月内到位。

三铭建筑五金公司领取营业执照后嘉美公司依约将出资款汇到了公司账户，三铭公司也将全部经营性资产及无形资产注入三铭建筑五金公司。

贾有财除在签订投资设立公司合同时向三铭建筑五金公司的临时账户汇入的200万元外，余下的出资款在三铭建筑五金公司领取营业执照超过三个月后一直迟迟未能支付。

为此，三铭建筑五金公司决定向贾有财主张权利，要求贾有财全额出资，并要求嘉美公司与三铭公司对此承担连带责任。

## 律师分析

### 股东未足额出资，公司发起人要承担连带责任

事件中贾有财的行为是股东未按期足额缴纳所认缴的出资额的违约行为。

公司是企业法人，有独立的财产，享有法人财产权，公司的初始财产来源于股东认缴的出资，这是公司能经营、发展的基础物质条件。

按期足额认缴出资是股东最主要的义务，以货币出资的，应当将货币出资足额存入公司在银行开设的账户；以非货币财产出资的，应当依法办理其财产权的转移手续。

股东不按约缴纳出资的，除应当向公司足额缴纳外，还应当向已按期足额缴纳出资的股东承担违约责任。

股东未履行或者未全面履行出资义务，公司或者其他股东可要求其向公司依法全面履行出资义务，公司债权人也可请求其在未出资本息范围内对公司债务不能清偿的部分承担补充赔偿责任，对此，公司的发起人也要承担连带责任。

上述风险事件中，三铭建筑五金公司可依法向贾有财追讨余下的出资款，并可要求贾有财按银行同期贷款利率计付逾期出资期间的利息。

**建议：**

1. 签订出资设立公司合同前应当审查参与投资各方的资格，核查并合理评估参与投资各方履行出资义务的能力和资金来源。

2. 公司的注册资本不宜过大，投资各方认缴出资期不宜约定过长，宁愿以后公司发展需要增加注册资本，也不要贪大把公司的注册资本设得过大，充分

考虑事过境迁出现出资方不能按期足额认缴出资的法律风险，更应防范公司发起人对此要承担的连带责任。

3. 签订一份恰当的出资设立公司合同，明确约定出资各方的出资方式、期限和出资额，约定逾期出资的违约责任，违约责任要具有可操作性。对以实物或无形资产出资的，最好约定各方认可的估值、评估方式等，应当约定相关财产权转移手续的办理期间、费用承担等。

## 004

### 风险事件

## 抽逃出资，转让股份，能否金蝉脱壳

2009年年中，瀛海市海鑫房地产有限公司（以下简称海鑫公司）开发的海鑫临江公馆的施工单位小包工头陈建平邀请工程项目经理伍诚斌、海鑫公司董事田丰一起吃饭，席间陈建平建议大家一起成立一家钢材贸易公司，可以利用大家在建筑工程行业的人脉资源从事建筑钢材生意。

陈建平描述了瀛海市建筑钢材生意的巨大市场。三人兴致高昂，一致认为建筑钢材量大、货款回笼快、做贸易不需要复杂的生产管理，三人合作有优势，是一门合适的好生意。

事后，三人共同出资人民币100万元成立瀛海市永联钢材贸易有限公司（以下简称永联公司），其中陈建平占40%的股份，伍诚斌与田丰各占30%的股份。

永联公司在展开业务中发现绝大部分工程项目的建筑钢材采购都需要招标，招标时对供货单位的资质有一定要求，其中一项就要求供货单位的注册资本达到一定标准。永联公司注册资本只有100万元，基本不符合工程项目对钢材供应商的资质要求，只能承接一些自建房、厂房建设的生意，业务量一直不能上来。

陈建平、伍诚斌二人与田丰商量，建议三人按股份比例把永联公司的注册资本增加到2000万元，以便能承揽大点的工程项目业务，同时也增加永联公司的运作周转资金。

田丰表示同意，但提出自己目前手头紧张，属于自己那份的增资款只能想办法找人过桥，以后可以从自己应得的业务介绍费或分红款中扣减，并表示有办法多接业务，为永联公司多作出贡献。陈建平、伍诚斌二人考虑到田丰是海鑫公司的董事，对永联公司的业务会有很大帮助，就表示同意。

田丰找到专门做小贷生意的陈开世为其增资永联公司过桥。至此，永联公司的注册资本增加到2000万元，陈建平、伍诚斌各按股份比例分别向永联公司实缴增资款760万元和570万元，陈开世汇给田丰个人账户570万元，田丰将该570万元汇入永联公司作为增资款，永联公司又以往来的名义向陈开世指定的公司汇款575万元（其中包含过桥资金的利息5万元）。

增资后永联公司可以承接工程项目业务，业务越做越大，需要的周转资金也越来越大，永联公司在不断地积极争取银行的授信贷款，虽然永联公司生意红火，但股东们一直没有分红，因此为田丰增资过桥的往来款一直挂在永联公司的账上。

田丰考虑到自己名下的海鑫公司的股份是代黄家辉持有的，担任董事是受黄家辉指派的，近期与黄家辉关系紧张，黄家辉很有可能不再安排自己代持股及担任海鑫公司董事，到时候将会严重影响永联公司的业务，也会影响陈建平、伍诚斌对自己的信任。

于是，田丰以海鑫公司近期在规范内部管理，自己是永联公司的股东，会影响永联公司继续做海鑫公司的业务为由，将自己名下的永联公司30%股份以1500万元的价格转让给了蔡卓立。

蔡卓立受让田丰的股份后，当年永联公司货款回笼理想，利润可观，股东们决定分红1000万元，但属于蔡卓立的300万元分红被永联公司用于扣减当初为田丰增资过桥的款项，这时候蔡卓立才知道田丰在永联公司增资时的出资款是找人过桥的。

为此，蔡卓立找田丰协商解决此事，田丰表示自己的股份已转让给了蔡卓立，自己已不再是永联公司的股东，扣减当初增资过桥款项的事情属于永联公司内部的事情，与自己无关。蔡卓立对此气愤不已，决定找律师通过法律途径解决。

## 律师分析

### 抽逃出资严重，构成犯罪

事件中田丰找陈开世为其增资永联公司过桥，在增资款汇到永联公司账上后又让永联公司将增资款汇给陈开世指定的公司，其行为是抽逃出资，并涉嫌抽逃出资罪。

股东向公司出资、增资时都有全面履行出资义务的责任，股东履行了出资义务后，不得抽逃出资，否则会使实际在公司运作的资本少于登记的注册资本甚至陷于虚无，影响公司的正常运作，损害其他股东的权利，损害债权人的利益。

公司确实需要减少注册资本时，必须编制资产负债表及财产清单，由股东会作出决议，应当自作出减少注册资本决议之日起十日内通知债权人，并于三十日内在报纸上公告，债权人自接到通知书之日起三十日内，未接到通知书的自公告之日起四十五日内，有权要求公司清偿债务或者提供相应的担保。公司减少注册资本应当办理工商变更登记。

不经上述程序擅自将公司注册资本转出的行为是抽逃出资，协助抽逃出资的其他股东、董事、高级管理人员或者实际控制人对此要承担连带责任。

如抽逃出资给公司、股东、债权人造成的直接经济损失累计数额在 10 万元至 50 万元以上的；或致使公司资不抵债或者无法正常经营的；或公司发起人、股东合谋虚假出资、抽逃出资的；或因虚假出资、抽逃出资，受过行政处罚二次以上，又虚假出资、抽逃出资的；利用虚假出资、抽逃出资所得资金进行违法活动的都涉嫌犯罪，可能构成抽逃出资罪，可能被追究刑事责任判处五年以下有期徒刑或者拘役，并处或者单处虚假出资金额或者抽逃出资金额 2% 以上 10% 以下罚金。

上述风险事件中，永联公司或蔡卓立、陈建平、伍诚斌均可要求田丰返还增资款本息，田丰抽逃出资的行为也给蔡卓立造成了超过 50 万元以上的经济损失，涉嫌抽逃出资罪。

**建议：**

1. 股东们在公司增资时应严格杜绝注册资本过桥行为。

2. 股东们签订规范的《增资合同》，明确约定增资的数额、方式、期限等。

3. 股东会作出增资决议。

4. 公司增资应及时办理注册资本变更工商登记。

5. 公司减少注册资本应当作出股东会决议。

6. 公司减少注册资本应当编制资产负债表及财产清单。

7. 公司应当自作出减少注册资本决议之日起十日内通知债权人。

8. 公司自作出减少注册资本决议之日起三十日内应在报纸上公告。

9. 公司减少注册资本应及时办理注册资本变更工商登记。

**005**

## 风险事件

### 公司承诺可折算成股票的借款

瀛海市三铭建筑五金制品有限责任公司（以下简称三铭公司）这几年赶上房地产行业的快速发展，业务增长很快。为了多揽业务，三铭公司给房地产商供货的货款回笼期往往都要等到房地产商向业主交楼后。由于资金回笼周期过长，应收货款占用了三铭公司近2亿元的资金。

三铭公司为了解决流动资金周转的问题而进行的融资，其中既有银行贷款，也有民间借贷。

在2014年10月三铭公司向李锦麟个人借1000万元时，三铭公司向李锦麟表示，公司发展势头非常好，有上市的计划，未来二年内会启动股改（即三铭公司由有限责任公司改造为股份有限公司），到时候李锦麟借给三铭公司的款项可以选择折算成公司5%的股份。

为此，三铭公司除与李锦麟签订了一份借款合同外，还向李锦麟出具了一份承诺书，承诺在三铭公司股改时李锦麟可选择将借款转作对三铭公司的出资款，按占三铭公司5%的股份折算成股票。

2014年三铭公司的营业收入已达3亿元，利润将近4000万元，三铭公司在2015年3月正式聘请了证券公司、会计师事务所、律师事务所等中介机构进场，启动了三铭公司的股份制改造，并准备挂牌新三板。

三铭公司股改时，经证券公司介绍，三铭公司的股东们与南方蓝域投资管理有限公司（以下简称蓝域公司）达成入股协议，双方约定三铭公司整体按3.5亿元估值，蓝域公司向三铭公司投资1750万元占三铭公司5%的股份并折算成股票。

2015年6月三铭公司股改完成，工商登记名称变更为赢海市三铭建筑五金制品股份有限公司（以下简称三铭股份公司），注册资本为5000万元，总股本5000万股，其中蓝域公司持有三铭股份公司股票250万股，三铭股份公司正在积极配合中介机构准备上报全国中小企业股份转让系统有限责任公司申请挂牌新三板的材料。

李锦麟听闻上述情况，要求三铭股份公司将1000万元借款折算成三铭股份公司的250万股股票。

中介机构表示，股改已完成，在向全国中小企业股份转让系统有限责任公司申报材料前三铭股份公司的股东及股份比例不宜变动，蓝域公司也明确反对李锦麟的借款折算成股票。

原三铭公司的股东们面对李锦麟的要求感到非常头痛。

## 律师分析

### 股份公司增资应交股东大会表决

风险事件中李锦麟借给三铭公司款项与三铭公司形成的是民间借贷法律关系，借款转为投资需要办理一系列的法律手续，李锦麟不能单方仅凭三铭公司的承诺就将借款转变成投资入股的出资款。

股份有限公司是指公司全部资本平分为金额相等的股份，发起人认购公司全部股份，或以募集方式设立发起人认购公司应发行股份的一部分，其余股份向社会公开募集或者向特定对象募集而设立的公司。

股份有限公司的股东以其认购的股份为限对公司承担有限责任，股份有限公司以其全部财产对公司的债务承担责任。

设立股份有限公司，应当有 2 人以上 200 人以下为发起人，其中须有半数以上的发起人在中国境内有住所，以募集设立方式设立股份有限公司的，发起人认购的股份不得少于公司股份总数的 35%，注册资本的最低限额为人民币 500 万元，发行股份的股款缴足后，必须经依法设立的验资机构验资并出具证明，并应当自股款缴足之日起三十日内召开由发起人、认股人组成的公司创立大会。

有限责任公司变更为股份有限公司时，折合的实收股本总额不得高于公司净资产额，公司变更前的债权、债务由变更后的公司承继。

股份有限公司可以发行股份，股份的发行应公平、公正，同种类的每一股份应当具有同等权利；同次发行的同种类股票，每股的发行条件和价格应当相同，任何单位或者个人所认购的股份，每股应当支付相同价额；股份有限公司发行股份应经股东大会表决。股份有限公司股东持有的股份可以依法转让。

李锦麟与三铭公司签订的是借款合同，是借款人向贷款人借款，到期返还借款并支付利息的合同，李锦麟借给三铭公司 1000 万元的性质是借款。三铭公司单方承诺在三铭公司股改时李锦麟可选择将借款转作对其投资款，按占三铭公司 5% 的股份折算成股票，这样的承诺是无效的，不具有可操作性。

上述事件中，李锦麟未参与三铭股份公司的发起设立活动，蓝域公司在三铭股份公司设立时是按 3.5 亿元估值向三铭公司投资 1750 万元持有三铭公司 250 万股股票，李锦麟将 1000 万元借款折算成三铭股份公司的 250 万股股票也不符合股份有限公司同次发行的同种类股票，每股的发行条件和价格应当相同，任何单位或者个人所认购的股份，每股应当支付相同价额的法律规定。

因此，李锦麟要求将 1000 万元借款折算成三铭股份公司的 250 万股股票不能得到支持。

**建议：**

1. 凭仅公司本身无权承诺外部投资者投资入股，要成为公司股东要么与其他股东一起参与公司的设立，或认购公司增发的股份，或受让原股东的股份，防止打着投资原始股幌子的骗局。

2. 有限责任公司股改时要合法合规。

3. 股份有限公司发行股份要合法合规。

006

风险事件

## 剧情尚未结束的减资

嬴海市飞翔陶瓷有限公司（以下简称飞翔公司）成立于2008年，注册资本300万元。郝仁占公司80%股权，任公司执行董事兼总经理；曾可可占公司20%股权。

2014年8月，飞翔公司业务人员跟进近一年的一个大型楼盘精装修的瓷砖供应项目马上启动招标工作，但从该项目甲方工作人员处得知，甲方将会要求供应商的实缴注册资本在1000万元以上，且这是硬性要求。

为了这个项目，郝仁和曾可可志在必得，决定对公司增资。其实，他们也有自己的想法，待这个项目完成后，他们再对公司进行减资。

2014年9月10日，飞翔公司注册资本增至1000万元，并在工商管理部门办理了变更登记。

同年12月，天遂人愿，飞翔公司幸运中标，成为该大型楼盘精装修项目的瓷砖供应商。

可采购瓷砖预付款尚有600万元缺口，这让郝仁直挠头。郝仁找了多家银行，都因飞翔公司相应财务数据不符合银行贷款要求而望而却步。

在朋友引荐下，郝仁找到嬴海市兴隆小额贷款有限公司（以下简称兴隆小贷）寻求帮助。

2014年12月16日，飞翔公司与兴隆小贷签订《借款合同》，约定：飞翔公司向兴隆小贷借款800万元，借期1年，借款年利率为15%，自2014年12月16日起至2015年12月15日止。19日，兴隆小贷按合同约定将800万元汇入飞翔公司的银行账户。

2015年上半年，飞翔公司回款不错。至8月底，公司账上已有800多万元的盈余资金。郝仁及曾可可认为是时候把当初的增资款“提”出来了。

本来，公司那笔增资款是郝仁及曾可可用来支付购房款的，谁知道自2014年年底开始，嬴海市的房价就像脱缰的野马，一路狂奔。公司一年来的利润还赶不上一套三室两厅房子的涨幅，郝仁悔不当初。

2015年9月10日，飞翔公司股东会作出决议，飞翔公司注册资本由1000万元减至300万元，其中郝仁收回560万元，曾可可收回140万元。并于次日在《瀛海日报》刊登了减资公告，但没有书面通知公司已知的债权人。

当月20日，飞翔公司在工商管理部门办理了减资变更登记。

后来，受国内陶瓷产能过剩影响，且陶瓷行业竞争激烈，飞翔公司感受到了生存和发展的压力。

直至2016年1月，飞翔公司仍没有偿还兴隆小贷借款的意思，兴隆小贷与飞翔公司沟通几次均无效果，于是一纸诉状将飞翔公司告上了法庭。

案情简单，涉案双方都很爽快，法官也非常给力，开庭没几天判决下来，结果都在大家意料之中。

兴隆小贷头疼的事还在后面，飞翔公司凭着自己一穷二白的窘况，随你兴隆小贷怎么折腾，我就是没钱。

最终，在法院强制执行环节中，兴隆小贷回收了460万元，尚有400万元无法落实。

通过各种途径未能查询到飞翔公司具有可执行财产后，法院对该执行案终结本次执行。

上帝给你关上一扇门，就一定会给你打开一扇窗。

兴隆小贷委托的律师在承办上述执行案件过程中，发现了飞翔公司的一个软肋。这对郝仁及曾可可来说，却是致命的。

就凭这个发现，兴隆小贷应该给这位尽职尽责的律师奖励。

原来，飞翔公司在2015年9月的减资程序有瑕疵，其并没有书面通知已知的债权人。

随后，这位尽职尽责的律师给兴隆小贷出具法律意见书，建议兴隆小贷起诉飞翔公司股东郝仁及曾可可，要求他们在各自收回出资的范围内对飞翔公司的债务连带承担补充赔偿责任。

## 律师分析

### 公司减资，应书面通知已知债权人

事件中飞翔公司减资过程中未书面通知已知债权人，其股东需承担相应的法律责任。

我国公司法规定，公司需要减少注册资本时，必须编制资产负债表及财产清单。公司应当自作出减少注册资本决议之日起十日内通知债权人，并于三十日内在报纸上公告。债权人自接到通知书之日起三十日内，未接到通知书的自公告之日起四十五日内，有权要求公司清偿债务或者提供相应的担保。

事件中，飞翔公司向兴隆小贷借款800万元且未偿还，而其2015年9月的减资仅仅在《瀛海日报》上刊登减资公告，未通知已知债权人兴隆小贷，导致兴隆小贷无从得知其减资情况，也无法要求其提前清偿债务或提供担保，其减资程序存在瑕疵。

另外，《最高人民法院关于适用〈中华人民共和国公司法〉若干问题的规定（三）》第十四条对抽逃出资的股东与公司债权人间的责任也有明确规定，即抽逃出资的股东对公司债权人承担补充赔偿责任，按照类推解释的方法，飞翔公司股东郝仁、曾可可应当在各自减资的范围内对兴隆小贷的债务承担补充赔偿责任。

## 007

## 风险事件

### 任性认缴注册资金，清算时惹上大麻烦

瀛海市永宏交通设施有限公司（以下简称永宏公司）成立于2008年，注册资本600万元，主营业务为道路交通设施标线工程、停车位标线工程的设计与施工，交通标志牌、标志杆、交通信号灯的销售与安装等。肖昌盛占80%的

股份，任公司执行董事兼总经理；丁一仁占公司20%股份。

永宏公司自成立以来，一直做一些市政道路维修工程及商住小区内道路的划线工程，而且业务也是不温不火，很难再上一个台阶。

永宏公司成立之初，肖昌盛心心念念想的是多接一些高速公路标线工程，这些工程营业收入高、利润高。可每次投标，都因永宏公司注册资本不符合条件而被拒之门外。

肖昌盛和丁一仁也想过对永宏公司增资，但想到要实缴2000万元资本，他们退却了。这几年公司业绩都平平淡淡，没什么起色，更不用说大量分红了。

时间来到2014年3月，我国《公司法》做了一项重大修改，将我国实施多年的公司注册资本实缴制改为认缴制。肖昌盛和丁一仁喜出望外，再也不用为那2000万元发愁了。

2014年5月10日，永宏公司股东会作出决议，对永宏公司增资，注册资本由600万元增至3600万元，其中肖昌盛认缴新增注册资本2400万元，丁一仁认缴新增注册资本600万元。认缴增资额于2020年9月30日缴清。并在工商管理部门办理了变更登记。

每每看到营业执照注册资本处写着“人民币三千六百万元”，肖昌盛都会会心一笑，觉得万事俱备，只欠东风了。

可生活往往是理想很丰满，现实很骨感，永宏公司业务并没因为注册资本增加而大增，依然是遇标不中。

这种状况又延续两年，至2016年8月，永宏公司已经是连市政道路维修工程及商住小区内道路的划线工程都很难中标施工了。

一方面公司业务大减，另一方面公司费用在不断增加，而且公司还有800多万元材料款未予支付，肖昌盛与丁一仁对经营永宏公司心灰意冷了，决定遣散员工、解散公司。

2016年8月底，永宏公司股东作出股东会决议，决议通过以下事项：

1. 决定停止永宏公司经营，解散永宏公司。成立清算小组，处理永宏公司清算与注销事宜。清算结束后，制作清算报告，并报送公司登记机关，办理永宏公司注销登记；

2. 清算小组由肖昌盛、丁一仁组成，肖昌盛任组长。

2016年10月8日，永宏公司向赢海市赢城区工商行政管理局提交了企业申报事项申请书，申请成立清算组。次日，永宏公司在《赢海日报》刊登了清算公告。

看到永宏公司刊登的清算公告，永宏公司的材料供应商傻眼了，这其中就包括赢海市大道交通设施有限公司（以下简称大道公司），大道公司一直给永宏公司供应道路划线相关的机械设备及划线原料。截至2016年9月底，永宏公司尚欠大道公司货款600多万元。

大道公司一纸诉状将永宏公司告上法庭，请求判令：（1）判令永宏公司支付货款620万元及其相应利息；（2）判令肖昌盛在2400万元的范围内、丁一仁在600万元的范围内对永宏公司的上述债务承担补充赔偿责任。

肖昌盛收到法院邮寄诉讼材料嘿嘿一笑，告就告吧，反正公司也没啥东西。

可法院的判决大大出乎肖昌盛及丁一仁意料之外，法院竟然支持了大道公司的诉讼请求。

## 律师分析

### 公司清算时，未到期的认缴注册资本加速到期

事件中，尽管肖昌盛、丁一仁认缴的永宏公司增资款尚未届满缴纳期限，但因永宏公司已进入清算程序，该缴纳期限应加速到期，肖昌盛、丁一仁认缴未缴的增资款应作为永宏公司清算财产，用于偿还公司债务。

我国公司法于2014年3月对公司注册资本制度作了一项重大修改，将实施多年的注册资本实缴制改为认缴制。也即有限责任公司的注册资本为在公司登记机关登记的全体股东认缴的出资额，法律、行政法规以及国务院决定对有限责任公司注册资本实缴、注册资本最低限额另有规定的除外。

相关司法解释规定，公司解散清算时，股东到期应缴而未缴的出资及分期缴纳尚未届满缴纳期限的出资均应作为清算财产。这也是公司在解散清算情形下法律赋予公司债权人请求公司股东出资义务加速到期的权利。还规定，公司债权人请求未履行或者未全面履行出资义务的股东在未出资本息范围内对公司

债务不能清偿的部分承担补充赔偿责任的，法院应予支持。

事件中，永宏公司已进入清算程序，则股东肖昌盛、丁一仁认缴的永宏公司增资款应作为公司的清算财产，用于偿还公司债务。因此，法院判决肖昌盛在2400万元的范围内、丁一仁在600万元的范围内对永宏公司应偿还大道公司的债务承担补充赔偿责任。

# 第二章 股东权益保护

001

## 风险事件

### 暗度陈仓的股权转让

2008年3月冼慰国经别人介绍认识了易长河，易长河其人长袖善舞，认识的人比较多，而冼慰国有大笔闲置资金，两人一拍即合，决定成立一个贸易公司。

在股权分配方面，双方决定各持股50%，但由于冼慰国还有其他生意要兼顾，所以其将其中10%的股权交由自己的手下刘江由代持。

2008年10月赢海市海升贸易有限公司（以下简称海升公司）成立，登记部门显示股东分别为冼慰国（占股40%），易长河（占股50%），刘江由（占股10%）。

接下来几年，海升公司发展还不错，然而，易长河和冼慰国却矛盾重重，易长河一直觉得自己付出比较多，理应得到更多，但冼慰国却觉得没有他的资金，海升公司也不可能发展壮大这么快。

随着矛盾的不可调和，易长河暗中打算将自己的股权转移到侄子的名下，自己再另起炉灶，这样子他可以两手抓，两手都不放松。

2013年3月4日，易长河向冼慰国发出《股权转让通知书》，该通知书载明：本人自愿以20万元的价格转让1%股权，你是否同意购买或者同意向他人转让，请在接到本通知之日起30日内书面答复本人，商定转让事宜，逾期将视为同意向他人转让。

2013 年 3 月 20 日，冼慰国表示愿意购买 1% 的股权，但认为 1% 股权作价 20 万元，价格太高，双方在价格上协商不一致。

2013 年 3 月 31 日，易长河与易容签订《股权转让协议一》，以 20 万元价格出让 1% 的股权。2013 年 6 月 10 日，股权变更工商登记完成。

2013 年 10 月 5 日，易长河与易容签订《股权转让协议二》，以 49 万元出让给易容 49% 的股权。2013 年 12 月 2 日，第二次股权变更工商登记完成。

第二次股权转让价格为 1 万元/1% 股份，远远低于第一次股权转让的 20 万/1% 股份。

冼慰国此时才反应过来自己被欺骗了，其打算以易长河与易容侵犯其股东优先购买权为由，请求法院确认易长河与易容签订的两份股权转让协议均无效。

## 律师分析

### 股东转让股权，其他股东有优先购买权

事件中两份股权转让协议存在恶意串通损害第三人利益的情形。

作为发起人股东，为维护公司的稳定，可在公司设立时在公司章程中对于股东的股权转让作出规定。

原股东发现股权出让方侵害自己的优先购买权，可以向法院提起确认合同无效之诉，维护自己的合法权益。

在公司股东确有需要转让股权的情况下，也务必要尊重原股东的优先购买权，须向原股东发出转让通知书，转让通知在内容上需具体、明确、全面，应包含股权转让款的支付形式、支付期限、违约责任、税费承担等内容；此外，同等条件须已确定，应包括价款数额、付款时间、付款方式等在内的完整交易条件，也须与受让方签署完善的股权转让合同。

**建议：**

1. 制定一份体现公司治理的基本原则，反映公司股权转让制度性需要的公司章程。

2. 起草一份完善的《股权转让通知书》。

3. 起草一份完善的《股权转让合同》。

002

## 风险事件

### 股东占款，伸手被捉

2008年年初，赢海市海鑫房地产有限公司（以下简称海鑫公司）为打造供应链金融，决定投资成立系列子公司，经营房地产相关行业。

2008年10月，海鑫公司决定收购一家名为赢海市中诚管家物业管理有限公司（以下简称中诚管家公司）的公司。

中诚管家公司设立于2006年5月，注册资本为50万元，其中易家勤持股90%、刘爱欣持股10%（二人为夫妻关系），公司设立后股权未发生过变动，然而由于易家勤夫妇二人经营不善，导致中诚管家公司虽然营业额不错，但利润极低，二人资金周转困难，不得已才想吸纳新的股东进入。

经海鑫公司投资部与易家勤、刘爱欣数次谈判，最终拍板决定由海鑫公司出资40万元收购易家勤持有的80%股权，并将中诚管家公司变更名称为赢海市海鑫物业管理有限公司（以下简称海鑫物业公司）。2008年11月30日，中诚管家公司变更工商登记，正式更名为海鑫物业公司，股权也作出变更。随后，海鑫公司安排员工进入海鑫物业公司担任执行董事，易家勤担任总经理兼法定代表人。

随着海鑫公司的进入，先进的管理理念也随之输入，海鑫物业公司的业绩蒸蒸日上，不断地发展壮大。易家勤喜上眉梢，虽然他的股权占比少了，但其夫妻二人的荷包却大大地鼓了起来。

然而随着越赚越多，易家勤和海鑫公司对海鑫物业公司的未来发展却有了不同的想法，易家勤也动起了别的心思。海鑫物业公司发展得很快，但也需要更多的流动资金。

2015年4月3日，海鑫物业公司召开股东会，股东会决议向外借款。

经易家勤介绍，海鑫物业公司向做民间借贷的卜查前借了600万元。2015年5月4日卜查前按照易家勤的指示向海鑫物业公司转账了600万元。

海鑫物业公司收到该笔款项后，易家勤又安排公司财务向刘爱欣的账户转款了100万元。

此后，海鑫公司发现了上述情况，多次要求刘爱欣、易家勤将100万元退回，但均未得到满意答复。后海鑫公司提起诉讼，请求判决易家勤、刘爱欣返还占用的100万元资金及占用期间的利息。

## 律师分析

### 股东中饱私囊可被追究刑事责任

事件中海鑫物业公司及公司股东海鑫公司的合法权益受法律保护。且在本案中，海鑫物业公司也可选择刑事报案的方式，追究易家勤、刘爱欣侵占公司资金的刑事责任。

公司法规定，公司股东应当遵守法律、行政法规和公司章程，依法行使股东权利，不得滥用股东权利损害公司或者其他股东的利益；公司的高级管理人员不得利用其关联关系损害公司利益。公司股东，对公司负有忠实义务和勤勉义务。

《刑法》第二百七十一条规定的职务侵占罪，是指公司、企业或者其他单位的人员，利用职务上的便利，将本单位财物非法占为己有，数额较大的行为。

**建议：**

1. 制定一份体现公司治理的基本原则，反映公司运营制度性需要的公司章程。

2. 规范的财务制度。

003

## 风险事件

### 公司不分红，小股东的无奈

2008 年 11 月 30 日，嬴海市中诚管家物业管理有限公司经过工商变更，正式更名为嬴海市海鑫物业管理有限公司（以下简称海鑫物业公司），股权结构也变更为嬴海市海鑫房地产有限公司（以下简称海鑫公司）持股 80%、易家勤持股 10%、刘爱欣持股 10%。海鑫公司安排自己的员工进入海鑫物业公司担任董事，易家勤担任总经理兼法定代表人。

随着海鑫物业公司的业绩蒸蒸日上，易家勤的荷包也鼓了起来，但是易家勤也有不满，海鑫公司过于独断专行，对海鑫物业公司的盈余也是分一半留一半，美其名曰该部分盈余留作海鑫物业公司的储备金，为以后发展壮大做准备。

海鑫公司的这种举动，让易家勤倍感不解，他认为海鑫公司可能是想将该部分盈余挪给自己用，但是作为小股东，其也无可奈何，只能忍气吞声。

2015 年 4 月 3 日，海鑫物业管理公司召开股东会，为发展壮大公司，决议对外借款。此时，易家勤认为机会来了，你不仁我也不义，他介绍海鑫物业公司向卜查前借了 600 万元。

2015 年 5 月 4 日卜查前按照易家勤的指示向海鑫物业公司转账了 600 万元，该笔款项到账后，易家勤安排财务另向刘爱欣的账户转款了 100 万元。

此后，海鑫公司发现了上述情况，多次要求刘爱欣、易家勤将 100 万元退回，但均未得到满意答复。后海鑫公司提起诉讼，请求判决易家勤、刘爱欣返还占用的 100 万元资金及占用期间的利息。

为扳回一城，易家勤也向法院提起诉讼，要求海鑫物业管理公司对公司两年来的盈余进行分配。

## 律师分析

### 法律不强制公司进行盈余分配

易家勤作为海鑫物业公司的股东，有权利要求对公司盈余部分进行分配，但盈余分配的请求却只可向公司提出。

公司是否进行盈余分配是公司自治的范围，法律不可强加干涉。公司若有盈余分配决议的，在公司股东会或股东大会作出决议时，在公司与股东之间即形成债权债务关系，若未按照决议及时给付则公司除了需要支付盈余分配款之外，还应支付利息。若没有盈余分配决议，则起诉至法院进行强制盈余分配，一般法院不予支持。

然而，法律也规定，公司连续五年不向股东分配利润，而公司该五年连续盈利，并且符合规定的分配利润条件的，小股东可以要求公司回购其持有的股权。

**建议：**

1. 制定一份体现公司治理的基本原则，反映公司股权转让制度性需要的公司章程。

2. 股东会通过一份完善的《公司盈余分配决议》。

## 004

## 风险事件

### 小股东也有知情权

赢海市汇龙安保有限公司（以下简称汇龙公司）注册资本为2000万元，刘汇龙持股40%、刘汇江持股25%、李希持股20%、李望持股15%。汇龙公司承接赢海市很多大型活动的安保工作，发展前途无量。

2013年10月，经朋友介绍，易家勤从李望处受让了5%的汇龙公司股权。

易家勤虽然持有汇龙公司的股权，但从不参与经营管理。自受让股权以来已有快两年的时间，汇龙公司从未向易家勤分红，也未要求易家勤出席股东会，易家勤想与刘汇龙等股东沟通，但是刘汇龙等其他人更是连见都不肯见他。

易家勤觉得委屈不已，也万般无奈，在朋友介绍下于2015年、2016年委托一家律师事务所分别向汇龙公司、刘汇江、刘汇龙提出书面请求，要求查阅汇龙公司财务报表以行使股东知情权，汇龙公司接函后未提供公司的财务报表。

2017年易家勤以股东知情权被侵犯为由向法院提起诉讼。

## 律师分析

### 股东有权查阅公司会计账簿

本案中，易家勤作为汇龙公司的合法股东，应当享有合法的相关股东权益，易家勤于2015年、2016年多次委托律师事务所向汇龙公司提出书面请求，要求查阅公司财务账簿以行使股东知情权，汇龙公司未向易家勤提供财务账簿就等同于剥夺了易家勤知情权的行使。

《公司法》第三十三条规定："股东有权查阅、复制公司章程、股东会会议记录、董事会会议决议、监事会会议决议和财务会计报告。股东可以要求查阅公司会计账簿。股东要求查阅公司会计账簿的，应当向公司提出书面请求，说明目的。公司有合理根据认为股东查阅会计账簿有不正当目的，可能损害公司合法利益的，可以拒绝提供查阅，并应当自股东提出书面请求之日起十五日内书面答复股东并说明理由。公司拒绝提供查阅的，股东可以请求人民法院要求公司提供查阅。"

**建议：**

1. 制定一份体现公司治理的基本原则，反映公司运营制度性需要的公司章程。

2. 规范的财务制度。

## 005

### 风险事件

# 一份侵犯小股东权益的增资协议

赢海市海鑫物业管理有限公司（以下简称海鑫物业公司）系赢海市海鑫房地产有限公司（以下简称海鑫公司）于2008年重点投资的，海鑫公司持股80%、易家勤与刘爱欣夫妻二人共持股20%。海鑫公司投资海鑫物业公司的目的是打造一个专业的物业管理公司，承接海鑫公司开发楼盘的物业管理。

几年时间，海鑫物业公司就跟着海鑫公司混的风生水起，业务不断，每年营收4000多万元，净利润500多万元。2015年海鑫物业公司注册资本1000万元，三名股东持股比例不变，依然为海鑫公司持股80%，易家勤和刘爱欣夫妻分别持股10%。虽然钱越赚越多，但是股东之间的分歧也越来越大。

海鑫公司自认是控股股东，绝大部分业务又是来源于海鑫公司开发的楼盘，其有绝对的权利。易家勤则认为海鑫物业公司是由其创立的，发展初期其有卓越贡献，其应该得到更多。海鑫公司与易家勤数次交锋，双方各有胜绩。

2016年7月10日，海鑫公司提议召开海鑫物业公司股东会，会议审议海鑫物业公司拟增加注册资本到2000万元这一议题，海鑫物业公司立即通知各股东。

2016年7月25日，海鑫物业公司召开股东会，表决该项议题，会议上海鑫公司与易家勤针锋相对，海鑫公司表决同意，但是易家勤、刘爱欣坚决不同意，海鑫物业公司以公司章程已规定资本多数决为由通过该项议题。

2016年8月30日，海鑫公司增资1000万元，则海鑫物业公司的注册资本达到2000万元，股东持股比例变更为海鑫公司持股90%，易家勤、刘爱欣分别持股5%。

易家勤始终觉得自己吃亏了，但是，他又不太明白自己亏在哪里，就是心气儿难平。

## 律师分析

### 公司增资应兼顾小股东的利益

风险事件中，海鑫物业公司股东会的召集程序是合法的，按照法律规定提前15天通知股东，表决结果亦是遵照章程规定的“资本多数决”的原则作出，程序及内容看似合法，未违反海鑫物业公司章程规定，然而，海鑫公司在实施增资的股东会决议时，有可能已经侵犯了易家勤作为小股东的利益。

海鑫物业公司经过几年的发展，经营规模早已扩大，净资产也已升值，截至海鑫公司增资时海鑫物业公司的净资产已经超过1000万元，那么在此时，易家勤、刘爱欣两人所持股权对应价值已经升值。在此情况下，海鑫公司的增资依然按照注册资本计算所对应的股权，这显然不客观。

为保护自己的权益，易家勤应当要求对海鑫物业公司增资时的净资产进行审计、评估，持股比例应当以增资时的净资产加上增资款为基数来计算。

海鑫公司系海鑫物业公司的控股股东，其将自己的增资意志拟为海鑫物业公司的意志，又未能客观公正地实施增资行为，即未能在增资时对海鑫物业公司净资产进行审计、评估，已侵犯小股东的利益。

特别说明，资本多数决是指在股东会上，股东按照其所持股份或者出资比例对公司重大事项行使表决权，经代表多数表决权的股东通过，即形成决议。

**建议：**

1. 制定一份体现公司治理的基本原则，反映公司运营的制度性需要，充分保护股东权益的公司章程。

2. 大股东要慎用控制权。

**006**

## 风险事件

### 兄弟争执公司分家，小股东何去何从

2013 年 10 月，易家勤从李望处受让赢海市汇龙安保有限公司（以下简称汇龙公司）5% 股权。受让股权后，易家勤并不参与经营管理。汇龙公司主要由刘汇龙、刘汇江兄弟两经营，两兄弟合计持股 60% 。几年以来汇龙公司不曾召开股东会，更是没有分红。

随着汇龙公司经营规模越来越大，刘汇龙和刘汇江兄弟俩之间也产生了分歧。刘汇龙一心想老老实实做好做强企业，但刘汇江却想汇龙公司尽快进入资本市场。兄弟俩多次因为经营管理的问题发生争吵，谁也说服不了对方。

2017 年 6 月 1 日，汇龙公司向各股东发函通知，将于 2017 年 6 月 16 日在会议室召开全体股东会议，会议议题为“拟将汇龙公司分立成两个独立公司”。2017 年 6 月 16 日，汇龙公司召开股东会。会议上，经过激烈的讨论，最终同意公司分立的股东持股比例达到 75% ，其中易家勤投了反对票。根据公司章程规定，汇龙公司最终形成有效股东会决议，决议通过“拟将汇龙公司分立成两个独立公司”的议题。

汇龙公司开过股东会后，易家勤左思右想，不管怎么想都觉得汇龙公司分立对自己没好处。后经朋友介绍，易家勤前往律师事务所咨询，律师详细跟易家勤介绍了作为股东的相关权益。听了律师的分析后，易家勤反复思考了一段时间，决定收回投资，要求汇龙公司回购他所持的股份。易家勤在代理律师的协助下，最终以合适的价格将所持股权转让给汇龙公司，即由汇龙公司完成了股权回购。

## 律师分析

### 不同意公司分立的小股东可要求公司回购股权

本风险事件中，汇龙公司已经提前15天通知召开股东会，会议上持股超过三分之二的股东同意公司分立，会议流程符合法律与公司章程的规定，内容也不违反规定，此次股东会决议合法有效。

公司分立是指一个公司依照公司法有关规定，通过股东会决议分成两个以上的公司。

易家勤持有汇龙公司5%的股权，在股东会决议上已明确表示反对公司分立，但作为小股东，其提出的异议并不能改变股东会决议。法律为保护异议股东的合法权益，特赋予异议股东要求股权回购的权利。现易家勤要求汇龙公司以合理的价格回购其持有的股权也符合法律规定。

然而，汇龙公司回购易家勤所有的股权，也会导致公司减资。公司减资是指公司减少注册资本金。公司减资则可能侵犯到公司债权人的利益或存在其他道德风险，一般不会被工商部门许可备案，须视具体情况而定。

公司减资的流程也相对复杂，须审慎用之。

## 007

## 风险事件

### 未雨绸缪的谨慎：限制股东投票权继承

李一、叶文远、刘嘉、古桐四人为大学同学，兴趣相投，三观一致，为南方理工大学计算机系98届的“四剑客”。大学毕业后四人又一起进入一家大型网络公司工作，关系非常要好。四人皆是码农，平时工作忙碌，也没机会做“月光族”，几年下来，都是小有积蓄。

后四人一起辞职，2010年11月11日，四人一起设立了赢海市未来网络有限公司（以下简称未来公司）。未来公司的注册资本为100万元，李一出资40万元（持股40%）、叶文远出资30万元（持股30%）、刘嘉与古桐分别出资15万元（各持股15%）。未来公司主营业务是软件开发、销售。

叶文远在学校时就担任学生会主席，所以被一致推选为执行董事，李一任总经理，古桐任研发部总监，刘嘉任销售部经理。

经过四人几年的努力，未来公司做得有声有色。2016年网络行业内偶尔爆出人员过劳猝死的情况，其中有一名猝死人员为一个公司的股东，其死后因股权继承的问题闹得公司乌烟瘴气不得安宁。这个事件引起了四人的警觉，咨询律师后，在律师指导下，四人于2017年修改了未来公司的章程。

2017年3月12日，未来公司召开股东会，决议通过了《章程修正案》，《章程修正案》规定：若任意一名自然人股东死亡，该股东的合法继承人须经其他全体股东同意方能继承股东资格，若任意一名股东不同意股东资格继承，则合法继承人只能继承除股东投票权外的其他权益，该名死亡股东的投票权则由未来公司执行董事代为行使。

## 律师分析

### 公司章程可以对股东资格继承设置限制条件

公司法规定，自然人股东死亡后，其合法继承人可以继承股东资格；但是，公司章程另有规定的除外。这也就表明，公司章程可以对股东资格继承设定限制。

本风险事件中，未来公司的股东在《章程修正案》中对股东资格继承作出特殊规定，该规定未违反法律规定，符合公司自治性的要求，应当合法有效。

有限责任公司是人合性和资合性兼备的一种企业形式，经营过程中应当充分考虑股东之间关系的协调和信赖。

因此，为减少矛盾，公司章程可以适当对股东资格的获得设置限制。

# 第三章　印鉴管理

## 001

### 风险事件

## 公章随便盖，地雷随时踩

2007年1月10日，赢海市宝诺陶瓷有限公司（以下简称宝诺公司）成立。郝仁担任总经理，聘请钱小慧为公司会计，马小虎为公司办公室主任，兼管公司所有印鉴。

随着宝诺公司销售额的增长，公司已建成的生产线不能满足需要，急需扩大生产线。但扩大生产线导致资金需求量增加，银行贷款及融资租赁等融资方式已不能满足公司资金需求。于是，郝仁想到了民间借贷。

赢海市民间资金非常雄厚且活跃，企业以民间借贷方式融资相当普遍，手续简单，资金到账快，但资金成本比较高。

在诸多民间借贷主体中，郝仁与赢海市友前投资有限公司（以下简称友前投资公司）高层接触最多，同时宝诺公司需要补充的资金也主要是从友前投资公司借入。

为了便于工作，郝仁与友前投资公司洽谈借款事宜时，一般都会带上钱小慧一起参与，钱小慧在友前投资公司的工作人员眼里也就名正言顺地成了宝诺公司的信贷专员。

为了用款方便，郝仁授意钱小慧以钱小慧的名义在中国建设银行办理一张银行卡，用于接收借入的资金，该银行卡由钱小慧与公司出纳共管。

宝诺公司与友前投资公司间的借款流程为：人民币100万元以上的大金额

借款由郝仁与友前投资公司高层将借款金额、借款期限、借款利息达成一致意见后，友前投资公司安排工作人员将款项转入钱小慧在中国建设银行设立的私人账户；人民币100万元以下的借款，均由钱小慧直接与友前投资公司的工作人员沟通，然后该工作人员将款项转入钱小慧在中国建设银行设立的私人账户。

以上两种方式的借款，待宝诺公司收到款项后，钱小慧都会向友前投资公司出具一张借条，借条内容为：因公司经营需要，现通过本公司工作人员钱小慧的银行账户收到嬴海市友前投资有限公司以转账方式出借的人民币××万元，借期为壹年，年利率为15%。该借款到期时本息一并还清。立此为据，借款人，嬴海市宝诺陶瓷有限公司。“嬴海市宝诺陶瓷有限公司”处盖有宝诺公司的公章。

宝诺公司盖章流程没有审批程序，仅需盖章的工作人员在“加盖公章登记表”里面登记后，即可在马小虎那里办理盖章事宜。

一天，钱小慧与几位闺蜜一同前往澳门购物，在其中一位闺蜜的建议下，一同进入某赌场试试手气，结果其运气还不错，盈利几万元人民币。后来，钱小慧经常在周末单独或与闺蜜一同前往澳门试试手气，但接下来的手气越来越差，家里积蓄已输得所剩无几，又不敢告诉家人。为了不被家人发现，她就想到了友前投资公司。

2012年6月12日，钱小慧与友前投资公司的工作人员联系，说公司需向友前投资公司借款80万元用于支付原材料款，但这次款项转入钱小慧在招商银行办理的银行卡中。

宝诺公司每次借款均由钱小慧办理，大家比较熟络，于是此次借款的细节友前投资公司的工作人员也没有在意，就按照钱小慧的要求当天将80万元转至钱小慧的招商银行卡中。

随后，钱小慧按照以往流程以宝诺公司名义向友前投资公司出具了盖有宝诺公司公章的借条。借条内容除了金额及借款日期不一样，其他内容与以往出具的借条内容完全一致。

2012年6月13日，钱小慧将其招商银行卡中的80万元转入其用于家庭支出的银行账户中。至2012年8月底，钱小慧先后2次利用同样方式让友前投资公司的工作人员向其招商银行的银行卡共转入160万元。

2013年7月初，友前投资公司的工作人员发现宝诺公司2012年6月12日的借款逾期未清偿，遂将这一反常情况报告给公司主管。

直至这时，宝诺公司才发现友前投资公司向钱小慧的招商银行卡中转入的240万元是钱小慧私自借入，其中200万元已被钱小慧挥霍一空。

接下来协商还款事宜双方分歧很大，宝诺公司一直不承认上述240万元为其向友前投资公司的借款。

因协商未果，2013年10月，友前投资公司向赢海市赢城区人民法院提起诉讼，请求判决宝诺公司偿还借款本金240万元及相应利息。

庭审过程中，宝诺公司抗辩称：讼争的240万元发生于原告与第三人钱小慧之间，被告从未收到过原告的上述借款。

2013年12月底，赢海市赢城区人民法院作出判决：支持友前投资公司的诉讼请求。

## 律师分析

### 公司对员工以公司名义从事经营活动的后果承担责任

事件中钱小慧虚构宝诺公司经营需要资金事实，私自使用宝诺公司公章，宝诺公司应对其规章制度不健全、用人失察、对重要工作岗位工作人员监管不力的过错承担责任。

根据法律规定，公司工作人员以公司名义从事经营活动，给他人造成损失的，公司应承担责任。

事件中，友前投资公司提交的3份借据上均加盖宝诺公司的公章，每份借据均注明“通过本公司工作人员钱小慧的银行账户收到赢海市友前投资有限公司以转账方式出借的人民币80万元”，且友前投资公司提交的证据能够证明已将240万元汇至钱小慧名下。

上述证据足以证明宝诺公司与友前投资公司之间借贷关系实际发生的事实，至于宝诺公司借款之后款项如何使用并不影响对借款事实的认定。

因此，法院判令宝诺公司偿还友前投资公司借款本金240万元及相应利息。

公司应完善印鉴管理制度，使用的公章、财务专用章、合同专用章等印鉴应按法律规定至公安机关备案，且应委派诚实可靠的工作人员管理。

**002**

## 风险事件

### 公章销而不毁，后患无穷

2007 年 1 月 10 日，赢海市宝诺陶瓷有限公司（以下简称宝诺公司）成立。冼慰民担任公司执行董事，郝仁任公司总经理，并聘任马小虎为办公室主任兼管公司所有印鉴。

随着国际陶瓷需求的持续增长，马小虎需经常陪同冼慰民出国考察，这就导致工作人员不能及时加盖印章。因此，宝诺公司决定除了公司已有的一枚在公安局备案的公章（以下简称 1 号章）外，再另外刻制一枚公章（以下简称 2 号章）以备急用，该公章由营销部经理钱小宝管理。除马小虎出国考察时，宝诺公司的所有文件及签订合同均加盖 1 号章。

2009 年 5 月 2 日，宝诺公司章程备案及年检需要加盖公章，此时马小虎又在国外陪同考察，因此工作人员就在章程备案及办理年检需要的文件上加盖了 2 号章，并将上述文件交至公司登记部门办理了公司章程备案及年检事项。

2009 年 10 月，因马小虎职责的调整，不需陪同冼慰民出国考察，因此宝诺公司 2 号章也没有存在的必要了，于是郝仁通知钱小宝将 2 号章销毁，但郝仁并没有监督 2 号章的销毁结果，其实此时钱小宝也因工作忙碌而忘了销毁 2 号章这件事。

2009 年 12 月，钱小宝下属黎晓陆跟进近 2 年的赢海市喜乐房地产有限公司（以下简称喜乐公司）开发的喜乐家园精装修工程终于有了结果，喜乐公司同意喜乐家园精装修工程采用宝诺公司生产的地砖，但对地砖花色有特殊要求。

此时，喜乐家园精装修工程需要的地砖宝诺公司已生产出样板，但量产时质量一直不稳定。

当钱小宝向郝仁汇报喜乐家园精装修工程进展及合同签订事宜时，郝仁考虑到符合该项目要求的瓷砖宝诺公司还处于试烧过程中，量产没有预期，另外，该项目金额大，违约责任重，因此没有同意签订喜乐家园精装修工程瓷砖销售合同。

可钱小宝有些不甘，第一，这是黎晓陆辛苦跟进近2年的项目成果；第二，该项目所需瓷砖量比较大，直接影响其部门2010年的出货量；第三，该项目所要求的瓷砖宝诺公司试烧效果一次比一次好，应该可以在合同要求期限内供货。

于是，钱小宝指示黎晓陆继续跟进合同签订事宜。2010年1月8日，宝诺公司与喜乐公司开发的喜乐家园精装修工程瓷砖购销合同正式签署，合同金额为人民币1200万元，该合同违约责任条款约定“乙方迟延30日交付货物，或所交付货物不符合本合同第五条第四项要求，甲方有权解除合同，并可要求乙方支付违约金人民币240万元”，但合同签章处由钱小宝加盖了宝诺公司2号章。

至2010年6月，宝诺公司逾期交货已过去近2个月，在此期间，喜乐公司多次致函宝诺公司继续履行合同义务，但宝诺公司一直认为该合同加盖的公章不是其在公安局备案的1号章，而且签署该合同也没有经过公司审批流程同意，于是不认同该合同为宝诺公司所签，也不予理会喜乐公司的继续履行合同义务的要求。

## 律师分析

### 企业一朝认可某公章，其后也得认可该公章的效力

事件中宝诺公司与喜乐公司就喜乐家园精装修工程签署的瓷砖购销合同合法有效，宝诺公司应继续履行该合同。

公章是公司身份和权力的证明，也是公司经营管理活动中行使职权的重要凭证和工具。盖有公司公章的文件，即为受法律保护的有效文件，同时也意味着公司对文件的内容承担法律责任。

公司在日常经营中使用过某一公章并认可其效力，如公司向公司登记部门递交的登记、备案、年检所用的材料中加盖了某一公章，则公司也得承认在其他场合使用该公章的法律效力。

事件中宝诺公司某次在公司登记部门办理章程备案及年检时，向公司登记部门递交的材料中加盖了一枚未在公安局备案的公章，即视为其认可该公章的效力，尽管公司后来没有使用过该公章，也通知了工作人员销毁，但不能否认

其在其他文件中加盖该公章的效力。也即，在本事件中，宝诺公司应承认其与喜乐公司就喜乐家园精装修工程签署的瓷砖购销合同中加盖的2号章的效力。宝诺公司应该继续履行该合同。

## 003

### 风险事件

## 分公司私刻公章，公司难脱干系

2007年1月10日，赢海市宝诺陶瓷有限公司（以下简称宝诺公司）成立。

随着宝诺公司产品在华中、华南的市场份额趋于稳定，宝诺公司拟加大力度拓展华北市场。因此经公司股东会决议同意，宝诺公司决定在华北鲁州市设立分公司。

2009年10月，赢海市宝诺陶瓷有限公司鲁州市分公司（以下简称鲁州分公司）登记成立，鲁强为分公司负责人。

鲁州分公司营销人员对整个华北市场经过近一年的调查、分析，认为宝诺公司产品在区域内有一定的知名度，客户对产品品质很认同，但是价格很高，对中、低档客户没有吸引力。

不过，该市场中档客户市场庞大，丢失这部分市场很可惜。于是，鲁强觉得自己应该利用好鲁州分公司这个平台，把华北区域内中档客户市场也兼顾好。

2010年12月，鲁强私自成立了鲁州市简惠贸易有限公司（以下简称简惠公司），并聘请了2个业务人员。简惠公司主要用于委托OEM陶瓷生产厂家贴牌生产宝诺品牌的地砖，这些贴牌生产的地砖与宝诺公司的产品品质相近，花色相似，但价格低25%左右。

鲁强的运作方式为，鲁州分公司的营销人员跟进的客户对宝诺公司产品价格无法接受的情况下，鲁强就授意营销人员不再继续跟进，并将该客户信息交给简惠公司的业务人员，授意他们以宝诺公司的名义继续跟进客户，并将简惠公司贴牌生产的“宝诺牌”地砖的价格报给客户。如客户最终拟购买宝诺公司的地砖，则鲁强亲自前往客户处以鲁州分公司名义与客户洽谈合同条款。

最终签署的地砖购销合同卖方为鲁州分公司，合同末尾加盖的公章为鲁强私刻的“瀛海市宝诺陶瓷有限公司鲁州市分公司”公章，负责人处由鲁强签有自己的名字，但合同中收款账户为鲁强以自己名义在招商银行办理的私人账户。

鲁强就这样顺风顺水地运作了两年，自己也挣得盆满钵满。但到了2013年4月，“好事”到头了。给简惠公司贴牌生产宝诺牌地砖的生产厂家因严重环保事故被政府强制关停，这样就直接影响了鲁州市国际金融中心项目（以下简称国际金融中心）地砖的供货期。

国际金融中心多次致函鲁州分公司，要求鲁州分公司尽快供应货物，但每次致函都石沉大海，毫无回应。国际金融中心无奈，只好致函宝诺公司，要求宝诺公司及鲁州分公司尽快供应货物。

直至这时，宝诺公司管理层才知道鲁强是怎样把鲁州分公司这个平台利用得“炉火纯青”的。

宝诺公司在给国际金融中心的回函中称，与国际金融中心签署地砖购销合同是鲁强的个人行为，不是鲁州分公司的意思表示，且该合同中加盖的公章也是鲁强私刻的，因此，鲁州分公司及宝诺公司都没有义务继续履行该合同。

## 律师分析

### 分公司负责人对外的意思表示即代表分公司的意思表示

事件中鲁州分公司与国际金融中心签署的地砖购销合同合法有效，鲁州分公司应继续履行该合同，如鲁州分公司不能继续履行合同，则宝诺公司需承担相应的责任。

公司的分公司负责人具有代表分公司对外签订合同的权力，其对外作出的意思表示即能够代表分公司的意思表示，其相应后果也应由分公司承担。即使分公司负责人私刻分公司公章对外签订合同，也可认定为分公司行为，对分公司具有约束力。

事件中，鲁州分公司的负责人为鲁强，其有权代表鲁州分公司对外签署合同，其作出的意思表示也即鲁州分公司的意思表示。鲁州分公司与国际金融中心签署的地砖购销合同由鲁强签字确认，即可体现鲁州公司认可合同的条款及内容，即使该合同加盖有“赢海市宝诺陶瓷有限公司鲁州市分公司”印文的公章是鲁强私刻的，也不影响鲁州分公司意思表示的效力。

对于国际金融中心而言，鲁强是否使用私刻的公章签订合同不属于其应当主动审查的风险，其完全有理由相信鲁强作为鲁州分公司的负责人已有对外签署合同的权限。

因此，鲁州分公司应继续履行与国际金融中心间的地砖购销合同，如鲁州分公司不能继续履行该合同，则宝诺公司需承担相应的责任。

## 004

### 风险事件

# 憨厚销售员被萝卜章欺诈

2009年10月，随着宝诺公司销售渠道布局趋于完成，公司管理层准备拓展公装市场。因此经公司管理层同意，宝诺公司成立了第二市场部，暂主管全国范围内的公装市场拓展，任命鲍赢为该部门总经理。

考虑到公装市场对宝诺公司来说是一个新的领域，公装市场对宝诺公司的产品认同度还不得而知。居于成本考虑，鲍赢暂只招了包括管前线在内的4名销售人员，并且拓展业务的范围目前以赢海市及其周边地级城市为主。

经过一段时间扫街式项目信息收集，管前线发现赢海市三喜房地产投资有限公司（以下简称三喜公司）开发的三喜国际酒店项目体量大，档次高，采用宝诺公司瓷砖的可能性很大。于是管前线想办法进入三喜国际酒店项目现场，找到了甲方办公室。

管前线进入甲方办公室，询问一工作人员谁是该项目的负责人，该工作人员指向一位戴安全帽的工作人员对管前线说，贾总就是我们这儿的负责人。管前线向贾总递上名片，正准备介绍宝诺公司产品时，贾总称有事需外出，让管前线过段时间再来洽谈瓷砖采购事宜。

管前线临走时扫了一眼只有六张桌的这个办公室，发现只有贾总办公桌旁堆有很多其他厂家的瓷砖样品，管前线认定贾总对三喜国际酒店项目瓷砖采购一定有决定权。

管前线从三喜国际酒店项目工地出来后心中暗喜，今天这么容易就找到了项目负责人，自己一定要想尽一切办法把这个工程拿下来。

经过管前线的多轮拜访后，贾总渐渐地接纳了这名憨厚实在的小伙子，也打开了话匣子与管前线聊起了三喜国际酒店项目的瓷砖采购进展，并告诉他自己的名字及联系方式，这位贾总名叫贾安，与管前线还是同一省份的老乡。

管前线获得贾总的联系方式后，更是信心满满，似乎自己能百分之百拿下三喜国际酒店项目。

2010年10月的一天上午，贾总突然给管前线打电话，告诉他三喜国际酒店项目的瓷砖采购很快就要定品牌了，并让他当天来取瓷砖型号及数量。

拿到瓷砖型号及数量到报价前的一连几天里，管前线给贾总的“安排”很到位，早上喝早茶，晚上夜总会，贾总与管前线也称兄道弟起来。

10月15日，管前线把报价交给了贾总，金额共计280万元。第二天，贾总打电话给管前线沟通价格及合同条款事宜，最后，双方确定合同总价格为人民币260万元，合同签订后的三天内买方支付10%定金，余款于买方收货后的三天内一次性付清，卖方收到买方定金后的2个月内送货至买方工地或买方指定的地方。

10月20日，双方在三喜国际酒店项目工地贾总办公室旁一会议室签署了瓷砖购销合同，合同盖章、签名处贾总加盖了“赢海市三喜房地产投资有限公司”印章，并签上了自己的名字。

当天，贾总就通过其在招商银行设立的个人账户向宝诺公司汇出人民币26万元，并向宝诺公司出具确认函，确认函载明：“贾安自愿代赢海市三喜房地产投资有限公司向赢海市宝诺陶瓷有限公司支付该两方于2010年10月20日签署的《三喜国际酒店项目瓷砖购销合同》项下定金26万元。”确认人处贾安签有自己的名字，并加盖了“赢海市三喜房地产投资有限公司”印章。

2010年12月4日，管前线通知贾总，宝诺公司会安排工作人员于当天晚上将瓷砖送至三喜国际酒店项目工地。贾总随后告诉管前线，因项目最近送来的材料比较多，工地比较乱，让其通知宝诺公司工作人员将瓷砖卸在三喜国际酒店项目工地旁一处空地上。

2010年12月10日，三喜公司并没有支付剩余货款，宝诺公司便通知管前线去客户处沟通。管前线到达贾总办公室后，却没找到其本人，询问同一办公室的其他人员，他们也回复有几天没看到贾总了，打贾总电话也无法打通。

管前线来到瓷砖卸货地查看情况，发现瓷砖已不在当时卸货的地方。随后，管前线把这一情况告诉了主管鲍赢。鲍赢预感不妙，随即与管前线来到三喜公司，与该公司负责人沟通支付货款事宜。

三喜公司负责人听了鲍赢的情况介绍以后，明确告诉鲍赢及管前线，三喜公司从未就三喜国际酒店项目与宝诺公司洽谈过瓷砖采购事宜，况且该项目还未启动瓷砖采购程序，贾安不是三喜公司员工，而是该项目公装施工方派来与三喜公司对接的工作人员，至于其在有关文件上加盖的印章肯定是一个萝卜章，并建议鲍赢报案。鲍赢当天晚上向赢海市公安机关报案。

2011 年 2 月初，贾安被公安机关抓获，根据贾安的供述，其在与宝诺公司签署瓷砖购销合同之前就与第三方签署了另一份瓷砖购销合同，其加盖的“赢海市三喜房地产投资有限公司”印章是他从网上找人花 200 元私刻的，且他收到宝诺公司瓷砖的当晚就让人把这些瓷砖运至第三人的仓库，所收货款一部分用于还债，一部分赌博输掉了。

## 律师分析

### 无授权人员以公司名义所作出的法律行为对公司没有约束力

事件中宝诺公司不能要求三喜公司支付货款，但可要求贾安承担赔偿责任。

实务中，如果构成公司表见代理的人、公司法定代表人、公司分支机构负责人利用伪造的公司印章对外签订合同，该合同对公司具有约束力。

表见代理是指行为人实施行为时无公司授权或者对于所实施的代理行为无公司授权，但是相对人有正当的客观理由（如行为人持有公司的介绍信、盖有公司合同专用章或者公章的空白合同书，或者有公司向相对人所做的法人授权的通知或者公告）认为行为人有公司的授权而与其签订合同，其签订合同的法律后果由公司承担的代理。

事件中贾安并不是三喜国际酒店项目甲方负责人，也没有获得三喜公司的授权，更没有让宝诺公司相信其有三喜公司授权的客观理由，因此其利用伪造的三喜公司公章与宝诺公司签订的瓷砖购销合同对三喜公司没有约束力。

005

## 风险事件

# 印章丢失不公示，隐患等着你

2008年2月，赢海市宝诺陶瓷有限公司（以下简称宝诺公司）厂房建成并投产。

2008年至2011年，宝诺公司每年销售额及利润均以两位数增长，且每年都有分红。但从2012年6月开始，受公司产品研发滞后、国内建筑陶瓷产能过剩影响，宝诺公司销售业绩逐月下滑。

至2013年6月，公司营业额已是一落千丈，公司股东间互不信任感油然而生，大家对公司后期发展意见不一，员工更是人心涣散，无心生产，导致产品质量严重下降，客户投诉及产品质量纠纷日益增多。

2012年12月，宝诺公司通过股东会决议决定停止生产、遣散员工，并积极寻找外部力量租赁公司生产线。在公司停产期间，因一次大雨导致公司办公室被水浸泡。

2013年5月，赢岛市宝惠陶瓷有限公司（以下简称宝惠公司）有意向以租赁宝诺公司生产线的形式进行产能扩张。但宝诺公司准备与宝惠公司签订陶瓷生产线租赁合同前夕，发现公司所有印章不知所踪。

因宝惠公司要求尽快签订租赁合同，于是，宝诺公司决定重刻一套公司印章，但并未在公安部门备案，宝诺公司也没有就印章丢失一事登报声明作废。

宝惠公司与宝诺公司签订陶瓷生产线租赁合同后，着手准备招聘人员及窑炉点火事宜，为了各部门人员能有效配合尽快恢复生产，宝惠公司也是尽可能地召回宝诺公司原来的工作人员，包括宝诺公司原财务总监毛嘉丽。

毛嘉丽在整理原宝诺公司办公室时，发现了宝诺公司“丢失”的印章，但她没有交至公司，而是带回了家。

2013年8月，毛嘉丽的朋友吴小天的公司为了向甄有福借款2000万元，需寻找其他公司提供连带责任担保。吴小天因这事找到毛嘉丽，想请她帮忙，并承诺如寻找成功，可以按融资额的3%向其支付服务费。毛嘉丽想了一会儿就问吴小天宝诺公司符不符合条件，吴小天回答肯定行，但要宝诺公司同意。毛嘉丽说那没问题，她会想办法。

同年8月底，甄有福为了慎重起见，还专门来到宝诺公司走访。毛嘉丽专门接待了甄有福，介绍自己是宝诺公司的财务总监，并带甄有福参观了厂区，恰好宝诺公司窑炉刚点火不久，全厂上下一副繁忙景象。9月初，甄有福、吴小天的公司、宝诺公司三方在宝诺公司毛嘉丽办公室签订了借款合同，担保人处毛嘉丽加盖了“瀛海市宝诺陶瓷有限公司”印章。

## 律师分析

### 公章丢失，应按法定程序声明作废

事件中如吴小天的公司不能偿还甄有福的债务，宝诺公司需承担连带清偿责任。

公司印章是公司人格的象征，交易文本中加盖了公司印章，便具有推定为公司意思表示的法律效力，同时意味着公司对文本的内容承担法律责任。

如果公司印章确实丢失，则因该印章的使用而发生的纠纷，公司不用承担责任，但前提是公司得履行一定的程序，该程序就是：

首先，该印章需在公安机关办理备案；

其次，需公司指派工作人员前往丢失地点所辖的公安机关报案；

再次，印章丢失后，需在本地区市级以上有影响力的报纸上登报公示，声明印章作废，并通知公司已知的合作伙伴；

最后，按法定程序新刻印章并在公安机关备案。

事件中宝诺公司发现印章丢失后，并没有登报公示声明印章作废，而是另行私刻一套印章，这样宝诺公司就不能否认“丢失”的印章的效力，从而也不能否认使用该印章签订的相关合同的效力。

因此，如吴小天的公司不能偿还甄有福的债务，宝诺公司需承担连带清偿责任。

# 第四章 合同管理

001

## 风险事件

### 无效租赁合同逼迁公司

2010年，赢海市海鑫装饰材料有限公司（以下简称海鑫装饰公司）与钱多多签订了一份《厂房租赁合同》，由海鑫装饰公司承租位于赢海市海东路6号的厂房，厂房面积为2030平方米，租金30元/平方米，签订合同时，海鑫公司支付了押金20万元，水电费押金5万元。

然而到2016年，由于该地段越来越繁华，租金也跟着水涨船高，此时钱多多就动起了涨租金的心思。

于是钱多多事不宜迟，在2016年2月3日，即向海鑫装饰公司发函表示，根据行情，周围的商铺租金都已达到了50元/平方米，如果双方还执行原来的租金标准，对于其本人来说，不太公平，其要求涨租，涨到45元/平方米。

海鑫装饰公司收到该份函件后并未引起重视，只派人跟钱多多表示，坚决不同意涨租，要严格按照租赁合同来执行。双方数次沟通，均未达成一致意见。

为了逼迫海鑫装饰公司就范，钱多多停了海鑫装饰公司的水电。海鑫装饰公司见状，就开始拖欠租金，双方的关系变得非常紧张。

2016年6月，钱多多见海鑫装饰公司不肯妥协，即诉至法院，其认为海鑫装饰公司拖欠租金已构成违约，遂要求支付租金且要求没收海鑫装饰公司的押金和水电费押金。

海鑫装饰公司不甘示弱，也反诉至法院，要求判令钱多多违约，要钱多多赔偿其损失。

经法院审查发现，该涉案的厂房并无房产证也并未取得建设工程规划许可证，该厂房系钱多多在承租村经济联合社的土地上建造的。

## 律师分析

## 签订租赁合同，须审查房屋产权证等是否齐全

事件中，钱多多就未取得建设工程规划许可证或者未按照建设工程规划许可证的规定建设的房屋，与海鑫装饰公司订立的租赁合同无效。

合同无效后，海鑫装饰公司缴纳的押金20万元、水电押金5万元应当由钱多多予以返还，而海鑫装饰公司也必须搬迁，将厂房交还给钱多多。

法律规定，出租人就未取得建设工程规划许可证或者未按照建设工程规划许可证的规定建设的房屋，与承租人订立的租赁合同无效。但在一审法庭辩论终结前取得建设工程规划许可证或者经主管部门批准建设的，人民法院应当认定有效。

**建议：**

1. 签订租赁合同前，审查签订合同的主体资格、租赁物的相关资料（如房产证、建设工程规划许可证、报建资料、转租资料等）。
2. 签订合法有效的《租赁合同》。

## 002

## 风险事件

## 你不配合我不付款

2009年冼慰国想投资设立一个科技公司，但由于其正在和老婆闹离婚，所以不想将股权放在自己名下，于是其就和多年老友刘宇畅协商，将股权交由刘

宇畅代持。

2009年10月，冼慰国转款200万元到刘宇畅的名下，以刘宇畅的名义出资设立了赢海市飞跃科技有限公司（以下简称飞跃公司），刘宇畅担任法定代表人、执行董事，冼慰国担任总经理，飞跃公司的决策权、经营管理及财务权都由冼慰国控制。

2015年6月12日，刘宇畅因意外去世。随后，冼慰国帮着刘宇畅的老婆吴敏敏、儿子刘贤诚（18岁）料理了后事。

2015年12月5日，冼慰国与吴敏敏、刘贤诚签订了一份合同，三方在协议中约定，吴敏敏、刘贤诚愿意配合将挂名在刘宇畅名下的飞跃公司的全部股份无偿转让给冼慰国，配合飞跃公司、冼慰国到工商部门办理股权转让变更登记手续，在办妥股权变更登记三日后，冼慰国向吴敏敏一次性支付50万元补偿款；协议书中还约定：如果吴敏敏、刘贤诚未配合办理工商变更登记、不能将飞跃公司的股权无偿转让给冼慰国，并办妥股权转让变更登记，冼慰国也无须支付任何费用。

2015年12月10日，吴敏敏、刘贤诚到赢海市公证处办理公证，公证内容为刘贤诚放弃继承刘宇畅名下的飞跃公司股权，飞跃公司股权都由吴敏敏继承。

2015年12月13日，吴敏敏即前往工商部门办理了飞跃公司的股权、法定代表人变更登记，将刘宇畅名下的飞跃公司股权登记在吴敏敏名下，并由吴敏敏担任飞跃公司的法定代表人。

2016年1月3日，吴敏敏到法院起诉冼慰国，请求判令冼慰国将飞跃公司移交给吴敏敏。

2016年3月3日，冼慰国到法院另案起诉飞跃公司、吴敏敏，请求判决确认冼慰国在飞跃公司的股东资格、判令吴敏敏在工商登记部门将股权变更登记到冼慰国名下。

2016年10月10日，法院作出民事判决书，判决确认冼慰国具备飞跃公司股东资格，判令吴敏敏将飞跃公司股权变更登记到冼慰国名下。此后，吴敏敏申请撤诉。

2016年12月4日，冼慰国申请强制执行，将飞跃公司股权变更到自己名下。

2016年12月20日吴敏敏向冼慰国发函，表示愿意配合办理股权变更登记，并要求冼慰国按照协议向其支付50万元补偿款，冼慰国不予理会。

2017年3月，吴敏敏再次提起诉讼，表示飞跃公司股权已经从其名下无偿变更到冼慰国的名下，吴敏敏也曾向冼慰国表示愿意配合办理工商登记，但冼慰国已经申请了强制执行，剥夺了吴敏敏配合的义务，现合同书中约定的关于吴敏敏的义务都已完成，吴敏敏请求法院判令冼慰国按照合同书向其支付50万元补偿款。

## 律师分析

### 先履行方未履行义务，后履行方可拒绝履行

本案合同书是双方真实意思表示，合法有效。该合同中双方达成的合意是在吴敏敏、刘贤诚办妥股权变更登记后，冼慰国才向吴敏敏支付补偿款50万元，即吴敏敏、刘贤诚如未能配合将飞跃公司全部股权无偿转让给冼慰国并办妥股权变更登记，则冼慰国无须支付补偿款。现吴敏敏却首先提起诉讼，要求冼慰国将飞跃公司移交给吴敏敏，吴敏敏的此种行为构成先行违约，冼慰国可行使先履行抗辩权。

先履行抗辩权是指当事人互负的债务，有先后履行顺序，先履行一方未履行的，后履行一方有权拒绝其履行要求。先履行一方履行债务不符合约定的，后履行一方有权拒绝其相应的履行要求。

**建议：**

双方达成一致意见后，须制定完善的合同，明确履行义务的先后顺序及违约责任。

003

## 风险事件

### 物业公司任性推送短信小广告

2016年1月，赢海市海鑫物业管理有限公司（以下简称海鑫物业公司）执行董事聘任了马尚海为总经理。马尚海走马上任后，为提高业绩，作出成绩，采取了一系列的措施。

2016年6月18日，为扩大知名度，马尚海安排海鑫物业公司与赢海市未来网络有限公司（以下简称未来公司）签订《短消息发布合作合同》（以下简称合作合同），约定由未来公司向海鑫物业公司提供定向移动信息发布服务，单价为：普通短信0.02元/条，小区定投0.2元/条，本月的2号到8号双方确认上个月的信息服务执行的情况，每月的10号海鑫物业公司按照双方确认的情况向未来公司支付上个月的费用。

双方合作一段时间后，海鑫物业公司在赢海市的知名度确实得到了一定程度的提高，马尚海感觉自己的目的达到了，但是麻烦也随之而来。

由于投放量比较大，导致很多市民对海鑫物业公司不满，对海鑫物业公司的好感度下降。马尚海觉得不能再这样子投放下去，以免败坏路人缘。

2016年11月，海鑫物业公司向未来公司提出解约，但与未来公司一直协商未果。

2017年2月，未来公司向法院提起诉讼，要求海鑫物业公司支付拖欠的信息服务费用64000元，以及违约的费用3万元。

## 律师分析

### 强行向手机用户推送商业广告属违法行为

本案中，海鑫物业公司与未来公司均对所发送的电子信息的性质充分知情，双方无视手机用户群体是否同意接收商业广告信息的主观意愿，强行向不特定公众发送商业广告，已然违反网络信息保护规定，侵害了不特定公众的利益，该合作合同应属无效合同。

法律规定，一方以欺诈、胁迫的手段订立合同，损害国家利益；恶意串通，损害国家、集体或者第三人利益；以合法形式掩盖非法目的；损害社会公共利益；违反法律、行政法规的强制性规定，有上述任一情形的，合同无效。

根据上述事实和法律规定，未来公司和海鑫物业公司都有过错，应该各自承担相应的责任，对于未来公司已向海鑫物业公司收取的费用和未收的费用为非法所得，应该由相关部门予以收缴。

**建议：**

合同签订前，应当仔细审查，合同内容不得违背相关法律法规。

**004**

## 风险事件

# 包租婆不是想当就能当

钱多多是个非常有生意头脑的人，虽然她没有土地也没有房产，但多年来却一直干着包租婆的生意。

自 2009 年以来，钱多多就与赢海市大凹村经济联社（以下简称大凹经济联社）签订了厂房租赁的合同，租赁期限为 20 年，自 2009 年 1 月 1 日起至 2028 年 12 月 31 日止，同时合同中已注明只有经过大凹经济联社许可钱多多方可转租。

事实上，钱多多自 2009 年承租后就将厂房转租，以此赚取差价。2011 年 5 月 1 日钱多多将一部分厂房出租给赢海市天使宝贝童装生产有限公司（以下简称天使宝贝公司），双方签订了 10 年的租约，且约定：若天使宝贝公司拖欠租金超过 30 日，钱多多作为出租方有权没收押金，并追究天使宝贝公司的违约责任。租约签订后，天使宝贝公司向钱多多支付了厂房、水电押金共计 20 万元。

随着赢海市经济的发展，各种生产成本不断增加，天使宝贝公司则由于经营不善，连年亏损，到2016年年底已经发不出员工工资，更是缴纳不出租金、水电费。

2017年5月，钱多多将天使宝贝公司诉至法院，要求天使宝贝公司支付拖欠的租金、并要求没收押金20万元。

天使宝贝公司收到法院送达的相关资料后即前往律所咨询，并委托律师提出反诉，请求确认钱多多与其之间的转租合同无效，要求钱多多退回押金20万元。

## 律师分析

### 转租需取得出租方同意

本案中，钱多多是从大凹经济联社处租赁的厂房，双方也约定转租需要经过大凹经济联社同意，若大凹经济联社不同意并追认钱多多的转租行为，则钱多多的转租行为无效。

转租行为无效，因转租合同取得的财产即钱多多收取的押金则需要退还，然而由于天使宝贝公司确实占有使用了厂房，钱多多也向大凹经济联社支付了租金，有些法院会判令次承租人即天使宝贝公司向钱多多支付占有使用费。

《合同法》第五十一条规定："无处分权的人处分他人财产，经权利人追认或者无处分权的人订立合同后取得处分权的，该合同有效。"

《合同法》第五十八条规定："合同无效或者被撤销后，因该合同取得的财产，应当予以返还；不能返还或者没有必要返还的，应当折价补偿。有过错的一方应当赔偿对方因此所受到的损失，双方都有过错的，应当各自承担相应的责任。"

**建议：**

1. 签订租赁合同前，审查签订合同的主体资格、租赁物的相关资料（如房产证、建设工程规划许可证、报建资料、转租资料等）。

2. 签订合法有效的《租赁合同》。

**005**

## 风险事件

### 开店热情退却，能否要回加盟费

袁园毕业后一直找不到合适的工作，为此焦灼不已。2015 年 8 月 21 日，在经历了又一次没有下文的面试后，袁园在大街上漫无目的地转悠，转累了之后，袁园就走进了街角的一家奶茶店，准备买杯饮料且歇一下脚。

走进店里后，袁园发现这家名叫“YOCOO”奶茶店的装修风格简直满足了自己所有的少女心。

突然之间，一个闪念冒了出来，何不开一家奶茶店，还可以自己做老板。说干就干，袁园立即走到柜台前和收银的那个姑娘聊了起来，柜台后的收银姑娘也是个热心肠，如数告诉了袁园加盟奶茶店的一些信息。

2015 年 9 月 20 日，在收银姑娘的介绍下，袁园与“YOCOO”奶茶店的商标持有者赢海市甜趣食品管理有限公司（以下简称甜趣公司）签署了《“YOCOO”特许经营合同》，合同约定，袁园向甜趣公司支付品牌加盟费 2 万元、保证金 2 万元、装修保证金 5000 元，共计 45000 元；甜趣公司许可袁园在赢海市银河商场开设一家“YOCOO”奶茶店，但奶茶店要按甜趣公司的要求统一装修、统一经营。

2015 年 9 月 25 日，袁园按照约定向甜趣公司支付了 45000 元。

随后，袁园就向家人宣布了自己即将开一家奶茶店的事实，家人听到后，都非常震惊。袁园的爸爸太了解女儿三分钟热度的性子，就劝告她，要冷静地想清楚，是不是真的喜欢开店，有没有做好起早贪黑的准备。

袁园仔细想了几天，觉得自己好像也不是那么喜欢自己开店，就后悔了。

2015 年 10 月 8 日，袁园电联了甜趣公司，要解除合同，但甜趣公司坚决不同意。数次沟通后也无果。

2015 年 12 月 19 日，袁园委托律师提起了诉讼，要求解除合同，甜趣公司向其返还品牌加盟费 2 万元、合作保证金 2 万元、装修保证金 5000 元，共计 45000 元。

## 律师分析

### 被特许人在一定期间内有权单方解除合同

袁园与甜趣公司签订的合同，系甜趣公司将其持有的“YOCOO”品牌许可袁园在统一的模式下开展经营，甜趣公司签订上述合同的目的是收取加盟使用费，该合同应认定为商业特许经营合同。

特许人和被特许人应当在特许经营合同中约定，被特许人在特许经营合同订立后一定期限内，可以单方解除合同。上述条例中的一定期限内，则是指被特许人的“冷静期”。

本案的甜趣公司，系具有特许经营资格的特许人，可推定其是明知法律有相关规定的。甜趣公司应该按照上述条例规定在合同中载明关于被特许人具有“冷静期”的相关条款，使被特许人知悉其应有的合法权益，然而甜趣公司并未载明，则甜趣公司应当承担缔约过失责任。且袁园在支付加盟费等各项费用后，并没有实际开店，即不曾利用甜趣公司的经营资源。故袁园主张解除合同，退还加盟费、保证金、装修保证金的诉讼请求应予支持。

**建议：**

作为有特殊资质的公司，在签订合同前，公司应当仔细梳理应当在合同中注明的相关强制性规定。

## 006

## 风险事件

### 签了合同，不发货也不违约吗

瀛海市海鑫装饰材料有限公司（以下简称海鑫装饰公司）与瀛海市诚材铝业有限公司（以下简称诚材公司）多年来素有交易往来，海鑫装饰公司向诚材公司供货，诚材公司验收无误后向海鑫装饰公司支付货款。

2016年1月1日，海鑫装饰公司与诚材公司再次签订了《主购销合同》，合同有效期一年，合同约定，在诚材公司向海鑫装饰公司下单后5日内，海鑫装饰公司须将货物提供给诚材公司；诚材公司确认无误后，30日内支付货款；若海鑫装饰公司超期供货，每超过一日须按该批货款的3‰支付违约金；若诚材公司超期付款，每超过一日须按该批货款的3‰支付违约金。

2016年6月，诚材公司陆续被工人、供应商上门讨债，甚至爆发冲突，此事很快被海鑫装饰公司知道了。

2016年7月2日，诚材公司向海鑫装饰公司下单，要求提供一批货物，价值300万元。海鑫装饰公司的对接人员收到后，上报到总经理处，总经理担心提供货物后，诚材公司无法按约定支付货款，就将此情况告知了海鑫装饰公司的法律顾问。

法律顾问了解情况后立即对诚材公司的情况进行了核查，发现诚材公司涉及多单诉讼，已因拒不履行法院判决被列入失信被执行人名单。

据此，法律顾问建议，海鑫装饰公司暂时不要按照双方的约定提供货物，并通知诚材公司，要求诚材公司提供担保。

## 律师分析

### 在先履行合同义务方拥有不安抗辩权

本案中，海鑫装饰公司不按约定发货的行为并不构成违约，原因是其行使的是不安抗辩权。不安抗辩权是指在合同中约定了先后履行义务的顺序，在先履行义务的一方如若有证据证明后履行义务一方存在或可能存在难以履行义务的情况时，可以要求后履行义务一方提供适当担保，否则先履行义务一方可以不先履行义务。

本案中，海鑫装饰公司作为先履行义务一方，通过核查，已经找到诚材公司有丧失或者可能丧失履行能力的外部表象证据，其可以行使不安抗辩权，先中止履行义务，并通知诚材公司，要求其提供担保。海鑫装饰公司中止履行后，诚材公司在合理期限内未恢复履行能力并且未提供适当担保的，海鑫装饰公司可以要求解除合同。

007

## 风险事件

### 签订抵押合同≠抵押权设立

2015 年 5 月 3 日，赢海市海鑫物业管理有限公司（以下简称海鑫物业公司）经总经理易家勤介绍，与卜查前签订《借款合同》，在合同中约定，由海鑫物业公司向卜查前借款人民币 600 万元，利息为年息 18%，借款期限为一年，易家勤个人也作为保证人提供担保。

当天，卜查前与海鑫物业公司的股东刘爱欣（系易家勤的爱人）签订了《抵押担保合同》，合同约定，刘爱欣提供自己名下的位于赢海市赢海大道 6 号的富豪花园 6 栋 802 房的房屋作担保。

2015 年 5 月 4 日，卜查前按照易家勤的指示分别转账人民币 500 万元到海鑫物业公司、转账 100 万元到刘爱欣的账户，由于刘爱欣提供担保的房屋尚未办理房产证，所以无法办理抵押登记。

卜查前和易家勤是多年老朋友，经常一起喝酒吃肉，对于未办理房屋抵押登记的情况，卜查前也并未放在心里。

由于种种原因，易家勤与海鑫物业公司控股股东的矛盾越来越多，双方数次在法庭兵戎相见。

2016 年 5 月 3 日，借款到期，海鑫物业公司并未向卜查前还款。随后，卜查前多次找易家勤沟通，但易家勤也巧妇难为无米之炊，为此，双方的友谊画上句号。

## 律师分析

### 抵押权的设立须办理抵押登记

本案中，卜查前与海鑫物业公司签订的《借款合同》、与刘爱欣签订的《抵押担保合同》系各方真实意思表示，并未违反法律法规的强制性规定，均合法有效。

根据《物权法》的相关规定，当事人之间订立有关设立、变更、转让和消灭不动产物权的合同，除法律另有规定或者合同另有约定外，自合同成立时生效；未办理物权登记的，不影响合同效力；以正在建造的建筑物抵押的，应当办理抵押登记，抵押权自登记时设立。

卜查前并未与刘爱欣前往相关部门办理抵押登记，卜查前对房屋的抵押权并未设立，然而双方在《抵押担保合同》中约定的抵押条款是合法有效的，对卜查前、刘爱欣产生约束力，但是该抵押不能对抗第三人，即卜查前对抵押房屋不享有优先受偿权。

## 008

### 风险事件

## 朋友作保但未约定担保期限，有用吗

卜查前和易家勤是多年老朋友，经常一起喝酒吃肉，有的时候也会互相介绍一下发财的门路。

易家勤是赢海市海鑫物业管理有限公司（以下简称海鑫物业公司）的总经理。2015 年 5 月经易家勤介绍，卜查前以高息出借一笔款项给海鑫物业公司周转。

2015 年 5 月 3 日，卜查前与海鑫物业公司签订了《借款合同》，在合同中约定，由海鑫物业公司向卜查前借款人民币 600 万元，利息为年息 18%，借款期限为一年，易家勤个人也作为保证人提供无限连带担保责任（没有约定担保期限），并约定了抵押物做抵押但未办理抵押登记。

2015 年 5 月 4 日，卜查前按照易家勤的指示分别转账人民币 500 万元到海鑫物业公司、转账 100 万元到刘爱欣的账户，由于易家勤提供担保的房屋尚未办理房产证，所以无法办理抵押登记。

由于种种原因，易家勤与海鑫物业公司控股股东的矛盾越来越多，双方数次在法庭兵戎相见。

2016 年 5 月 3 日，借款到期，海鑫物业公司并未向卜查前还款。随后，卜查前多次找易家勤沟通，但易家勤也巧妇难为无米之炊。

2016 年年底，卜查前急需钱过冬。为了能尽快实现债权，2017 年 1 月 20 日，卜查前向法院提起诉讼，要求海鑫物业公司偿还借款本金及借款到期后的利息，易家勤作为担保人承担连带还款责任，且要求法院确认卜查前对抵押的房屋有优先受偿权。

## 律师分析

### 保证未约定期限，保证人可能免责

本案中，卜查前、海鑫物业公司、易家勤签订的《借款合同》系各方真实意思表示，并未违反法律法规的强制性规定，均合法有效。

《担保法》第二十六规定："连带责任保证的保证人与债权人未约定保证期间的，债权人有权自主债务履行期届满之日起六个月内要求保证人承担保证责任。在合同约定的保证期间和前款规定的保证期间，债权人未要求保证人承担保证责任的，保证人免除保证责任。"

根据上述规定，卜查前与易家勤在《借款合同》中并未约定保证期间，则卜查前要求易家勤承担还款责任的期间是还款期满后的六个月，即 2016 年 11 月 3 日止，而卜查前于 2017 年 1 月 20 日提起诉讼，要求易家勤承担担保人的连带还款责任，已过保证时效，则易家勤可免除保证责任。

## 009

## 风险事件

### 追究保证人的责任须及时

赢海市海鑫房地产有限公司（以下简称海鑫房地产公司）支付供应商的货款周期一向较长，这也导致一些供应商流动资金紧张。为解决部分大供应商的资金紧张问题，海鑫公司决定为该供应商部分贷款提供担保。

2014年4月12日，赢海市明博装饰材料有限公司（以下简称明博装饰公司）与赢海市农村商业银行股份有限公司（以下简称银行）签订了贷款合同，借款1000万元，利息按中国人民银行同期贷款利率上浮20%计算，借款期限一年，海鑫房地产公司作为担保人也签订了担保合同。

同日，海鑫房地产公司与明博装饰公司及其股东王艺博、谢明明签订了《反担保合同》，合同中约定，若海鑫房地产公司为明博装饰公司偿还了贷款，则明博装饰公司从还款之日起60日内须向海鑫房地产公司偿还该笔款项，股东王艺博、谢明明对该笔款项承担连带担保责任直至本息还清时止，海鑫房地产公司也可从明博装饰公司的货款中抵扣该部分款项。

2014年4月13日，银行向明博装饰公司转账1000万元。明博装饰公司按月向银行支付贷款利息。

2015年3月，该笔贷款即将到期，银行提醒明博装饰公司还款事宜，明博装饰公司表示想借新还旧，然而，银行通过核查明博装饰公司的财务报表发现，明博装饰公司这一年的财务状况不是很理想，银行也就不肯向明博装饰公司提供贷款。

2015年4月12日，贷款到期，银行同时向明博装饰公司、海鑫房地产公司发出还款通知。海鑫房地产公司就要求明博装饰公司立即偿还贷款，不要拖累他人，但明博装饰公司却表示，真是无力偿还。

2015年4月20日，海鑫房地产公司为避免损失扩大，不得已偿还了该笔1000万元的贷款。偿还后，海鑫房地产公司立即向明博装饰公司、王艺博、谢明明发函表示，经对账可知，其尚欠明博装饰公司货款645万元，该笔款项立即抵扣，抵扣后明博装饰公司还欠海鑫房地产公司355万元，明博装饰公司、王艺博、谢明明须在2015年6月19日前支付该笔款项。

自此之后，海鑫房地产公司也与明博装饰公司停止了合作。

2015年6月19日很快到了，明博装饰公司并未还款。此时，海鑫房地产公司的董事、监事、高级管理人员换届，新上任的总经理冼礼友系谢明明的舅舅，海鑫房地产公司也就未对明博装饰公司、王艺博、谢明明采取什么措施。

2017年年底，海鑫房地产公司的法务发现该笔款项即将过诉讼时效，就报告到总经理冼礼友处。在此情况下，冼礼友不得不采取措施，要求法务尽快采取相关措施追讨该笔款项。

## 律师分析

### 保证人承担保证责任的最长期限为两年

本案中，海鑫房地产公司为明博装饰公司承担了担保责任，根据双方签署的《反担保合同》，海鑫房地产公司可以要求明博装饰公司按约还款，也可从其拖欠明博装饰公司的货款中予以抵扣，也有权要求明博装饰公司的股东王艺博、谢明明承担连带担保责任。

保证是指合同双方当事人以外的第三方向合同关系中的债权方保证合同关系中的债务方全部或部分履行合同债务的担保方式，若债务方不履行合同时，由第三方承担连带赔偿责任。

保证又分为一般保证和连带保证。未约定保证期间的，法律一般认定保证期间为主债务履行期满的六个月内。

保证合同约定保证人承担保证责任直至主债务本息还清时为止等类似内容的，往往视为约定不明，保证期间会被认定为主债务履行期届满之日起二年。

根据上述规定，海鑫房地产公司与股东王艺博、谢明明在《反担保合同》中约定承担连带担保责任直至本息还清时止，这应视为约定不明，则股东王艺博、谢明明的保证期间为主债务履行期满的两年即至 2017 年 6 月 18 日。在两年的保证期间内，海鑫房地产公司并未采取相关措施，则其的保证时效已过，股东王艺博、谢明明可免除保证责任。

## 010

## 风险事件

### 网购平台任性取消订单被索赔

黄佳薇是一个网购达人，经常流连于各大购物网站，对于购物平台是否有折扣活动门儿清。

2017年七夕节前夕，各大购物平台纷纷作出活动推广，黄佳薇也是摩拳擦掌，提前将不少好物加入了购物车，其中就包括“好物网”上一款名为“SHILL”的保湿面霜，平时的价格为5820元，七夕价格为3820元。

2017年8月16日0点2分整，黄佳薇终于通过反复刷屏后下单抢购了该款面霜，网上付款价格为3820元。

下单两分钟后，“好物网”通过邮件通知黄佳薇，已经收到订单，商品暂时缺货，可以订购，送达日期须另行通知，同时也说明邮件仅确认收到订单，并不代表接受订单，只有发出发货确认的邮件双方之间的买卖合同才成立。

2017年8月25日，“好物网”给黄佳薇发邮件称，由于缺货，将无法满足黄佳薇对商品的订购意向，如果已经完成付款，相应款项将退至黄佳薇的礼品卡或原支付卡中。

当日，“好物网”向黄佳薇退还上述相应的款项。

黄佳薇收到退款后，越想越不甘心，她觉得自己已经第一时间抢购，竟然还被告知无货，自己受到深深的欺骗。

接下来几天，黄佳薇主动跟“好物网”的客服网上沟通，但客服一直没有回复。黄佳薇的怒火越攒越多，2017年9月1日，黄佳薇打了“好物网”的官方电话，接线客服却回复，“SHILL”的保湿面霜以3820元的价格根本不可能订购到。黄佳薇觉得“好物网”这是欺骗，既然3820元的价格订购不到，就不应该如此标价。

2017年10月10日，黄佳薇委托律师将“好物网”的所有者赢海市远景信息技术有限公司（以下简称远景公司）诉至法院，要求远景公司承担缔约过失责任。

远景公司觉得非常委屈，其在“好物网”网站中公布了“使用条件”，通过网站订购商品，网站上展示的商品和价格等信息仅仅是要约邀请，消费者的订单将成为购买商品的申请或要约，收到消费者的订单后，“好物网”将向消费者发送电子邮件或短信确认已经收到订单，其中载明订单的细节，但该确认不代表接受订单，只有当发出送货确认的电子邮件或短信，才构成对消费者订单的接受，订购合同才成立；“价格”部分规定，对于销售的商品，直到邮件确认发货，才能确认该商品的销售价格，商品定价可能偶尔会有错误，如果某一商品的正确定价高于网站定价，“好物网”有权根据具体情况决定在发货前联系消费者或咨询消费者的意见，或者取消订单并通知消费者。

最后，法院认定远景公司应当承担缔约过失责任，向黄佳薇赔偿差价。

## 律师分析

### 网购平台取消订单有承担缔约过失责任的风险

本风险事件中，“好物网”已经列明相关条款，防范自己的风险，即明确表明在网站平台上发出的为要约邀请，其可以不受限制，只有在网站发送邮件或短信确认发货的情况下才表示其和消费者之间的买卖合同订立。

上述情形下，可以认定黄佳薇和“好物网”的所有者远景公司之间的买卖合同并未成立，若黄佳薇请求远景公司承担违约责任，将不会获得法院支持。现黄佳薇向法院提起诉讼，请求远景公司承担缔约过失责任，这却是一个明智之举。

缔约过失责任是指在合同未成立、无效或可撤销的情况下，当事人在订立合同过程中，故意隐瞒与订立合同有关的重要事实、提供虚假情况或有其他违背诚实信用原则的行为，给对方造成损失的，应当承担损害赔偿责任。

本案中，远景公司和黄佳薇之间的买卖合同未订立，然而“好物网”在明知无法交付涉案商品的情况下仍接受黄佳薇下单，可以认为“好物网”故意隐瞒与订立合同有关的重要事实，对于买卖合同无法订立存在过错，造成黄佳薇无法以3820元的价格购买案涉商品，应承担缔约过失责任，赔偿黄佳薇2000元的损失。

**建议：**

网购平台应规范网站运营，不仅应公布相关运营条款，还应规范操作。

011

## 风险事件

### 不能办理营业执照导致租赁合同解除

2016年6月，嬴海市海鑫装饰材料有限公司（以下简称海鑫装饰公司）与钱多多之间矛盾重重，签署的厂房租赁合同已无法继续履行，双方皆已诉至法院。

2016年7月，海鑫装饰公司的总经理谢艺科就安排行政部经理刘叙君去寻找新的场地，准备搬迁。刘叙君的朋友谢淇正好通过司法拍卖购买了一片厂房，面积达到3000多平方米，计划出租。

刘叙君将此情况汇报给谢艺科，谢艺科亲自到现场考察了一下，发现地段还是不错的，就安排刘叙君去处理租赁合同签订事宜。

2016年8月11日，在刘叙君的安排下，海鑫装饰公司与谢淇签订了《厂房租赁合同》，其中约定租赁期限两年，从2016年9月1日起算。另外，谢淇须保证海鑫装饰公司能够办理营业执照，否则海鑫装饰公司可单方解除协议。

2016年8月20日，海鑫装饰公司按照合同约定向谢淇交纳了押金等相关费用，并支付了一个月的租金。同日，谢淇将厂房钥匙等交付给海鑫装饰公司。

2016年8月21日，海鑫装饰公司前往相关部门办理营业执照的地址变更，却被告知，海鑫装饰公司经营范围包括铝材生产，对环境会产生影响，根据新政策规定，此类企业不能在新地址登记经营。

海鑫装饰公司立即将情况反馈给谢淇，谢淇也懵了，他也是第一次做房东，并没有预料到如此情况。

谢艺科知道这个情况后，严厉批评了刘叙君，并要求刘叙君尽快妥善处理该情况。

刘叙君立即约了谢淇，商谈此事，最后两人达不成一致意见，不欢而散。后来，刘叙君多次找到谢淇，要求解除协议，谢淇退回押金等相关款项，但谢淇均不同意。

谢淇认为，营业执照无法办理并不是其本人一个人的过错，责任不应由其一人承担。

2016年9月10日，海鑫装饰公司与钱多多的纠纷已被法院判决租赁合同无效，海鑫装饰公司已经迫在眉睫，必须尽快找到厂房搬迁。谢艺科要求刘叙君尽快解决和谢淇之间的租赁纠纷，并寻找合适场地。

2016年9月12日，刘叙君也顾不得朋友之间的情谊，将此情况告知了海鑫装饰公司的法律顾问。在海鑫装饰公司授权下，法律顾问于2016年9月13日向谢淇发出解除租赁合同的律师函，并将厂房钥匙送还了谢淇。次日，谢淇收到了律师函，但并未理会。

2016年10月30日，海鑫装饰公司将谢淇诉至法院。后法院判决认定，海鑫装饰公司与谢淇签订的租赁协议自谢淇签收律师函之日起解除，海鑫装饰公司只需支付2016年9月1日至2016年9月14日的租金，谢淇则须退还押金等相关费用。

## 律师分析

### 合同目的落空可发函解除合同

本风险事件中，海鑫装饰公司与谢淇签订租赁合同的目的是承租厂房进行经营，现因为政策原因，海鑫装饰公司无法办理营业执照进行经营，海鑫装饰公司签订合同的根本目的已经落空，则海鑫装饰公司可根据约定单方解除合同。自海鑫装饰公司委托律师发出律师函后，谢淇收到律师函的当天即可认定律师函已经发生法律效果，即双方的租赁合同已经解除。自解除之日起，海鑫装饰公司也无须再支付租金。

合同目的是指合同双方通过合同的订立和履行最终所期望得到的东西或者达到的状态。合同目的落空是指签订合同的根本目的无法实现。签订合同的根本目的若无法实现或协议约定的解除条件出现，一方可要求解除合同，解除合同的通知须送达对方，通知到达对方处时合同发生解除的效力。

**建议：**

解除合同的情形发生时，应向对方发函通知，以产生解除合同的法律后果。

012

## 风险事件

# 购房定金不是订金

海鑫绿园山居是赢海市海鑫房地产有限公司（以下简称海鑫房地产公司）在赢海市重点建造的高档小区，致力打造成依山傍水的“城市绿肺”。

为宣传海鑫绿园山居，海鑫房地产公司也是不遗余力，在赢海市的广告做得铺天盖地。

2017 年 10 月 1 日，海鑫绿园山居开盘，每平方米 38000 元，户型包括 118 平方米、188 平方米、228 平方米，开盘当日，就签约了几十套。

叶美美与叶丽丽是双胞胎姐妹，皆是临岐市人。姐姐叶美美 2013 年大学一毕业就来到了赢海市，入职证券公司，妹妹叶丽丽 2013 年大学毕业则回到了家乡临岐市，2017 年 8 月才来投奔姐姐叶美美。

叶美美和叶丽丽姐妹的父母在临岐市做生意，生意做得有模有样。二人的父母考虑到临岐市是个小城市，叶美美又很喜欢赢海市，不愿意回老家生活，现叶丽丽也去到了赢海市，就打算给两个女儿在赢海市购房。

海鑫绿园山居开盘当天，叶美美、叶丽丽及二人的父母都看了样板房，对房屋设计很满意，又海鑫绿园山居销售人员刘刚在一旁天花乱坠地描绘楼盘前景，二人的父母就豪气地当场拍板，决定给两个女儿各买一套 118 平方米户型的房屋，又选择了同一楼层，方便两姐妹互相照应。刘刚一看这个情况，乐开了花，立即要求姐妹二人签约。

姐姐叶美美在赢海市生活多年，对赢海市的房屋限购政策有一定了解，就询问刘刚限购的政策，刘刚解释限购政策后，才发现叶丽丽刚来到赢海市，赢海市社保缴纳还没有满一年，根本没有购房资格。刘刚一看这两姐妹有打退堂鼓的意思，就立即表示，这个限购没有影响，海鑫绿园山居是预售，可以先签认购书，等叶丽丽买满一年社保再签预售合同。

两姐妹有些犹豫，但考虑到房价隔几个月就涨一波，二人还是觉得早买早划算，分别交了 5 万元定金，签订了认购书。

为了满足购房政策，叶丽丽经姐姐介绍也在赢海市找了一份工作，缴纳了社保。

2017 年 12 月 10 日，海鑫绿园山居分别向叶丽丽、叶美美发送了签订房屋预售合同通知，销售人员刘刚也电联了二人，要求二人须根据认购书的约定在收到通知后七日内签订房屋预售合同。

叶丽丽和叶美美二人收到通知和电话后，找出认购书，才发现上面写着，签订认购书当日，购房者须缴纳 5 万元的定金；收到楼盘通知之日起七日内，购房者须前往销售中心签订正式的房屋预售合同，若购房者未在通知期间内签订房屋预售合同，则开发商可没收定金。

叶丽丽在微信上质问刘刚，自己的社保缴纳还没有满一年，怎么能签订房屋预售合同，刘刚立即表示，可以先签订房屋预售合同，等社保满一年后，再将房屋预售合同送往相关部门备案，叶丽丽觉得刘刚欺骗了自己，这种说辞前后不一。两姐妹商量了一下，决定要回定金退房，因为隔了四个月房价不仅没有涨，反而跌了一点点。

2017 年 12 月 13 日，两姐妹分别在微信上跟刘刚表示了要回定金退房的想法，这时刘刚却立即变脸了，表示两人可以不签约，但根据认购书约定，定金却要没收。

## 律师分析

### 定金罚则具有担保性质

本风险事件中，叶美美、叶丽丽两姐妹分别与海鑫绿园山居的开发商赢海房地产公司签订了认购书，在认购书中双方已明确约定，购房者缴纳的 5 万元为定金，如购房者未在约定期间内签订房屋预售合同，则开发商可没收该笔定金。

定金是指合同双方为担保合同义务履行，约定合同中一方先行向对方支付一定数额的货币作为担保，给付定金一方不履行约定义务的，无权要求返还定金；收受定金的一方不履行约定义务的，应当双倍返还定金。

另外，相关法律也规定，出卖人通过认购、订购、预订等方式向买受人收受定金作为订立商品房买卖合同担保的，如果因不可归责于当事人双方的事由，导致商品房买卖合同未能订立的，出卖人应当将定金返还买受人。

叶美美与海鑫房地产公司已签订认购书，该认购书的签订也系双方真实意思表示，即该定金就是担保房屋预售合同的签订，现并无不可归责于双方的事由，则叶美美本人接到海鑫房地产公司签订预售合同通知后七日内须遵守约定签署房屋预售合同，若违反约定，海鑫房地产公司可适用定金罚则，没收定金。

叶丽丽虽然也签订了认购书，但该认购书的签订不符合相关限购政策的规定，对于房屋预售合同的无法签订，海鑫房地产公司作为专业的开发商存在很大过错，叶丽丽也有一定过错，故叶丽丽可要求解除认购书，退还定金。

**建议：**

买卖房屋时若签订认购书，须仔细审核相关条款，注意缴纳相关款项的性质。

## 013

### 风险事件

## 股权返还了，能否分享持有期间增加的营收

嬴海市明博装饰材料有限公司（以下简称明博装饰公司）的注册资本为500万元，注册资本也已实缴到位。其中，王艺博持股40%、谢明明持股60%。

王艺博、谢明明为了解决明博装饰公司与嬴海市海鑫房地产有限公司之间的债务问题，决定将所持明博装饰公司100%股权全部转让给嬴海市海鑫装饰材料有限公司（以下简称海鑫装饰公司）。

2017年12月20日，明博装饰公司、王艺博及谢明明签订股权转让合同，三方在合同中约定，王艺博、谢明明分别将所持明博装饰公司40%、60%的股权合计以355万元的价格转让给海鑫装饰公司，合同签订之日起三日内，海鑫

装饰公司支付股权转让首期款100万元给王艺博、谢明明，王艺博、谢明明收到首期款后三十日内须配合办理完毕股权转让登记，股权变更登记办理完毕后30日内，海鑫装饰公司支付股权转让尾款255万元。

股权转让合同签订后，海鑫装饰公司即向王艺博、谢明明支付了100万元的首期款，二人也配合办理了股权变更登记。

然而，随着海鑫装饰公司接手明博装饰公司后，发现明博装饰公司的资产已大大缩水，根本不值355万元，对此海鑫装饰公司非常不满意，对于股权转让尾款的支付也就一拖再拖。

2018年4月，王艺博、谢明明将海鑫装饰公司起诉到法院，请求确认海鑫装饰公司已构成违约，解除三方的股权转让协议，并判令明博装饰公司将股权返还至王艺博、谢明明名下。

后法院判决支持了王艺博、谢明明的诉请。

2018年10月，明博装饰公司配合办理了股权变更登记，王艺博、谢明明也向明博装饰公司返还了100万元。

现海鑫装饰公司认为其经营管理明博装饰公司期间，明博装饰公司的营收增加了近1000万元，海鑫装饰公司主张王艺博、谢明明及明博装饰公司应向其支付该部分款项。

## 律师分析

### 有限责任公司的股东转让股权后无权主张分配利润

本风险事件中，海鑫装饰公司与王艺博、谢明明签订的是股权转让合同，转让的仅仅是明博装饰公司的股权而非资产。

海鑫装饰公司在其经营明博装饰公司期间仅是股东，即海鑫装饰公司只可要求股东权益对应的盈余分配。

虽然在履行股权转让合同期间明博装饰公司营业收入增加了，但是明博装饰公司尚未依法对该部分营业收入进行处置，该部分营业收入也并未转化为经营利润，该部分增值对王艺博、谢明明并不具有实际意义。

明博装饰公司在海鑫装饰公司经营期间也未进行过利润分配，现也无证据证明该部分营业收入确实对应有利润收入且符合规定的分配条件，应当进行分配，故海鑫装饰公司暂无法要求对明博装饰公司增加的营业收入1000万元进行分配。

## 014

### 风险事件

# 可否既没收定金又要求支付违约金

海鑫绿园山居是嬴海市海鑫房地产有限公司（以下简称海鑫房地产公司）重点开发的楼盘，2017年10月1日开盘预售。

2017年12月11日，叶美美与海鑫房地产公司签订商品房预售合同，合同约定，该房屋建筑面积118平方米，其中套内建筑面积为93平方米，公摊面积为26平方米；房屋总价款为448.4万元；合同签订之日起五日内，叶美美须缴纳定金10万元，若叶美美违约，海鑫房地产公司可没收该笔定金；2018年5月30日前须缴纳首期购房款134.52万元，缴纳首期款时定金自动抵扣首期购房款；余下购房款313.88万元则由叶美美申请银行按揭贷款支付；若迟延交付任何一笔购房款，须以迟延交付购房款为本金，按每日千分之五的比例缴纳滞纳金；若迟延缴纳任何一笔购房款超过一个月，海鑫房地产公司可单方选择解除合同，并要求叶美美支付该笔迟延交付购房款的30%作为违约金。

商品房预售合同签订当日，叶美美缴纳了10万元的定金。2018年4月，叶美美做生意的父亲出现周转困难，没办法一下子拿出100多万元的现金。经海鑫房地产公司销售人员多次催促，叶美美都表示无法缴纳首期购房款，请求延期。

2018年7月1日，海鑫房地产公司发函告知叶美美，选择单方解除商品房预售合同，并要求没收已缴纳的定金10万元，且要求叶美美按合同约定支付违约金40.356万元。

## 律师分析

### 一般情况下，定金与违约金只能择其一

本风险事件中，海鑫房地产公司与叶美美已签订商品房预售合同，该合同中同时约定了定金及违约金。从性质上看，本风险事件中的定金属于履约保证金，即具有担保债务履行的功效。违约金也是担保债的履行，同时具有惩罚违约方、补偿无过错方的性质。

现叶美美已经触犯合同约定的违约条款，海鑫房地产公司可单方解除合同。

然而海鑫房地产公司与叶美美同时约定了定金与违约金，在功效上有重复。

海鑫房地产公司要求叶美美承担违约责任，只可选择一项，即没收定金或要求叶美美支付违约金。

定金是指合同双方为担保合同义务履行，约定合同中一方先行向对方支付一定数额的货币作为担保，给付定金一方不履行约定义务的，无权要求返还定金；收受定金的一方不履行约定义务的，应当双倍返还定金。

## 015

## 风险事件

### 装饰公司是否属“狮子大开口”

赢海市海鑫装饰材料有限公司（以下简称海鑫装饰公司）与赢海市诚材铝业有限公司（以下简称诚材公司）多年来素有交易往来，海鑫装饰公司向诚材公司供货，诚材公司验收无误后向海鑫装饰公司支付货款。

2016 年，诚材公司陷入财政危机，后经董事长周成栋多方周转方免于被破产清算。

然而海鑫装饰公司一朝被蛇咬，十年怕井绳，再次与诚材公司合作时，海鑫装饰公司都会要求诚材公司先支付一部分定金后再发货。

2017年3月1日，海鑫装饰公司与诚材公司签订《购销合同》，合同约定，诚材公司下单订购一批装饰材料，价款共计50万元，合同签订之日起三日内支付定金15万元，海鑫装饰公司收到定金后30日内发货，诚材公司收到装饰材料验收无误后十日内支付全部货款，定金15万元也可冲抵货款。

合同签订后，诚材公司按期支付了定金，收到定金后海鑫装饰公司按时交付了装饰材料给诚材公司。诚材公司收到装饰材料后经验收发现该批材料中大部分型号和合同约定不符，诚材公司立即与海鑫装饰公司沟通要求换货，但是双方各执一词，协商未果。

后诚材公司将海鑫装饰公司诉至法院，要求判令解除购销合同，并要求海鑫装饰公司赔偿双倍定金共30万元。

## 律师分析

### 定金不能超过合同价款的20%

本风险事件中，海鑫装饰公司与诚材公司签订的购销协议系双方的真实意思表示，合同合法有效，现双方约定定金为15万元。

定金是指合同双方为担保合同义务履行，约定合同中一方先行向对方支付一定数额的货币作为担保，给付定金一方不履行约定义务的，无权要求返还定金；收受定金的一方不履行约定义务的，应当双倍返还定金。

法律也有规定，定金的数额由当事人自行协商确定，但不得超过主合同标的额的20%。

现本风险事件中，由于海鑫装饰公司提供给诚材公司的大部分装饰材料型号和合同约定不符，现需要审核该不符是否导致双方合同目的不能实现。若确定诚材公司的合同目的不能实现，即无法采取补救措施，则诚材公司可要求解除合同，同时要求海鑫装饰公司赔偿双倍定金。

然而，根据法律规定，该定金不能超过主合同标的额的20%。故本案中定金应当为10万元，诚材公司可要求赔偿的双倍定金即为20万元。

016

## 风险事件

### 房价上涨，开发商“翻脸”

嬴海市海鑫房地产有限公司（以下简称海鑫房地产公司）系海鑫桂园的开发商。海鑫桂园第三期于2014年开盘，由于楼市低迷，直到2015年还未清空。

李梅一家人目前住在7楼，由于是老房子，没有电梯，李梅老公每次都抱怨，拿个快递累成狗。李梅心里也一直想换一套新房，可她陆续看了几个楼盘，一直也没有看到合适的。

后李梅在邻居的带领下，去看了海鑫桂园的样板房，看完之后觉得户型、地理位置、价格之类的还是比较满意的。经销售介绍，李梅了解到，海鑫桂园的样板房6栋2101房也可以出售，只比非样板间贵83000元。

2015年8月12日，在海鑫桂园售楼部李梅与海鑫房地产公司的授权代表刘静签订了一份认购协议。认购协议中出卖人一栏为海鑫房地产公司，买受人为李梅。合同落款处海鑫房地产公司并未盖章，授权代表处由刘静签字。签订协议当天，李梅即向海鑫房地产公司支付定金2万元，海鑫房地产公司也出具了收据。

2015年10月，海鑫桂园售楼部的一位销售人员通知李梅前往售楼部签约。2015年10月30日，李梅前往海鑫桂园售楼部签订商品房预售合同。

在该商品房预售合同中，双方约定，因该套房屋属于海鑫桂园的样板间，销售期间需要用于对外展示和宣传，双方同意于2016年8月11日前交付房屋；收到海鑫房地产公司书面通知后十五日内李梅须到海鑫桂园售楼处缴纳首付款，并办理其他相关手续；签订认购协议时所收取定金2万元在办理购房手续时转为首付款；房屋总价款为172.2万元，面积134平方米；因装修由海鑫房地产公司垫资，合同签订后三日内装修款83000元由李梅直接支付给海鑫房地产公司；海鑫房地产公司通知后十五日逾期不到者，以上房屋海鑫房地产公司可另行出售，不另行通知，通知单自行作废，李梅所付定金不予退还等。

同样，此商品房预售合同出卖人一栏为海鑫房地产公司，买受人为李梅。

合同落款处海鑫房地产公司并未盖章，授权代表处由刘静签字。

对于商品房预售合同落款处无海鑫房地产公司公章的问题，刘静解释是因该房尚未交首付款，合同暂没有编号，故无法盖公司公章，缴纳了首付款后海鑫房地产公司会加盖公章。且刘静也表示海鑫桂园的商品房预售合同上一般都是有其签名的。

对此事实，介绍李梅买房的邻居也可以证实，因为她本人也买了这个楼盘，商品房预售合同上确实都是有刘静的签名。

2015 年 11 月 1 日，李梅到海鑫桂园售楼处的财务部刷卡缴纳了装修款 83000 元，财务部当场向李梅出具了收据。

2016 年房价开始有上涨的势头。2016 年 5 月 1 日，李梅前往海鑫桂园 6 栋 2101 房处，发现该样板房已经关闭。

李梅立即前往售楼处询问，被告知已经清盘，所以样板间不对外开放了。李梅立即跟销售人员沟通，要求履约，但销售人员含糊其词。

几天后，销售人员给李梅打电话表示，由于海鑫房地产公司并未审批通过刘静已签字的这份商品房预售合同，所以海鑫房地产公司没有义务履行这份商品房预售合同，现海鑫房地产公司可以全额退款。李梅一听，傻眼了。

后李梅诉至法院，要求海鑫房地产公司履行商品房预售合同。海鑫房地产公司答辩称，刘静是其员工，但其并未授权刘静签订商品房预售合同，现也不追认刘静的行为。

后法院判决海鑫房地产公司继续履约。

## 律师分析

### 开发商须承担表见代理的法律后果

本风险事件中，海鑫房地产公司辩称刘静虽为其单位工作人员，但其并未授权刘静对外签订合同，且海鑫房地产公司未在商品房预售合同上盖章追认，双方房屋买卖合同关系并未成立。海鑫房地产的这种认为显然是不符合法律规定的。

刘静的签字行为已经构成表见代理。表见代理是指虽然行为人事实上无代理权，但相对人有理由认为行为人有代理权而与其进行法律行为，其行为的法律后果由被代理人承担的代理。

本风险事件中，刘静在海鑫桂园的楼盘预售过程中，一直作为授权代表在商品房预售合同上签字，该事实从李梅邻居的商品房预售合同中可以看出。又李梅的认购协议、商品房预售合同皆是在海鑫桂园的售楼处签订的。且李梅向海鑫房地产公司缴纳了定金 2 万元、装修款 83000 元，海鑫房地产公司皆出具了收据，并未提出异议。

该系列事实表明，李梅作为买受人，有理由相信刘静有权代海鑫房地产公司签订商品房预售合同。虽然海鑫房地产公司抗辩表示并未盖章确认刘静的签约行为，但李梅已尽到合理注意义务，有理由认为刘静有代理权，故而刘静的行为已经构成表见代理。

海鑫房地产公司作为被代理人，应当承担刘静签约行为的法律后果。

## 017

### 风险事件

## 老公转让股权须老婆“准许”吗

关海与林琦是大学同班同学，2010 年 7 月两人一毕业就领了结婚证。婚后林琦就当上了全职太太。

2014 年关海从原单位辞职。同年 6 月 3 日，关海与父亲关建军共同出资成立了赢海市悦享日用品有限公司（以下简称悦享公司），注册资本 100 万元，其中关海持股出资 40 万元、持股 40%；关建军出资 60 万元、持股 60%。悦享公司在父子二人的努力下，经营得有声有色。

随着悦享公司的壮大，关海也越来越忙，回家的时间也越来越少，对家庭的事情包括对林琦和孩子的关心也渐渐减少。林琦数次跟关海沟通，希望双方都作出改变，但关海都认为林琦是小题大做。

2016 年年初，林琦提出离婚。关海表示同意离婚，然而他认为林琦婚后一直未工作，必须要净身出户，双方谈不拢。2016 年 6 月 16 日，林琦向法院提起诉讼，要求判决离婚，并要求分割夫妻存续期间的共同财产包括悦享公司的股权。然而由于关海并不同意离婚，所以法院于2016年8月20日判决驳回了林琦的诉请。

2016年9月1日，关海与关建军签订股权转让协议。协议约定，关海将所持悦享公司40%股权以40万元的价格转让给关建军。

2017年7月12日，林琦再次向法院提起诉讼，要求判决其与关海离婚，并要求分割夫妻共同财产包括悦享公司的股权。关海答辩称，该股权已经转让，股权转让款也已用于日常生活。

2017年12月19日，法院判决林琦与关海离婚，也对夫妻共同财产进行了分割。然而，法院认为悦享公司的股权存在争议，不宜分割，建议另行起诉。

林琦认为关海是在转移夫妻共同财产，遂于2018年3月9日，林琦向法院提起股权转让纠纷之诉，要求法院认定关海与关建军之间签署的股权转让协议无效。

## 律师分析

### 夫妻共有财产一方不得擅自处分

本风险事件中，关海持有的悦享公司40%的股权系关海与林琦婚姻关系存续期间取得的财产，属于夫妻共同共有。对于夫妻共有财产，夫妻共同享有平等的占有、使用、收益和处分的权利，任何一方不得擅自处分。

根据相关规定，夫或妻非因日常生活需要对夫妻共同财产作出重要处理决定，夫妻双方应当平等协商，取得一致意见，他人有理由相信其为夫妻双方共同意思表示的，另一方不得以不同意或不知道为由对抗善意第三人。

无权处分是指行为人没有代理权、超越代理权或者代理权终止后以被代理人名义订立的合同，未经被代理人追认，对被代理人不发生效力，由行为人承担责任。

2016年9月1日，关海将悦享公司40%的股权转让给关建军时，其与林琦的婚姻关系仍然存续，关海转让股权的行为属于对夫妻共同财产作出的重要处理，应当取得共同共有人林琦的同意。

又因关建军系关海的父亲，且系悦享公司的股东，故关建军对于关海所持有悦享公司的股权系夫妻共同财产显然是知道的。

现林琦是在起诉离婚的诉讼中才得知关海已经将其持有的40%股权转让给关建军，这显然表示关海、关建军并未事先就股权转让一事征得共同共有人林琦的同意。

林琦提起股权转让诉讼之诉，请求法院判决该股权转让无效，这意味着股权转让一事事后亦未获得林琦的追认。

故关海擅自转让股权属于无权处分，这已侵害了共同共有人林琦的合法权益，且关建军的行为也不构成善意取得，故关建军与关海之间的股权转让协议应当被认定为无效。

## 018

### 风险事件

## 不付款，扣你物品没商量

2016年1月12日，赢海市海鑫装饰材料有限公司（以下简称海鑫装饰公司）与赢海市明博装饰材料有限公司（以下简称明博装饰公司）签订《承揽合同》。

在该承揽合同中，双方约定：海鑫装饰公司为定作人，提供相关木板、门锁及其他材料，明博装饰公司作为承揽人，按照定作人的要求制作单开木门共1210套；每套门制作费为300元，共计36.3万元；合同签订之日起三十日内支付首期款15万元，明博装饰公司将木门全部交付且经验收合格，三十日内海鑫装饰公司支付尾款21.3万元。

合同签订后，海鑫装饰公司按照约定支付了首期款15万元，并将相关材料运送至明博装饰公司，明博装饰公司验收无误后即签收入库。

明博装饰公司日夜赶工，赶在合同约定的交货日期内即2016年4月15日前将1210套木门全部交付给了海鑫装饰公司。完工后，经明博装饰公司清点汇总发现，还余下大量木板、门锁及其他材料。海鑫装饰公司收到木门后即派人验货，经验收发现，有一小部分木门稍微有些小瑕疵，但是均没有大问题，遂将该批木门皆收下，并立即送往楼盘安装。

验收后过了三十天，明博装饰公司并未收到海鑫装饰公司的尾款。此时，海鑫装饰公司却派人员向明博装饰公司索要剩余的木板及其他材料。

明博装饰公司担心海鑫装饰公司拖欠制作费不给，也就不想将余下材料返还给海鑫装饰公司。遂告知海鑫装饰公司，余下材料还需要清点汇总，暂时无法返还。

后明博装饰公司数次催促海鑫装饰公司付款。海鑫装饰公司均表示楼盘尚未支付货款，其暂时没有资金可以支付。

2016 年 10 月 8 日，明博装饰公司委托律师向海鑫装饰公司发了一份律师函，表示对余下的材料行使留置权，且要求海鑫装饰材料公司在 2016 年 12 月 8 日前还款。

## 律师分析

### 承揽人可适当行使留置权

承揽合同是指承揽人按照定作人的要求完成工作，交付工作成果，定作人给付报酬的合同，承揽包括加工、定作、修理、复制、测试、检验等工作。

本风险事件中，海鑫装饰公司提供木板及其他材料委托明博装饰公司制作木门，海鑫装饰公司支付制作费，这属于典型的承揽合同。

现海鑫装饰公司在收到木门并验收合格后 30 日内并未向明博装饰公司支付制作费尾款。明博装饰公司为维护自身权益，已委托律师出具律师函，明确表示对其尚占有的海鑫装饰公司余下的相关材料行使留置权，同时也给了海鑫装饰公司适当的履行付款义务的期限。明博装饰公司的行为符合相关法律规定。

留置权是指债权人按照合同的约定占有债务人的动产，债务人不按照合同约定的期限履行债务的，债权人有权依照法律规定留置相关财产，以该财产折价或者以拍卖、变卖该财产的价款优先受偿。留置权的实现必须以债务的存在以及已届履行期限为前提，并在留置相关物品后通知对方在一定期限内履行债务，方可行使。

019

## 风险事件

### 饥不择食，收取已转让债权的还款

瀛海市春雪装饰工程有限公司（以下简称春雪公司）是一家从事装饰工程、暖通工程设计施工、水电安装等业务的公司。

2014 年以来，春雪公司就搭上了瀛海市瀛鑫房地产有限公司（以下简称瀛鑫房地产公司）这条大船，专门帮瀛鑫房地产公司开发的楼盘进行精装房装修。然而瀛海房地产公司支付费用的周期也特别长。这也就导致春雪公司虽然有钱赚，但赚的钱很难落袋。

2016 年，随着材料市场及人工的涨价，导致春雪公司的财政一路吃紧。到 2016 年 12 月，春雪公司的员工工资已拖延两月，材料商更是不断上门追债。

春雪公司申请的银行贷款又得不到批准。在不得已的情况下，春雪公司只好打起了公司应收账款的主意。

2017 年 3 月 1 日，春雪公司与瀛海市博文投资有限公司（以下简称博文公司）签订了《债权转让协议》。双方在协议中约定，春雪公司将对瀛鑫房地产公司的应收账款 600 万元（该应收账款到期日为 2017 年 12 月 12 日）以 480 万元的价格转让给博文公司；协议签订之日三日内，春雪公司将相关材料原件移交给博文公司；博文公司收到材料后十日内，博文公司一次性支付给春雪公司 480 万元；春雪公司收到款项之日起三日内，双方联合发函，告知瀛鑫房地产公司债权转让的情况；春雪公司须无条件配合博文公司追收该笔款项。

2017 年 3 月 3 日，春雪公司将债权相关材料移交给了博文公司。2017 年 3 月 10 日，博文公司向春雪公司支付了 480 万元的费用。

2017 年 3 月 12 日，春雪公司、博文公司通过 EMS 的方式联合向瀛鑫房地产公司发函，告知债权转让的事宜。然而事后，博文公司并未核实瀛鑫房地产公司是否收到债权转让通知。

事实上，该 EMS 的收件人写的是瀛鑫房地产公司的一名财务人员王巧巧，EMS 上也并未注明函件的名称，恰巧王巧巧已于 2017 年 2 月离职，该函件并未引起赢鑫房地产公司的重视。

2017年11月11日，赢鑫房地产公司的财务人员王欣欣致电春雪公司的财务人员刘纯，表示赢鑫房地产公司要向春雪公司付款，要求春雪公司尽快提供收款账号，并先开具600万元的发票。

刘纯立即将情况汇报给春雪公司的总经理李艺。李艺此时正筹措资金过年，听到刘纯的汇报后，思索了一会，觉得这也许是上天送出的机会。李艺吩咐刘纯按照赢鑫房地产公司的要求提供春雪公司的收款账号和发票。

2017年12月10日，赢鑫房地产公司将该600万元的款项支付到春雪公司提供的账号上。

2017年12月12日，博文公司派人员前往赢鑫房地产公司追收该600万元款项，赢鑫房地产公司却表示根本不知道债权转让的情况，该笔款项已与春雪公司结清。

## 律师分析

### 债权转让须通知债务人，否则不对债务人发生法律效力

本风险事件中，春雪公司与博文公司签订的《债权转让协议》系双方真实意思表示，该协议合法有效。

该协议中所转让的债权涉及第三方即债务人赢鑫房地产公司，故而该债权转让虽然不需要赢鑫房地产公司的许可，但根据相关法律规定却须通知赢鑫房地产公司，否则对赢鑫房地产公司不发生法律效力。

虽然春雪公司与博文公司通过EMS邮寄了债权转让告知函给赢鑫房地产公司，但是该邮件的收件人写的是个人，也没有注明邮件内容。现赢鑫房地产公司并不承认其收到债权转让的通知，邮件的形式又不完整，不能证明案涉债权转让已有效通知到赢鑫房地产公司，故而该债权转让不应该对赢鑫房地产公司产生法律效力。

现博文公司为维护自身的权益，可以起诉春雪公司。

020

## 风险事件

### 合同签订地不明，该在何处起诉

赢海市悦享日用品有限公司（以下简称悦享公司）是一家从事厨房设备及厨房用品批发、家用电器批发、清扫或清洗日用品零售、化妆品及卫生用品批发的企业。

自2017年以来悦享公司一直向临岐市好鲜有限公司（以下简称好鲜公司）旗下的几家超市供应清扫或清洗日用品、化妆品及卫生用品，双方合作得也很愉快。

2018年5月，双方协商扩大合作范围，以求共赢。2018年6月4日，双方签署了《厨房设备及厨房用品供销协议》，协议约定，双方合作期限为一年，由悦享公司按照好鲜公司的要求供应厨房设备及厨房用品。

悦享公司与好鲜公司在该协议中还约定，若发生争议，双方可协商解决，若协商不成，任何一方可向合同签订地法院提起诉讼。然而，在协议中，悦享公司与好鲜公司在协议中并未约定具体的合同签订地点。

2018年6月30日，应好鲜公司的书面要求，悦享公司分别向好鲜公司旗下两家超市分别供应50台燃气灶、50台吸油烟机。

2018年8月，好鲜公司旗下的两家超市陆续接到多起消费者投诉，消费者均表示从好鲜公司旗下超市购买的吸油烟机运转时噪声大。

好鲜公司发函要求悦享公司作出合理解释。悦享公司得知此情况后也很重视，立即联系生产吸油烟机的厂家进行检测，最后得出结论系安装不当造成。

好鲜公司被告知此结论时，非常不满，认为悦享公司此举系甩锅。好鲜公司的理由是其产品的安装均外包给一家与其合作多年的公司，在此之前均未因安装问题收到投诉。

好鲜公司与悦享公司各持己见，场面僵持不下。最后好鲜公司经研究决定，终止与悦享公司关于《厨房设备及厨房用品供销协议》的履行。2018年10月8日，好鲜公司向其住所地临岐市的法院提起诉讼，理由是双方是在临岐市签署该供销协议的。

临岐市法院立案受理后，即向悦享公司送达相关文件和通知。悦享公司收到法院通知后，立即提出了管辖权异议，认为本案应当移送至赢海市相关法院管辖。

悦享公司的理由是，本案中虽然约定了合同签订地的法院有管辖权，但是双方并未写明具体的合同签订地，应当视为对管辖地约定不明，现应当适用法定原则确定管辖权，即“原告就被告”的原则。

## 律师分析

## 约定合同签订地管辖时应明确合同签订地点

本风险事件中，悦享公司与好鲜公司在协议中约定由合同签订地人民法院管辖，但又没有注明具体的合同签订地，现双方对具体合同签订地又有争议，故本事件中关于约定签订地法院管辖的管辖条款，因约定不明确而无效。

本风险事件系买卖合同纠纷，根据相关规定，应由被告住所地或合同履行地法院管辖。

签订协议时，对于争议提交到哪个法院解决的条款约定，对于协议各方也是值得注意的，若约定不明确，则会引发争议，拖延诉讼。

## 021

## 风险事件

## 追收货款没留下记录，后悔莫及

2012年年初，赢海市未来网络有限公司（以下简称未来公司）四名股东小聚，回想过去两年未来公司的业绩，个个都觉得自己可以化身乔布斯，踌躇满志。酒酣耳热之时，四人一致拍板决定扩大未来公司的经营规模。

扩大经营规模的首要步骤是升级装备、招兵买马，作为网络公司，最重要的装备自然是电脑，未来公司决定先购买一批电脑设备。

2012年4月5日，未来公司与赢海市安远科技有限公司（以下简称安远公司）签订了《购销合同》。

合同约定，由安远公司向未来公司供应梦想牌K280型号的电脑主机200台，每台4100元，共计82万元；合同签订之日起三日内支付10万元订金；收到订金后，安远公司30日内须将主机运送至未来公司；未来公司收到全部主机并验收无误后十日内支付尾款72万元。

合同签订后，未来公司立即向安远公司支付了10万元，安远公司也依约于2012年4月30日前将200台电脑主机全部运送至未来公司指定处。

未来公司收到主机后发现有20多台主机的外观有些因磕碰导致的变形，但当前并不影响使用。经询问得知，在装货时，安远公司的工作人员不小心将其中一推车主机都推翻了。

未来公司认为虽然这种情况不影响使用，但是影响美观，且有可能存在隐患。未来公司向安远公司要求扣减5万元货款；余下67万元货款则分两期支付，2012年5月15日前先支付57万元的货款，若主机没有质量问题，则剩余货款10万元于2013年5月15日前支付。

安远公司收到方案后，自然是不同意，并表示，对于外观问题，同意扣减货款1万元，如有问题，两年内可以包修甚至换货，也不同意延迟支付货款10万余元。

双方协商多次未果。未来公司的总经理是个雷厉风行的人，最烦拖拖拉拉，拖泥带水。2012年5月30日，未来公司总经理指示财务向安远公司支付了57万元。

接下来的时间，被磕碰的电脑陆续出现问题，安远公司也派人来维修过，然而效果并不好，最后未来公司的技术宅索性都自己动手解决问题。

截至2013年5月15日，未来公司也未向安远公司支付余下10万元。

接下来两年，安远公司多次致电未来公司，但未来公司始终不理会。

2015年7月10日，安远公司把心一横，将未来公司诉至法院，其称一直通过电话向未来公司催收货款，未提交任何证据证明。

庭审过程中，未来公司抗辩，并未收到安远公司催款通知，该案已过诉讼时效。

后法院判决认为，该案已过诉讼时效，驳回安远公司的诉讼请求。

## 律师分析

### 超过诉讼时效丧失胜诉权

诉讼时效是指民事权利受到侵害的权利人在法定的时效期间内不行使权利，当时效期间届满时，人民法院对权利人的权利不再进行保护的制度。

根据我国《民法通则》的规定，买卖合同主张货款的诉讼时效期间为两年，当事人在合同中约定债务人以分期付款的方式履行债务的，诉讼时效自最后履行期届满的次日起计算。

本风险事件中，虽然未来公司与安远公司对款项的支付数额、期限有争议，但双方并未达成一致意见，按照未来公司、安远公司在《购销合同》中约定最后付款期限应当为2012年5月30日，现安远公司也未能提交证据证明其在起诉前向未来公司主张过货款中断诉讼时效，故本案若按照合同约定的付款期限计算诉讼时效，则诉讼时效已过。

特别提醒，现我国对诉讼时效的规定进行了变更，适用2017年颁布的《民法总则》的相关规定，买卖合同主张货款的诉讼时效期间为三年。

## 022

## 风险事件

### 货车失火货物烧毁，谁担责

嬴海市明博装饰材料有限公司（以下简称明博公司）与临岐市格若节能玻璃有限公司（以下简称格若公司）素有业务往来。

2017年6月9日，明博公司与格若公司签署《购销 low－e 镀膜节能玻璃合同》，合同约定，由明博公司向格若公司购买 low－e 镀膜节能玻璃 6500$m^2$，220 元/$m^2$，货款共计为 143 万元；合同签订后三日内明博公司须支付首期款 71.5 万元，收到货物后验收无误后十日内支付尾款 71.5 万元。双方未约定交付地点。

合同签订后，明博公司即向格若公司支付了首期款 71.5 万元。格若公司收到款项后即按照交易习惯将货物按照行业标准包装好，并通知了好快物流有限公司（以下简称好快物流）承运货物，运费则是由明博公司到付。

2017 年 6 月 30 日，好快物流在运输过程中，由于车辆起火导致一车的 low－e 镀膜节能玻璃出现不同程度的毁损，经鉴定，损失达到 51.4 万元。

随后好快公司安排其他车辆将 low－e 镀膜节能玻璃送到明博公司，明博公司却拒收该批货物。

明博公司认为，该批货物尚未交付，现该批货物被火烧过，可能会影响后期使用，所以现其要求格若公司另外向其发货。

格若公司却认为货物已经交付，货物毁损的风险应当由买受人即明博公司承担。

## 律师分析

### 未约定交付地，标的物交承运后的风险由买受人承担

买卖合同是出卖人转移标的物的所有权于买受人，买受人支付价款的合同。标的物的所有权自标的物交付时起转移，但法律另有规定或者当事人另有约定的除外。标的物毁损、灭失的风险，在标的物交付之前由出卖人承担，交付之后由买受人承担，但法律另有规定或者当事人另有约定的除外。

当事人没有约定交付地点或者约定不明确，标的物需要运输的，出卖人应当将标的物交付给第一承运人以运交给买受人，出卖人将标的物交付给第一承运人后，标的物毁损、灭失的风险由买受人承担。

本风险事件中，明博公司与格若公司未约定交付地点，按照双方交易习惯，明博公司付首期款后，格若公司即将货物打包交由物流公司运输，明博公司支付运费。明博公司与格若公司对于货物所有权转移及风险转移也并无特殊

约定。

故而可以认定，格若公司在将货物打包交给第一承运人即好快物流后，该批 low－e 镀膜节能玻璃的毁损、灭失的风险即转移给了明博公司。

现明博公司并无权利拒收该批货物且要求格若公司重新发货，反而明博公司应当按照约定向格若公司履行支付尾款的义务，

另外，明博公司与好快物流之间已成立运输合同关系，现好快物流承运途中货车起火，导致货物受损，对于明博公司的损失，可根据情况承担相关责任。

**023**

## 风险事件

### 凭样买卖，样品也是坑

近些年，赢海市海鑫装饰材料有限公司（以下简称海鑫装饰公司）的生意做得风生水起，订单络绎不绝。

2013 年 7 月，海鑫装饰公司又中标了一个大型楼盘的精装房装修工程，然而由于需求量比较大且要求装修完工的时间比较紧急，导致其经常合作加工订做木板的几家供应商无法按时完工。

不得已的情况下，海鑫装饰公司寻找了一家从未合作过的名为赢海市宏兴装饰有限公司（以下简称宏兴公司）的公司合作。2013 年 8 月 2 日，海鑫装饰公司与宏兴公司签订《凭样品买卖合同》，双方约定，海鑫装饰公司向宏兴公司购买三聚氰胺板 1 万张，每张 50 元，共计 50 万元；合同签订当日，即支付了定金 10 万元。

由于双方签订的是凭样品买卖合同，为保险起见，双方还共同封存了宏兴公司提供的样品。

宏兴公司收到定金后立即组织工人生产，终于赶在约定的时间前将 1 万张三聚氰胺板交付给海鑫装饰公司。

海鑫装饰公司收到货后，经查验交付的三聚氰胺板表面上与封存的样品几

乎无异。海鑫装饰公司也按照约定向宏兴公司支付了尾款。

然而海鑫装饰公司在使用宏兴公司交付的三聚氰胺板过程中，工人陆续发现板面铁皮出现起鼓脱胶的问题，海鑫装饰公司立即停止使用该批三聚氰胺板。海鑫装饰公司立即通知宏兴公司，宏兴公司也派人到生产现场进行查看。

海鑫装饰公司多次函告要求采取措施，可宏兴公司拒不履行义务。宏兴公司坚持是按封存的样板进行生产，不存在过错。

为了不影响楼盘装修工程的进度，海鑫装饰公司紧急采购面板用于生产。

后海鑫装饰公司将该批三聚氰胺板及封存样品取样送去专业机构进行检测，经检测认定：被鉴定的三聚氰胺板，其吸水厚度膨胀率、表面胶合强度、表面耐香烟灼烧等性能均未达到 GB/T15102－2006 标准规定的要求，是导致三聚氰胺板起鼓脱胶的根本原因。

## 律师分析

### 凭样品买卖，出卖人应对样品的隐蔽瑕疵承担责任

本风险事件中，海鑫装饰公司与宏兴公司所签订合同应为凭样品买卖合同。

凭样品买卖合同判断产品质量标准应以样品标准作为依据，然而凭样品买卖的买受人不知道样品有隐蔽瑕疵的，即使交付的标的物与样品相同，出卖人交付标的物的质量仍然应当符合同种物的通常标准。

现根据鉴定报告，宏兴公司交付给海鑫装饰公司的三聚氰胺板和封存的三聚氰胺板均为不符合国家标准的产品，故可认定宏兴公司所供产品不符合合同约定的质量要求。

因交付的三聚氰胺板质量不符合国家质量要求，致使不能实现合同目的，买受人即海鑫装饰公司可以采取相关措施如解除合同，并要求宏兴公司赔偿损失。

024

## 风险事件

### 谁有资格签收货物

嬴海市诚材铝业有限公司（以下简称诚材公司）是一家集加工、制造为一体的现代化铝加工企业，主要从事铝板带箔的生产和销售。

诚材公司的老总王艺福是一位以结果为导向的领导，这也注定诚材公司还处于粗放型发展阶段。

2015 年 8 月，诚材公司的业务员刘元经朋友介绍，认识了嬴海市林新建筑装饰材料有限公司（以下简称林新装饰公司）的老板林新，两人相谈甚欢，达成了合作意向。

双方口头约定，由诚材公司向林新装饰公司供应铝型材，具体数量和单价以送货单为准。

2015 年 9 月 3 日，一位名叫李想的自称是林新装饰公司的采购给刘元打电话，让诚材公司十日内送 6061 铝板 3680kg 到林新装饰公司，刘元报价该型号的铝板 22 元/kg，李想表示没问题，李想告知刘元的收货地址也正是林新装饰公司的注册地址。

另外刘元还向李想了解了一下林新装饰公司的付款情况，李想表示，林新装饰公司收到货物确认无误后会在一个月内付款。

刘元立即将该情况告知诚材公司的生产部门，生产部门也立即备货。2015 年 9 月 7 日，诚材公司的人将 3680kg 的铝板送到林新装饰公司，诚材公司一并带过去的还有送货单，送货单上注明了收货单位、收货地址，铝板数量、单价以及总价。

林新装饰公司在现场收货的人员正是李想，李想本人在送货单收货人处签了名。诚材公司的送货人员还想要林新装饰公司在送货单上盖章确认，然而李想却表示林新装饰公司一般不会在送货单上盖章确认。

诚材公司的送货人员只能无奈地带着送货单回去了。然而一个月很快过去了，林新装饰公司却一直没有向诚材公司付款。刘元电联李想，李想表示付款的事情要问财务，随后将财务的电话告诉了刘元，刘元也跟林新装饰公司的财务进行了电话沟通，但是财务却表示没有接到付款通知。

刘元预感事情可能不好，其就直接将电话打给了林新，林新接听电话后也是非常客气，林新表示也不是想赖账，就是最近外面的账一直收不回来，资金比较紧张，还款需要时日。

随后，刘元数次电联林新，林新说辞一致，口风一直没变。刘元无奈之下，只得将情况告知自己的一个律师朋友。

该律师朋友语重心长地告知刘元，该笔货款若催收不回来，将来诉至法院，有可能林新装饰公司不用承担付款责任。刘元听后，倒吸一口冷气。

## 律师分析

### 送货人应要求收货人有效签收

根据当事人对自己提出的诉讼请求所依据的事实有责任提供证据加以证明的规定，没有证据或者证据不足以证明当事人事实主张的，由负有举证责任的当事人承担不利后果。

本风险事件中，若诚材公司起诉林新装饰公司追讨货款，林新装饰公司却否认收到货物时，则诚材公司须举证证明其与林新装饰公司之间存在买卖合同关系，且林新装饰公司欠其货款。

现诚材公司能够提供的证据只有送货单，然而送货单并无林新装饰公司盖章，则诚材公司须证明送货单的收货人李想为林新装饰公司的员工且李想签收货物系职务行为。

另外诚材公司的刘元在追讨货款的过程中都系电话联系林新装饰公司的采购员李想、老总林新，然而并无证据证明其电联过程中沟通的具体内容，则该电话记录的证明力不够强，不能辅助证明诚材公司与林新装饰公司之间存在买卖合同关系且有货款纠纷。

故特别提醒，送货时送货一方必须要求收货方有效签收，否则发生纠纷时会产生大麻烦。

025

## 风险事件

# 公司也被“套路”贷

嬴海市诚材铝业有限公司（以下简称诚材公司）的粗放式发展给自身带来了麻烦。2016年年初，诚材公司因为经营不善，出现资金链断裂的情况。2016年6月，诚材公司陆续被工人、供应商上门讨债，甚至爆发冲突。

诚材公司的老总王艺福此时已是逼上梁山，不得不将目光投向民间资本。2016年8月，王艺福接触了嬴海市盛昌小额贷款有限公司（以下简称盛昌公司）的老总王长山。双方几经协商，最终决定，盛昌公司出借1000万元人民币给诚材公司。

2016年8月22日，盛昌公司安排一名叫白孟的工作人员与诚材公司签订《借款合同》，合同约定，借款本金为人民币1000万元，借款利息为月息1.5%，借款期限为2016年8月23日起至2016年12月22日止，王艺福作为保证人承担连带保证责任。

该借款合同系盛昌公司打印出来的，共四页，第四页并无合同内容，仅为签字盖章页。后王艺福按照盛昌公司的指示在第四页落款处借款人一栏加盖诚材公司公章、在担保人一栏签名，白孟在出借人一栏签名。

《借款合同》签订后，盛昌公司表示，其公司有规定，借款合同只能其保留一份，借款还清后，该合同才交与借款人，同借条一样。

此时，王艺福迫切需要借钱周转，也就没有底气多分辨。2016年8月22日到2016年8月23日，盛昌公司通过白孟的账户分五次将借款1000万元转到诚材公司的账户。诚材公司也向白孟出具收据确认收到借款1000万元。

收到该1000万元后，王艺福赶紧安排支付了员工工资，并结算了一部分供应商货款。同时王艺福召集诚材公司高管开会，检讨过去的不足，制订了新的工作计划。诚材公司加大生产力度，加紧回笼资金。

到2016年年底，诚材公司的经济情况取得了明显好转。王艺福深知高利贷的厉害。2016年8月20日，王艺福就和盛昌公司老总王长山在微信上沟通表示，诚材公司这两天偿还借款，会安排将借款本金1000万元及利息60万元转到白孟的账户，王长山回复说可以。

2016年8月21日，王艺福立即安排财务将1060万元转到白孟的账户，并在转账备注一栏写着“偿还借款本金及利息”。

2016年8月22日，王艺福到盛昌公司取借款合同时，令王艺福意想不到的一幕出现了，盛昌公司表示诚材公司偿还的款项尚不足以支付借款本金及利息，并拿出了借款合同，借款合同上的第一页借款利息一栏竟然写着“借款月息为3%”。王艺福以为自己看错了，使劲儿揉了揉自己的眼睛，但是借款合同上的利息依然显示是月息3%。

王艺福立即想起自己看过的种种新闻，知道自己这是被套路了。

## 律师分析

### 加盖骑缝章，规范合同签订形式

为了防止别有用心之人，签订合同时，除了在落款处加盖公章或签名之外，谨慎起见还应该加盖骑缝章或签名，以防合同被替换。

本风险事件中，王艺福在签订借款合同时，即只在落款处加盖诚材公司公章和签名，并未防范合同被替换的风险，这也导致签署的借款合同不严谨，给别人留下可乘之机。

# 第五章　应收账款管理

**001**

## 风险事件

### 债权人能否追讨债务人的应收款

2007年1月10日，瀛海市宝诺陶瓷有限公司（以下简称宝诺公司）成立。

随着宝诺公司产品在华中、华南的市场份额趋于稳定，宝诺公司拟加大力度拓展华北市场。于是2009年10月注册成立了瀛海市宝诺陶瓷有限公司鲁州市分公司（以下简称鲁州分公司）。

鲁州分公司营销人员对整个华北市场经过近一年的调查、分析，认为宝诺公司产品在华北市场应该会得到客户认可，但受该区域风土人情的影响，客户更认同本地经销商，外来和尚比较难念经。

面对这一情形，宝诺公司及鲁州分公司也只能因域施策，调整公司原有营销方案，决定在华北区域采用发展经销商的模式拓展市场，且鲁州分公司安排销售人员配合经销商开拓客户。

2010年6月，鲁州分公司与鲁州市时惠贸易有限公司（以下简称时惠公司）签约，约定时惠公司为宝诺公司产品在鲁州市的总代理。

考虑到华北市场为新开发的市场，也是宝诺公司布局全国市场的重要区域，宝诺公司给予这些代理商的支持力度也很大，其中最为突出的是代理商的付款条件很宽松，代理商订货时支付30%的预付款后，其余款项120天月结，但鲁州分公司需每月与代理商进行对账，双方需就对账结果进行盖章确认，否则公司不予赊账发货。

有了宝诺公司颇多的政策加持，时惠公司股东一致认为公司的天时、地利、人和都有了，应该抓住机会使公司更上一层楼。

至2011年年底，在鲁州分公司派驻的业务员甄一可的配合下，时惠公司生意确实做得顺风顺水，业绩蒸蒸日上。可时惠公司股东不满足于目前财富扩张速度，就将大部分资金移至资金密集的房地产行业，但终因这些股东毫无房地产开发经验而使得其投入的资金血本无归。

于是乎，好日子来得快去得也快，截至2012年12月底，时惠公司尚欠宝诺公司货款1280万元，该数据也经过了双方对账确认。

后来，甄一可及鲁州分公司负责人多次与时惠公司高层沟通偿还货款事宜均毫无结果，直至时惠公司彻底瘫痪。

在向时惠公司催收货款的同时，时惠公司总经理也告诉鲁州分公司负责人，时惠公司在外也有很多人家对他的欠款，其中鲁州市万时房地产开发公司（以下简称万时公司）就欠其1500万元，而且双方于2012年8月进行了对账确认，但至今一直没有支付，并向鲁州分公司负责人出示了对账单原件。

时惠公司总经理还告诉鲁州分公司负责人，时惠公司也不打算向万时公司催款了，因时惠公司外债很多，要回了也是还给别人，还得搭进不少费用。

## 律师分析

### 债务人怠于行使其到期债权，其债权人可提起代位权之诉

事件中鲁州分公司为了追回自己的货款，可以以万时公司为被告在鲁州市有管辖权的法院提起代位权之诉。

代位权诉讼，是指因债务人怠于行使其到期债权，对债权人造成损害的，债权人可以向人民法院请求以自己的名义代位行使债务人的债权。代位权诉讼作为一种有效的债的保全制度，主要目的是减少因债务人怠于行使其到期债权而对债权人造成的损害。

但债权人提起代位权之诉也受到一定条件约束。

首先，债务人的债权不是基于扶养关系、抚养关系、赡养关系、继承关系产生的给付请求权和劳动报酬、退休金、养老金、抚恤金、安置费、人寿保

险、人身伤害赔偿请求权而专属于债务人自身的债权；

其次，债权人对债务人的债权合法；

再次，债务人不履行其对债权人的到期债务，又不以诉讼方式或者仲裁方式向其债务人主张其享有的具有金钱给付内容的到期债权，致使债权人的到期债权未能实现；

最后，债务人的债权已到期。债权人提起代位权诉讼的管辖法院也受到一定限制，只能向被告住所地人民法院提起代位权诉讼。

根据目前的司法实践，债权人提起代位权诉讼，需主债权（债权人与其债务人之间的债权）和次债权（债务人与其债务人之间的债权）的内容不违反法律、法规的规定，且数额亦应当确定，当然，这种“数额确定”既可以是债务人、次债务人对债权的认可，也可以是经人民法院判决或仲裁机构的裁决加以确认。

事件中时惠公司欠鲁州分公司1280万元货款有双方间对账单进行确认，且已到期，但时惠公司一直未清偿；而万时公司欠时惠公司1500万元货款也有双方间对账单进行确认，已到期，万时公司一直未清偿，而且，时惠公司总经理明确表示不愿意通过各种途径要求万时公司还款，实际上时惠公司也没有通过诉讼或者仲裁的方式要求万时公司还款，这就损害了鲁州分公司的利益。

因此，鲁州分公司可以在万时公司住所地人民法院以万时公司为被告提起代位权诉讼。

**002**

### 风险事件

## 转让债权也是处置不良应收款的途径

赢海市宝诺陶瓷有限公司（以下简称宝诺公司）自2007年1月成立以来，业绩逐年上升，业务也覆盖了全国大部分市场，不仅巩固了公司产品在华中、华南的市场地位，连后来开拓的华北市场，在宝诺公司鲁州市分公司（以下简称鲁州分公司）全体员工及一众经销商的努力下，产品市场占有率也是逐年上升。

鲁州分公司因成立之初急于开拓市场，当时对代理商没有遴选机制。而且，宝诺公司给予代理商的支持力度也很大，尤为突出的是对代理商的付款条件很宽松，代理商订货时支付30%的预付款后，其余款项120天月结，但鲁州分公司需每月与代理商进行对账，双方需就对账结果进行盖章确认。

2012年中旬，鲁州分公司给予代理商的宽松政策埋下的隐患开始显现出来，仅秦海市就有两家经销商没打招呼就歇业了，其中秦海市尚赢陶瓷贸易有限公司（以下简称尚赢公司）欠宝诺公司货款380万元未结清，秦海市立德陶瓷贸易有限公司（以下简称立德公司）欠宝诺公司货款560万元未结清，但以上两家公司与鲁州分公司均就欠款进行了对账确认。

2013年年初，鲁州分公司与鲁州市时惠贸易有限公司（以下简称时惠公司）间的1280万元应收账款催收事宜，在擅于设计并指导实施应收账款催收方案的诚律师提供的方案指导下，鲁州分公司在鲁州市以鲁州市万时房地产开发公司为被告提起代位权诉讼，取得非常好的效果，最终鲁州分公司全款回收。

针对此次与尚赢公司及立德公司间的应收账款催收事宜，宝诺公司又前来咨询诚律师。诚律师了解这两个案件的有关情况后，又特别关注了尚赢公司与立德公司目前的经营情况及股东实力。

宝诺公司进一步介绍，这两家公司目前都停止营业，但还有留守人员。两家公司老板似乎很有钱，在本地人际关系广泛，有一定的影响力。

听后，诚律师给宝诺公司分析，目前这两家公司都是穷公司富股东的状态，即使鲁州公司向法院起诉取得胜诉判决，但因尚赢公司与立德公司均为贸易公司，名下均无财产，就算申请法院强制执行，效果也不一定好，而且时间漫长。而穷公司，不一定说明公司就没钱，有时是因为公司股东不规范经营而抽逃公司注册资金、侵占资金、挪用资金造成的，实际上就是想办法追究公司股东责任。

但具体到这两宗案件，诚律师不建议宝诺公司自己去执行，因为这将会耗费很多时间，对于制造业企业来说，充裕的流动资金是第一位，诚律师建议宝诺公司将这两户债权对外转让，回收资金。

## 律师分析

### 转让债权应通知债务人

事件中尚赢公司与立德公司已停止经营，且经鲁州分公司调查，这两公司名下均无财产，因此通过传统的应收账款催收手段很难实现有效回收，但宝诺公司可以将对尚赢公司与立德公司的债权对外转让实现回收资金。

债权转让，指合同债权人将其债权全部或者部分转让给第三人的行为。但并非所有合同债权均能对外转让，为维护社会公共利益和交易秩序，平衡合同双方当事人的利益，合同债权对外转让又受到一定限制。

首先，有关法律禁止对外转让的合同债权不能对外转让；

其次，合同当事人在合同中约定不得对外转让的债权不能对外转让；

再次，有些合同性质决定不得对外转让的债权不能对外转让；

最后，对外转让债权需出让方与受让方签署书面的、有效的债权转让合同，债权人转让债权后必须通知债务人，否则，该债权转让对债务人不发生效力。

事件中，宝诺公司对尚赢公司与立德公司的债权并非法律禁止对外转让的债权类别，宝诺公司与尚赢公司及立德公司间也没有约定双方间的债权不能对外转让。

因此，宝诺公司将对尚赢公司与立德公司的债权对外转让实现回收资金不失为一种有效的应收账款回收方式。

## 003

## 风险事件

### 保全财产，多次催讨的巨款一朝收回

嬴海市宝诺陶瓷有限公司（以下简称宝诺公司）成立于2007年1月，郝

仁被聘为宝诺公司总经理。

2008年2月，宁州市海川建材销售有限公司（以下简称海川公司）与宝诺公司结缘，成为宝诺公司在西北区域的总代理。虽然是西北区域的总代理，其实海川公司人员也不多，除了老板兼执行董事、总经理的董坚高，就剩下4名业务人员及2名行政人员。

但郝仁让董坚高要有信心，第一，相信宝诺公司的产品品质；第二，宝诺公司会给予海川公司大力支持；第三，要相信国家经济发展及西部开发带来的效应。

郝仁并没食言，宝诺公司确实给了海川公司很大支持，尤为突出的是海川公司的付款条件很宽松，其订货时仅需支付20%的预付款，其余款项120天月结。尽管支持力度很大，但宝诺公司的财务制度严格，海川公司需每月与宝诺公司进行对账，双方应就对账结果进行盖章确认。

海川公司全体工作人员也很给力，尤其是老板董坚高，白天扫街式拓展市场，晚上觥筹交错。功夫不负有心人，经过三年多的打拼，海川公司已壮大成西北地区颇具实力的建材经销商，人员已扩至60多人，年营业额至8000多万元。董坚高也是挣得盆满钵满。

国家西部开发政策的加持，使得西北区域基础设施投资一片大好，董坚高认为宁州市的房地产市场也会随着一起升温。于是，董坚高也毫不犹豫地扎进了这个堆满黄金的行业。

一边是因房地产投资而疯狂借贷及挪用资金，另一边是传统贸易业务无暇顾及，海川公司的好日子也远去了。

截至2013年10月底，宝诺公司与海川公司双方间的对账单显示，海川公司共欠宝诺公司人民币1800万元，且海川公司已有2个多月没有下产品订单，也没有支付任何货款。

公司销售人员及财务人员将这一异常情况向郝仁汇报后。郝仁也觉得海川公司很不正常，告诉公司销售主管，时间是海川公司的保护伞，时间越长，这笔款越难要回来，一定要盯紧；尽快与董坚高取得联系，动之以情，晓之以理，让董坚高就海川公司的欠款出一份提供连带责任担保的保证函。

宝诺公司销售部主管也不敢怠慢，立马与董坚高联系，并将公司的要求与董坚高做了沟通，董坚高倒也爽快，答应了。该主管还不放心，第二天即飞往宁州市，看着董坚高出具保证函，并将这张宝贝疙瘩当天带回瀛海市。

接下来就是催款环节，宝诺公司销售主管每两天与海川公司财务主管沟通一次，该财务主管也积极回复，但都是“等总经理签字”“等待客户的款项到账”“等待银行贷款到账”，最后就是“财务已去银行办理汇款了”，但这笔应收款一直在路上。

面对一直在路上的这笔大额应收款，郝仁也很急，就前往咨询诚律师。诚律师了解案件所有情况后，向郝仁建议：

（1）针对海川公司及董坚高目前的情况，应马上通过诉讼途径进行催收，以防海川公司及董坚高的资金状况进一步恶化而难以回收；

（2）宝诺公司与海川公司间购销合同约定双方争议解决由宝诺公司所在地人民法院管辖，因此该案可以在瀛海市瀛城区人民法院起诉，这样对宝诺公司提起诉讼有地域优势；

（3）宝诺公司的另一高明之处就是让董坚高出具了提供连带责任担保的保证函，这样宝诺公司可以列海川公司及董坚高为被告；

（4）案件立案后，应立即前往宁州市查询海川公司及董坚高的财产状况，并申请法院进行财产保全。

听后，郝仁当即表示委托诚律师所在律师事务所办理该案。该律师事务所指派章律师承办该案件。该案在法院立案后，章律师也是不敢懈怠，前往宁州市查询海川公司及董坚高的财产状况。

在章律师两天锲而不舍的调查下，终于查询到董坚高名下有几处商住用地使用权，合计有600多亩，章律师长长地舒了一口气。

章律师返回瀛海市后立即向法院提交财产保全申请。在法院办好查封董坚高名下土地使用权手续后的第三天上午，郝仁接到了董坚高的电话，董坚高开口即向郝仁深致歉意，并表示希望双方能和解，海川公司马上筹集资金偿还宝诺公司欠款。

原来，董坚高名下土地的抵押权人知道该等土地被查封后，立即要求相应借款人还款；另外，董坚高正在就上述600多亩土地开发事宜与另一投资者谈合作，现在半路杀出个程咬金，若处理不好，这次合作就黄了。

这两件事使得董坚高必须尽快处理好土地查封事宜。

顺利查封土地使用权这一抓手使得后面的调解非常顺利，海川公司不仅偿还了1800万元款项，还支付了有关诉讼费用。

## 律师分析

### 有效的财产保全可以保障债权的实现

事件中宝诺公司如此快速、顺利地收到应收款项，得益于有效的财产保全措施。

财产保全，是指人民法院为保障将来的生效判决能够得到执行或者避免财产遭受损失，在利害关系人起诉前或者当事人起诉后，对当事人的财产或者争议的标的物，采取限制当事人处分的强制措施。财产保全又诉前财产保全和诉讼中财产保全。

诉前财产保全，是指利害关系人提起诉讼或者申请仲裁前，人民法院避免利害关系人的权利受到损害，而对当事人的财产或者争议的标的物，采取限制当事人处分的强制措施。

诉讼中财产保全，是指人民法院受理案件后、作出判决前，对当事人的财产或者争议的标的物，采取限制当事人处分的强制措施。

财产保全，不仅能保障将来的生效判决能够得到执行或者避免财产遭受损失，有时因为对当事人的财产或者争议的标的物采取了限制措施，而该等措施往往会对当事人生产、经营、信誉产生巨大影响，从而促使当事人主动和解解决纷争。

事件中，正是因为宝诺公司申请法院查封了董坚高名下土地使用权，而使得董坚高在该土地抵押权人处的信誉大大降低，另又因为该查封措施，使得董坚高与另一投资者洽谈土地开发事宜难以继续。

因此，海川公司及董坚高不得不全力以赴筹集资金解决宝诺公司的欠款事宜。

004

## 风险事件

# 一张三年前的对账单

2012年1月20日，曾有才组建成立嬴海市永富不锈钢有限公司（以下简称永富公司），并担任执行董事。

自永富公司成立以来，其业务量逐年翻番。但永富公司的内部管理并没有因为收入增长而逐步完善，而是一如既往地管理混乱，尤其是应收账款管理环节。

永富公司应收账款催收主要依靠跟单业务员电话催收，并没有有效的应收账款催收函，更没有应收账款催收监督机制，仅仅有时候公司财务因记账需要而催促业务人员与客户共签一份对账单。

永富公司应收账款管理混乱的另一原因就是公司业务人员及财务人员流动大，而且新员工与离职员工间的事务及文件交接均不清晰，导致新进员工根本就不知道还有哪些应收账款需要催收，哪些账款已到期。

直至2018年中旬，永富公司流动资金紧张，但融资又非常困难，曾有才才“打起了”公司应收账款的主意。随即，曾有才安排公司一名业务人员及财务共同将公司应收账款数据及相关材料整理出来。

经过几天的核对及寻找，该业务人员及财务人员终于整理出了永富公司的应收账款数据及相应的材料。

根据数据及材料显示，其中嬴海市大福不锈钢贸易公司（以下简称大福公司）尚欠永富公司货款380万元，嬴海市大利不锈钢贸易有限公司（以下简称大利公司）尚欠永富公司货款250万元。

2018年10月20日，曾有才夹着厚厚的一叠材料前往诚律师办公室。诚律师梳理了所有材料后，告诉曾有才，这两案件案情相似，但结果可能完全相反。看着曾有才那疑惑的眼神，诚律师给其一一道来。

首先，永富公司与大福公司合同纠纷案，双方间有购销合同、送货单、签收单、对账单，但购销合同约定货款最后支付日期为2015年10月10日，对账日期也为2015年10月10日。现在是2018年10月20日，因此，永富公司要求大福公司支付货款的诉讼时效期间届满，永富公司丧失了胜诉权，人民法院可能会驳回永富公司的诉讼请求，除非大福公司不提出诉讼时效届满的抗辩或者其愿意支付货款。

而永富公司与大利公司合同纠纷案，双方间也有购销合同、送货单、签收单、对账单，但购销合同约定货款最后支付日期为2015年11月10日，对账日期也为2015年11月10日。但该案尚在诉讼时效期间内，永富公司的请求权不会受到诉讼时效期间的影响。

听后，曾有才还是将信将疑，当即表示委托诚律师所在律师事务所办理该两起案件。

2018年12月底，上述两案法院均作出判决。其中，永富公司与大福公司合同纠纷案，大福公司提出诉讼时效期间届满的抗辩，法院驳回永富公司的诉讼请求；永富公司与大利公司合同纠纷案，法院判决大利公司支付永富公司250万元货款及相应费用。

## 律师分析

### 已过诉讼时效的诉讼请求丧失胜诉权

事件中尽管永富公司账簿记载大福公司尚欠380万元货款，但因该案诉讼时效期间届满，大福公司可以拒绝履行，就算永富公司诉至法院，也会因为大福公司提出诉讼时效期间届满的抗辩而使得法院驳回永富公司的诉讼请求。

诉讼时效，是指民事权利受到侵害的权利人未在法定期间内行使权利，当时效期间届满，其胜诉权消灭。而诉讼时效期间，则指民事权利受到侵害的权利人请求人民法院保护其民事权利的法定期间。

我国《民法总则》第一百八十八条规定普通诉讼时效期间为三年，自权利人知道或者应当知道权利受到损害以及义务人之日起计算。

事件中永富公司与大福公司间应收账款请求权诉讼时效期间起算点为合同约定最后支付日的第二天开始起算，也即自2015年10月11日开始起算，至2018年10月10日止。而永富公司提起诉讼日在2018年10月20日以后，已超过了三年的诉讼时效期间，且大福公司也向法庭提出诉讼时效届满的抗辩。

因此法院驳回了永富公司的诉讼请求。永富公司也为自己的管理混乱支付了巨额学费！

# 第六章 企业经营

001

## 风险事件

### 有经营资质的代理商才是你的菜

黄小池高中未毕业，去了南方。

20 世纪 90 年代末开始，黄小池就在医药行业摸爬滚打。那时候他还不是销售正常意义上的药品，主要是销售那些不能治病又吃不出毛病的保健品。

黄小池的生意一开始就做得风生水起，在他家乡关于他的传闻很多，有说他一年挣 1000 万元的，也有说不止，至少 2000 万元的。随后的十来年，关于黄小池的财富人们还是争论不休。

马大为与黄小池是发小，也是同学。小时候，周围邻居都说马大为比黄小池聪明、听话。说得也是，每次考试结束，马大为都会领几张奖状回家，而黄小池就只领一张家访通知回去。后来，黄小池也觉得自己这块料不适合读书，干脆就退学了。

1998 年 9 月，马大为考入国内知名医科大学且本硕博连读，2006 年 7 月，大学毕业进入瀛海市第一人民医院工作。

2010 年，黄小池认为凭着自己的资金实力及行业经验，再有马大为的技术加持，两人合作在医疗器械领域一定会有很大作为。

随后两人一拍即合，说干就干。2011 年，瀛海市科豪医疗器械制造有限公司（以下简称科豪公司）成立，主营业务为一次性输液器材的研发、生产及销售。黄小池任公司执行董事，马大为任公司总经理。

科豪公司成立后的一年里，陆续按照监管部门的要求将生产许可及产品注册等相关证件办理完毕，现万事俱备，只待营销部门发力了。

科豪公司产品量产之初，营销部门确实面临巨大挑战。尽管公司产品性能优越，但因国内生产厂家众多，其中不乏上市公司，他们深耕医疗器械产品多年。科豪公司要进入这一领域实属不易。

尽管黄小池在医药市场摸爬滚打多年，但医疗器械与医药的销售还是有些区别。他打算因城施策，在有合作伙伴的城市，通过这些合作伙伴将产品打入市场。没有合作伙伴的地方，不拘一格地寻找代理商将产品打入市场。

马大为作为科班出身，视产品质量为企业生命，因此其对产品质量要求严格，且要求公司需经营证照齐全规范经营。

而黄小池长期在销售一线，对企业生命却有不同理解。其认为企业只有产品卖出去了才能生存。他的理念是不管白猫黑猫，能销售产品的就是好猫。为了产品快速进入市场，在选择销售渠道方面黄小池定的政策有些宽松。

在白猫黑猫理论的指引下，科豪公司的问题也随之而来了。

科豪公司的鲁州市A代理商因其他品牌的医疗器械产品质量纠纷而被食品药品监督管理部门查处。拔出萝卜带出泥，科豪公司也被瀛海市食品药品监督管理部门找上了门。原来，根据我国医疗器械分类目录，一次性输液器材属于第三类医疗器械，经营企业需取得《医疗器械经营许可证》，可鲁州市该代理商没有取得相应许可证。

因此，科豪公司将产品销售给无经营资质的企业——鲁州市A代理商被瀛海市食品药品监督管理部门处罚。

## 律师分析

### 许可经营的产品应由取得相应许可证的企业销售

事件中科豪公司因将产品销售给没有经营资质的企业而受到瀛海市食品药品监督管理部门的处罚。

根据我国最新的医疗器械分类目录，一次性输液器材属于第三类医疗器械。我国《医疗器械监督管理条例》及《医疗器械经营监督管理办法》均规定，从事第三类医疗器械经营的，经营企业需取得监管部门颁发的《医疗器械经营许可证》，且从事医疗器械生产的企业不得将产品销售给无资质的经营企业或使用单位，否则将会被生产企业所在地食品药品监督管理部门处以 1 万元以上 3 万元以下罚款。

目前，国内还有很多行业实行生产、经营许可制度，如《安全生产许可证条例》就规定："国家对矿山企业、建筑施工企业和危险化学品、烟花爆竹、民用爆破器材生产企业实行安全生产许可制度。企业未取得安全生产许可证的，不得从事生产活动。"

再如，《烟花爆竹安全管理条例》规定："国家对烟花爆竹的生产、经营、运输和举办焰火晚会以及其他大型焰火燃放活动，实行许可证制度。未经许可，任何单位或者个人不得生产、经营、运输烟花爆竹，不得举办焰火晚会及其他大型焰火燃放活动。""生产、经营黑火药、烟火药、引火线的企业，不得向未取得烟花爆竹安全生产许可的任何单位或者个人销售黑火药、烟火药和引火线。"

因此，企业生产、经营过程中，必须熟悉法律法规，特别是与自身生产、经营有关的规章、条例等，且依法依规进行生产、经营活动，以免因不熟悉相关规定而受到监管部门的处罚，甚至影响企业以后的发行上市。

## 002

### 风险事件

# 引发处罚的医疗器械广告

赢海市科豪医疗器械制造有限公司（以下简称科豪公司）自 2011 年成立以来，业务一直不温不火，作为执行董事的黄小池压力很大，也远没有当年做药品时的意气风发，公司业绩窘迫状况更是使总经理马大为怀疑人生。

如何将业绩做上去，迈入药品行业多年的黄小池觉得自己需要思考。

黄小池高中没毕业，但凭借其多年的营商经验及一定的经济实力，早年报读了国内一知名商学院的 EMBA 班，并顺利毕业。

以前，这些 EMBA 班举行同学会或校友会，黄小池很少有空参加，他总觉得这些活动讨论的话题与自己的药品经营关系不大。

现在不一样。商业环境变了，竞争又如此激烈，是该好好利用 EMBA 这个平台了。

后来，黄小池参加 EMBA 同学聚会及校友会非常积极，甚至时不时主动要求承办同学聚会，当然活动讨论的主题肯定也是由黄小池来定。

经过一年来的 EMBA 同学交流以及参加医疗行业形形色色的论坛及交流，黄小池对科豪公司的经营有了新思路。他认为，公司应当多参加行业内的产品展览会，多主办有业内专家及重要客户参加的有关医疗器械方面的高峰论坛，以扩大公司的影响力。

既然有了思路，接下来就得执行。为此，黄小池专门设立了市场部，主要负责公司参与展览及举办高峰论坛的计划编制与执行。

科豪公司每次参与行业展览会，都会选择最优展位，并在展馆外墙租一个合适的广告位，挂上公司产品海报。海报内容倒也简洁，大半个版面就一副配有商标的公司某款产品的图片，底部再标注一些产品名称、适用范围及性能。视觉效果及宣传效果特好，每次展览，展位人流量巨大。

或许是因为黄小池多年粗犷式的药品销售而没适应行业监管趋严的变化，抑或者是科豪公司多次一成不变的展会宣传方式也安然无恙，科豪公司每次参加展会的海报方案从未经赢海市食品药品监督管理部门审查，更未取得该部门出具的医疗器械广告批准文件。

科豪公司最近一次参加的行业展览会是在鲁州市举办的，也像往常一样，在展馆外墙挂上了公司产品巨幅海报，内容未变，位置还是那么显眼。

常言道，常在河边走，哪有不湿鞋。就是因为这幅显眼的海报，这次受到了鲁州市市场监督管理部门工作人员“青睐”，他们来到科豪公司展位前，询问科豪公司展会海报的审批情况，负责展会的工作人员面面相觑。或许他们根本不知道这种海报还需有关部门的批准，抑或是公司已经取得批准文件但没告诉他们，反正他们身边没有。

事不宜迟，赶紧打电话与公司市场部主管联系，得到的回复是公司没有审批文件，且这种海报宣传不需要审批。

科豪公司员工向在场的监督管理部门工作人员如实相告，还振振有词地说这种海报宣传不需要审批。

后来，因那幅显眼的海报，科豪公司收到了鲁州市市场监督管理部门的一份文件，名称为《行政处罚决定书》。

## 律师分析

### 发布医疗器械的广告需经过监管部门批准

事件中科豪公司因未经赢海市食品药品监督管理部门批准而在展会场馆外发布医疗器械广告，被鲁州市市场监督管理部门处罚。

根据我国有关法律法规规定，发布含有医疗器械名称、产品适用范围、性能结构及组成、作用机理等内容的医疗器械广告实行批准制，由医疗器械生产企业或者进口医疗器械代理人向其所在地省、自治区、直辖市人民政府食品药品监督管理部门申请审查批准，并取得医疗器械广告批准文件。

如未经批准发布含有医疗器械名称、产品适用范围、性能结构及组成、作用机理等内容的医疗器械广告，则由市场监督管理部门责令停止发布广告，责令广告主在相应范围内消除影响，处广告费用一倍以上三倍以下的罚款，广告费用无法计算或者明显偏低的，处10万元以上20万元以下的罚款；情节严重的，处广告费用三倍以上五倍以下的罚款，广告费用无法计算或者明显偏低的，处20万元以上100万元以下的罚款，可以吊销营业执照，并由广告审查机关撤销广告审查批准文件、一年内不受理其广告审查申请。

事件中科豪公司在展会场馆外发布的医疗器械广告不仅含有产品名称，也标有产品适用范围及性能，因其含有这种内容的医疗器械广告未经过赢海市食品药品监督管理部门的批准，亦未取得医疗器械广告批准文件，因此受到了违法行为所在地鲁州市市场监督管理部门的处罚。

003

## 风险事件

# 分公司欠债，总公司背锅

2007年1月10日，赢海市宝诺陶瓷有限公司（以下简称宝诺公司）成立，郝仁任总经理。

宝诺公司厂房建成并投产后的一年里，业务发展并不顺利，除赢海市周边区域外，全国其他地区的业绩还是不尽如人意。

为了调动各区域销售经理的积极性，宝诺公司决定对营销模式进行改革。改革主要内容为，宝诺公司在全国重要区域设立分公司；分公司的“股东”由其负责人及骨干员工组成；总公司与分公司负责人签订《内部经营管理承包合同》，分公司实行独立核算、自负盈亏。

接下来，宝诺公司全国各地的分公司犹如雨后春笋般冒了出来，截至2009年10月，共设立22家分公司。

地域已划好，各路诸侯也在“八仙过海，各显神通”。但郝仁总经理一直以为总公司与分公司间签订了《内部经营管理承包合同》，里面各自权利、义务、责任、收益都写得明明白白，就对分公司严重疏于管理，各路诸侯后来的经营污点让郝仁苦不堪言。这其中就有两件大事消耗了宝诺公司一年的利润。

重大事件之一发生在赢海市宝诺陶瓷有限公司鲁州市分公司（以下简称鲁州分公司），鲁州分公司成立于2009年10月，鲁强为分公司负责人。

鲁州分公司成立后不久，鲁强就私自成立了鲁州市简惠贸易有限公司（以下简称简惠公司），并聘请了2名业务人员，主要用于委托OEM陶瓷生产厂家贴牌生产宝诺品牌的地砖，这些贴牌生产的地砖与宝诺公司的产品品质相近，花色相似，但价格低25%左右。

鲁强的运作很简单，发现客户需要廉价的宝诺公司产品时，其就将简惠公司贴牌生产的“宝诺牌”地砖向客户供货。

2013年4月，给简惠公司贴牌生产宝诺牌地砖的生产厂家因严重环保事故被政府强制关停，这样就直接影响了鲁州分公司向鲁州市阳光家园项目（以下简称阳光家园）地砖的供货。因此，阳光家园项目方多次致函宝诺公司及鲁州分公司，要求他们尽快供货，但每次致函都石沉大海，毫无回应。

阳光家园项目方无奈，只好一纸诉状将宝诺公司及鲁州分公司告上法庭，诉请宝诺公司及鲁州分公司承担相应的违约责任。

后来的法院判决支持了阳光家园项目方的诉讼请求，这令郝仁百思不解。

另一重大事件发生在嬴海市宝诺陶瓷有限公司临岐市分公司（以下简称临岐分公司）。廖明为临岐分公司负责人。

临岐分公司的暴雷更是让郝仁捶胸顿足。

临岐分公司成立后，因临岐市本身地砖需求量不大，而宝诺公司产品价格偏高，使得业务开展非常困难。临岐分公司成立两年来，廖明使出浑身解数，但还是处于亏损状态。后来，廖明对经营临岐分公司也心灰意冷。

尽管经营不行，但廖明认为分公司这个平台可以助力自己做些其他事情。

机会来了，2012 年年底，股市有一波行情，廖明每每和朋友集会，他们聊的都是自己今天挣了多少多少钱。廖明觉得自己不能错过这难逢的机会，但自己资金不多，怎么办?

利益的驱使往往会使人变得疯狂，廖明就疯狂了一次。

2012 年 1 月 10 日，廖明以临岐分公司的名义与其好友秦百富签了一份《借款合同》，约定：临岐分公司向秦百富借款 400 万元，借款期限一年，借款年利率为 20%。

次日，秦百富按《借款合同》的约定将 400 万元汇入临岐分公司的银行账户，临岐分公司亦向秦百富出具了借据。临岐分公司收到款项的次日，廖明就通过一番操作，将该 400 万元转至自己的私人账户，并投入轰轰烈烈的股市当中。

俗语说股市有风险，入市需谨慎。可这风险对廖明来说太离谱了，廖明选的股票大盘跌时，它跟着跌，大盘涨时，它还是跌。尽管如此，但廖明依然淡定，或许这就是传说中的佛系股民。

淡定归淡定，但款还是要还的。2013 年 6 月 10 日，秦百富催了几次廖明还款，廖明不是说在开会，就是拒接电话。无奈，秦百富也是一纸诉状将宝诺公司及临岐分公司告上法庭，诉请宝诺公司及临岐分公司偿还 400 万元本金及相应利息。

毫无悬念，法院支持了秦百富的诉讼请求。

## 律师分析

### 分公司不具有法人资格，其民事责任由总公司承担

事件中，鲁州分公司及临岐分公司均不具有法人资格，其民事责任均由宝诺公司承担，因此法院判决宝诺公司对鲁州分公司及临岐分公司的债务承担相应的责任。

分公司是指在业务、资金、人事等方面受本公司管辖而不具有法人资格的分支机构。我国法律规定，公司可以设立分公司。设立分公司，应当向公司登记机关申请登记，领取营业执照。分公司不具有法人资格，其民事责任由公司承担。

事件中，尽管宝诺公司与各分公司负责人签订《内部经营管理承包合同》，约定分公司实行独立核算、自负盈亏。但分公司不具有法人资格，其民事责任由公司承担，且该承包合同为宝诺公司与各分公司之间有关权利义务的内部约定，它对第三人没有约束力。

因此，当鲁州分公司和临岐分公司违约时，法院判决宝诺公司对鲁州分公司及临岐分公司的债务承担相应的责任。

# 第七章 劳资关系

001

## 风险事件

### 竞业限制，走后不轻松

冼慰民的儿子冼恺东2004年大学刚毕业时依靠父亲的资助自己创办了一家科技公司，艰难地维持运营两年后，冼恺东的创业梦以失败告终。

2007年，冼恺东进入了一间名为赢海市讯通科技股份有限公司（以下简称讯通科技）的上市公司从事软件研发工作。

从入职的第一天起，冼恺东与讯通科技就签署了《竞业限制协议》，这份协议中明确约定：离职研发人员两年内不得自办或者在与讯通科技及其关联公司有竞争关系的公司任职；从员工离职后，讯通科技将按月向员工支付一定数额的竞业限制补偿费，补偿费的金额为员工离开讯通科技前一年的基本工资，如员工拒绝领取，讯通科技可以将补偿费提存；同时如果员工违约，则需一次性向讯通科技支付违约金，金额为员工离职前一年的基本工资的50倍，员工因违法行为所获得的收益应当还给讯通科技。

冼恺东在讯通科技摸爬滚打5年后成功坐上了研发部总监的位置，该公司的研发团队在冼恺东的带领下研发出的一款名为魔瞳的APP，在国内市场的APP Store中一直位列畅销榜的前五名。

随着魔瞳APP的地位在国内市场逐渐稳固，冼恺东的创业梦逐渐开始复燃，他开始构思成立一家公司，开发只属于自己的软件。

2013年9月，冼恺东从讯通科技离职并创办了赢海市结晶科技有限公司

（以下简称结晶公司）。仅用了两年时间，结晶公司就在冼恺东的领导下研发推广了一款APP，并在全球50多个市场的APP Store中进入畅销榜前十名。

冼凯东离职后，讯通科技每个月均按时向他支付竞业限制补偿费，直至结晶公司推出的一款APP正式投入市场，讯通科技才知晓冼恺东离职后不久便自办了一间和讯通科技有竞争关系的公司。

讯通科技便以冼恺东违反竞业禁止义务为由向法院起诉。

## 律师分析

### 企业可通过签订竞业限制协议约束员工的同业竞业行为

作为一家上市公司，讯通科技和每一位核心员工签订《竞业限制协议》是非常明智的行为。

竞业限制是指用人单位根据法律的规定，通过劳动和保密协议禁止劳动者在本单位任职期间同时与其所在单位有业务竞争的单位兼职的行为，或禁止劳动者在原单位离职后一段时间内在与原单位有业务竞争的单位（含劳动者自行创建的与原单位业务范围相同的企业）从业。

对负有保密义务的劳动者，用人单位可以通过在劳动合同或者竞业限制协议中与劳动者约定竞业限制条款的方式迫使劳动者守口如瓶，根据法律的相关规定，竞业限制的期限不得超过两年，同时用人单位在劳动者解除或终止劳动合同后应在竞业限制期限内按月给予劳动者经济补偿。

由此可见，支付竞业限制补偿金是竞业限制条款发生效力的关键要件。虽然有部分省份认同用人单位在员工在职期间发放补偿金的行为，但是由于竞业限制最主要的是约束员工离职后的行为，因此在员工离职后发放补偿金是更多企业倾向的做法。

在上述风险事件中，讯通科技将按月支付补偿金的方式作为员工承诺不竞争的对价。同时讯通科技在《竞业限制协议》中，明确约定了员工不履行竞业限制义务应承担的违约责任。

根据《劳动合同法》第二十三条第二款的规定，劳动者违反竞业限制约定的，应当按照约定向用人单位支付违约金。

由于在实践中，用人单位是否可以主张返还竞业限制经济补偿金在法律上并未规定，因此用人单位在与劳动者签订《竞业限制协议》时不仅可以与劳动者约定在劳动者违反竞业限制协议时应赔偿用人单位的损失，还可以与劳动者约定违约金。

002

## 风险事件

### 同学入职不签劳动合同惹纠纷

随着赢海市结晶科技有限公司（以下简称结晶公司）规模逐渐扩大，冼恺东开始广泛吸纳人才。

在一次大学同学聚会上，冼恺东与昔日好友李潇凌重逢。几杯酒下肚后，看着意气风发的冼恺东，李潇凌有些沮丧，他向冼恺东述说起自己对工作的不满。原来，作为某科技公司的运营部总监，李潇凌已经触到了自己职业的“天花板”，他也曾想过自己创业，但是他清楚自己并没有独自创业的资本和能力，职业发展进入了瓶颈期让他非常迷茫。冼恺东了解李潇凌，他是一个工作能力强同时很有抱负心的人。

同学聚会结束一个星期后，冼恺东便单独约李潇凌见面，他盛情地邀请李潇凌加入自己的公司，并承诺只要结晶公司最新研发的一款名为善食的APP能够在李潇凌的运营下一年内顺利进入国内市场畅销榜的前三名，冼恺东便将自己10%的股权赠与李潇凌。李潇凌在经过一番思考后，觉得这正是一个打破职业“天花板”的机会，便欣然同意了。

2016年5月，李潇凌正式入职结晶公司。由于冼恺东一直把李潇凌当作公司的股东看待，李潇凌自己内心亦是如此认为，因此双方并没有签订劳动合同，仅仅是口头上谈妥了薪资待遇。冼恺东没有看错人，李潇凌仅用了半年不到的时间善食APP就进入了畅销榜的前五名。

然而，就在一年之约即将届满时，冼恺东和李潇凌之间产生了剧烈的矛盾。经过近一年时间的努力，李潇凌并没有成功让善食APP进入畅销榜的前三名，但是他却希望冼恺东能给自己更多的时间争取那10%的股权。

在冼恺东看来，李潇凌并不是一个好的合作伙伴，相反李潇凌非常强势和独断，一年时间的相处冼恺东已有数十次和李潇凌发生争执，冼恺东已经无心再与他继续合作。两人最终不欢而散。

李潇凌在结晶公司工作的一年时间内，冼恺东一直把他当作公司股东看待，从未主动提及要与他签署劳动合同。

李潇凌认为，自己现在已经离职，理应有权要求结晶公司支付未签署劳动合同二倍工资差额。而结晶公司则拒绝支付，冼恺东辩称，他与李潇凌之间并不存在雇佣关系，他每月虽向李潇凌支付了高额的报酬，但李潇凌在结晶公司的工作仅是合伙前期的考察。

## 律师分析

### 未及时签订劳动合同有支付双倍工资的隐患

现实中，有许多用人单位在雇用员工时都不签署劳动合同。有些公司甚至认为，不签订劳动合同就意味着双方之间不存在雇佣关系，这种想法是非常错误的。

劳动合同并不是证明雇佣关系存在的唯一证据，认定用人单位和员工存在劳动关系时可参照下列凭证：

（1）工资支付凭证或记录（职工工资发放花名册）、缴纳各项社会保险费的记录；

（2）用人单位向劳动者发放的“工作证”“服务证”等能够证明身份的证件；

（3）劳动者填写的用人单位招工招聘“登记表”“报名表”等招用记录；

（4）考勤记录；

（5）其他劳动者的证言等。

因此只要有能证明存在事实劳动关系的证据，用人单位自用工之日起超过一个月不满一年未与劳动者订立书面劳动合同的，就应当向劳动者每月支付双倍工资。

上述风险事件中，只要李潇凌有证据证明自己和结晶公司存在劳动关系，李潇凌就可申请劳动仲裁，要求结晶公司支付双倍工资的差额。因此对用人单位来说必须签订书面的劳动合同，否则将支付高额的成本。

003

## 风险事件

### 受保护的客户信息

付旭辉于2012年入职嬴海市讯通科技股份有限公司（以下简称讯通公司），担任销售部经理。

付旭辉刚入职时，讯通公司与其签订的劳动合同书中约定：承诺不将公司的相关经营和销售信息透露或转移给竞争对手或非相关人员；承诺不协助他人非法收益或者进行有损公司利益的行为；承诺不利用任何公司商业秘密谋取私利、损害公司利益。

2013年，应公司要求每位销售人员都签订了岗位考核责任书，责任书中约定：销售人员在任何时候不得利用公司商业秘密，谋取私利、损害公司利益；不得将公司的销售信息透露或转移给竞业对手，损害公司利益；不得因解除劳动合同泄露公司的商业秘密和专有的技术秘密、技术诀窍，在办理离职手续前，应无条件与公司签订保密承诺书；无论何原因离职，在离职后继续保守公司的商业秘密直至公司公开商业秘密或已实际公开为止。讯通公司的商业秘密包括但不限于以下内容：公司的业务秘密（客户名单、销售渠道、谈判底价、经营秘密条款、销售合同等）；公司的情报、文件和档案；公司的其他商业秘密；等等。

2015年1月，正值讯通公司高速发展的时期，付旭辉向公司递交了离职申请，并于2015年2月18日离职。

付旭辉离职后很快便入职嬴海市通达科技有限公司（以下简称通达公司），该公司与讯通公司之间在软件业务上存在竞争关系。

接替付旭辉销售部经理职位的王锦鲤在付旭辉曾经使用过的办公电脑上发

现，付旭辉曾多次通过邮件方式以通达公司的名义向讯通公司的多个客户推销通达公司的软件，同时还将讯通公司的报价和通达公司的报价对比图一并推送。

2015 年 6 月，本该与讯通公司续签的几家客户选择了与通达公司签约，讯通公司损失了近百万元。

为此，讯通公司以侵犯公司商业秘密为由将付旭辉告上法庭。

## 律师分析

### 签订保密协议，避免商业秘密泄露

商业秘密是能直接为企业带来经济利益的信息，对于接触公司商业秘密的岗位，公司必须具有签订保密协议的意识。

按照我国《反不正当竞争法》第九条的相关规定，商业秘密是指不为公众所知悉、具有商业价值并经权利人采取相应保密措施的技术信息、经营信息等商业信息。

我国法律允许用人单位与劳动者之间通过合同的方式约定有关保守商业秘密的事实和范围，通过双方约定权利和义务用人单位可以约束相关知情人员，不得随意泄露，否则会承担相应的法律后果。

在实践中，保密协议更大的作用在于证明企业商业秘密的存在，证明企业对商业秘密采取了保密措施，一旦发生侵犯商业秘密的行为，企业可以以此举证，避免因无法收集商业秘密侵权的证据导致企业对侵权行为束手无策。同时，对于非法披露、使用或者允许他人使用其所掌握的或获取的商业秘密，给商业秘密的权利人造成重大损失的行为，我国刑法明确以侵犯商业秘密罪定罪处罚。

风险事件中，讯通公司与付旭辉在劳动合同书以及销售人员岗位考核责任书中约定保密义务的效力是与保密协议相同的。付旭辉在讯通公司任职期间泄露客户信息及公司报价的行为是典型的泄露商业秘密的行为。因此，对于涉及公司商业秘密的岗位，公司应与员工签订保密协议，在协议中约定员工保守商业秘密的义务、正确使用商业秘密的义务、不得利用商业秘密谋取私利以及离职后员工应履行的保密义务。同时，对于具有保密义务的岗位，公司还应经常对员工进行保密教育和培训，增强员工的保密意识。

## 004

### 风险事件

## 员工自愿放弃购买社保≠公司免责

2016年大专刚毕业的凌俪成为赢海市结晶科技有限公司（以下简称结晶公司）的一名文案编辑员。

凌俪入职时结晶公司的人事部王姐便告诉她，公司将会在一个月内为她购买社保，凌俪觉得这份工作的薪酬本来就不高，买社保还要从工资里扣钱，所以主动向公司申请不买社保。公司同意了凌俪的申请，但要求她出具了一份自愿放弃购买社保的承诺书。

数月后的一天，凌俪在和朋友闲谈间了解到，购买社保并不仅仅是员工缴纳社保费，公司也需要缴纳一部分，而且公司缴纳的费用更多。凌俪觉得自己亏了不少，便要求结晶公司将公司承担的社保缴费部分直接以工资的形式发放给自己，但遭到了公司的拒绝。

凌俪考虑到自己未来还想在赢海市定居，购买社保虽然现在每个月需要支出几百块钱，但是从长远来看对自己并无坏处。

于是，凌俪用快递的方式向结晶公司寄了一份通知，通知中明确要求公司为她购买社保并表示愿意承担个人应补缴的部分。

王姐收到这份通知后对凌俪出尔反尔的行为非常不满，考虑到自己手中有凌俪出具的放弃购买社保承诺书，王姐对凌俪发来的通知置之不理。

三个月后，凌俪左等右等都等不到结晶公司为她购买社保，凌俪便以公司未为其购买社保为由要求与公司解除劳动关系并且支付相应的经济补偿金。

## 律师分析

### 为员工购买社保是用人单位的法定义务

用人单位给员工购买社保是法定的义务，并不取决于员工的意愿。因此现实中，很多员工为了节省费用便与公司签订了不购买社保的相关协议，公司便以此为由不缴纳社保费，这种行为是违法的。

事实上，用人单位与员工签订的放弃购买社保的协议在法律上只是一纸空文并没有任何作用。相反，没有为员工购买社保，用人单位将承担很多法律风险。

首先，根据最高人民法院的有关规定，即使员工自愿放弃购买社保，用人单位仍不能豁免工伤、医疗费等赔偿责任，相反若员工在未参保期间发生了工伤，用人单位将负担更多的费用。其次，根据我国《劳动合同法》的相关规定，员工可以以用人单位未依法为其缴纳社会保险费为由，要求用人单位支付经济补偿。经济补偿按劳动者在本单位工作的年限，每满一年支付一个月工资的标准向劳动者支付。六个月以上不满一年的，按一年计算；不满六个月的，向劳动者支付半个月工资的经济补偿。最后，用人单位未给员工缴纳社保费用还将可能面临诉讼和行政处罚的风险。

2018 年 7 月，中共中央办公厅、国务院办公厅印发了《国税地税征管体制改革方案》，明确自 2019 年 1 月 1 日起社会保险费由税务部门统一征收。税收政策是目前而言征管能力最强的国家政策，由税务部门统一征收社保这一变革，将给不为员工缴纳社保、不全额上缴社保的企业带来致命一击。

因此，不论是员工自愿放弃购买社保，还是企业不自觉为员工缴纳社保费，对企业来说，已经没有任何理由拒绝为员工缴纳足额社保费，因为最严的社保监管时代已经到来。针对员工拒绝购买社保的情况，一方面，企业应强化自身对社会保险的认识，向员工正确普及购买社保的意义；另一方面，对员工提出的放弃购买社保的要求，公司应该理性看待，不能因为眼前的利益放弃合规原则。

005

## 风险事件

# 对高管特殊对待的“劳动合同”

2014 年 3 月，为了加强公司管理，冼恺东把自己的老东家嬴海市讯通科技股份有限公司（以下简称讯通公司）的副总经理朱一鸣挖到嬴海市结晶科技有限公司（以下简称结晶公司）担任总经理职位。

结晶公司与朱一鸣签订了《劳动合同》，合同约定：（1）结晶公司聘请朱一鸣担任结晶公司的总经理，朱一鸣接受聘请担任结晶公司的总经理；（2）聘期自 2014 年 3 月 10 日起至朱一鸣 60 岁退休止；（3）朱一鸣的劳动报酬为 3 万元/月（不含个人所得说、社保、住房公积金），通信费 300 元/月，三年以后如结晶公司对朱一鸣工作满意，适当提高朱一鸣报酬；（4）朱一鸣的权利义务：①直接对董事长负责，在董事长的决策和领导下开展工作，接受结晶公司董事长的监督，全面负责天亿公司的经营管理，完成董事会制定的收入目标……（5）结晶公司的权利义务：①董事会根据公司前三年历史数据和当年国际、国内经济形势，公司所处行业状况实事求是制定公司年度收入目标；②如朱一鸣违反约定，不称职或导致结晶公司严重失误，结晶公司有权单方解除合同，朱一鸣应按过错程度赔偿结晶公司相关损失，本协议履行过程中如朱一鸣无严重失职行为结晶公司不得单方面提前终止本协议，否则应向朱一鸣承担违约责任……④如朱一鸣连续三年不能完成董事会制定的收入目标，结晶公司有权解除合同，双方互不承担任何违约责任……（7）合同双方均不得单方终止本合同，如一方提前终止应向对方偿付人民币 50 万元……

2014 年 3 月 11 日，董事会作出决议，聘请朱一鸣担任结晶公司总经理。由于各种原因，2014 年董事会并没有制定朱一鸣的收入目标。

在随后的两年，董事会都在当年的 3 月通过决议制定朱一鸣须完成的收入目标，朱一鸣也在接到董事会决议后签字确认表示接受董事会制定的目标。但这两个年度朱一鸣的营业收入与董事会制定的收入目标都有一定差距。

2017 年 3 月 10 日，董事会作出决议制定了朱一鸣 2017 年年度须完成的收入目标，朱一鸣也同时签字确认。然而朱一鸣在 2017 年上半年，仅仅完成了全年指标的 1/4。

2017 年 9 月 23 日，应监事提出的考核公司三年来（2014 年 7 月—2017 年 7 月）工作的要求，董事会对公司三年来的业绩进行了总结和考核。通过一系列的考核评定，董事会最终作出决议，由于朱一鸣连续三年未达到公司董事会制定的收入目标，根据结晶公司与朱一鸣签订的《劳动合同》的约定，董事会决定解除与朱一鸣签订的《劳动合同》并解除朱一鸣的总经理职务等。工会同意了董事会作出的解聘决定。

朱一鸣在结晶公司担任总经理后，一直与公司员工相处不太融洽，在接到解聘的通知后，他很配合地与结晶公司办理了离职交接手续。

一个月后，朱一鸣向瀛海市大余区劳动人事争议仲裁委员会申请仲裁，要求结晶公司支付违约金 50 万元。

在经历了劳动仲裁及一审程序后，二审法院最终支持了朱一鸣要求结晶公司支付违约金 50 万元的请求。

## 律师分析

### 聘用、解聘高管的程序有别于一般员工

用人单位在签订劳动合同时，针对不同的劳动者应区别对待。上述风险事件中，朱一鸣与结晶公司签订的《劳动合同》内容是符合法律、行政法规的相关规定的。

董事会是以公司管理为目的，依照有关法律、行政法规和政策规定，按公司或企业章程设立并由全体董事组成的业务执行机构。

经理，是公司事务的执行代理人，一般由董事会聘任和解聘，并对董事会负责。对于总经理这一类高级管理人员，用人单位在签订劳动合同时应注意此类劳动者的聘任和解聘是不同于一般的劳动者。

高级管理人员的聘任和解聘主要是由《公司法》等法律专门规定的，如《公司法》规定，未经用人单位董事会的决议，用人单位是无权直接聘任或解聘高级管理人员的。

因此，用人单位在与高级管理人员签订劳动合同时应明确约定聘任和解聘的程序。

关于劳动合同中约定的违约金条款，根据《劳动合同法》的规定，除服务期限条款和竞业限制条款规定的情形外，用人单位是不得与劳动者约定由劳动者承担违约金的。

上述风险事件中，朱一鸣与结晶公司签订的劳动合同中约定了双方的违约责任，朱一鸣申请劳动仲裁要求的是结晶公司承担违约责任，因此该违约金条款在法院看来并没有违反《劳动合同法》的规定，所以二审法院最终支持了朱一鸣的请求。

该风险事件中，法院最终支持朱一鸣的诉讼请求的另一个主要原因是朱一鸣与结晶公司的劳动合同中约定，朱一鸣连续三年未达到公司董事会制定的收入目标，结晶公司才有权解除合同。而事实上，朱一鸣仅仅是两年没有达到结晶公司董事会制定的收入目标，因此结晶公司存在违约的情形。

**建议：**

1. 用人单位在签订劳动合同时，针对不同的劳动者应区别对待。在与高级管理人员签订劳动合同时应针对聘任和解聘的问题、加班费的问题、保密条款、竞业限制条款等都进行有针对性的规定。

2. 用人单位在约定违约金条款时应注意除服务期限条款和竞业限制条款规定的情形外，用人单位不得与劳动者约定由劳动者承担违约金。因此如果用人单位需要约定违约金条款应慎重考虑，因为根据《劳动合同法》的规定，违约金条款对用人单位的风险更大。

**006**

**风险事件**

## 既获肇事者赔偿，又要求单位赔偿的工伤

2010 年 7 月初，高中刚毕业的史运跟随父母一起到赢海市打工。经朋友介

绍，史运进入了瀛海市讯通科技股份有限公司（以下简称讯通公司）从事推广工作。

2010年7月10日是史运在讯通公司正式工作的第8天，傍晚史运在骑着自行车赶去公司上夜班的路上发生了交通事故，被驾驶摩托车逆向而行的张鹏撞伤。

史运在45天的住院治疗结束后，经鉴定为十级伤残，瀛海市劳动和社会保障局认定史运所受的伤害为工伤。住院期间张鹏主动找到史运要求和解，经过协商一致，双方同意由张鹏赔偿史运2万元人民币。

在家休养了数月，2010年10月史运重新回到讯通公司上班。

通过向劳动和社会保障局咨询，史运得知，工伤保险属于社会保险，具有强制性，用人单位必须按照规定为员工参保，否则员工可以要求用人单位按照工伤保险待遇赔偿。

通过咨询律师，史运发现公司应赔偿的金额还不少，甚至比他工作几个月的工资还高。于是，重回岗位不久的史运便向公司提出了离职申请，开始走上索赔之路。

数次向讯通公司索赔不成，史运遂向法院提起诉讼，要求讯通公司按工伤保险待遇支付赔偿款。而讯通公司则认为，史运早已经和肇事者张鹏达成了调解协议，放弃了赔偿的权利，因此讯通公司便没有义务再支付史运的工伤赔偿款。

对此，法院认为，史运在上班途中因为非因本人主要责任的交通事故造成的工伤，即构成第三人侵权，也构成工伤保险赔偿关系，因此在张鹏向史运赔偿后，史运仍然可以要求讯通公司按工伤保险待遇支付赔偿款。

## 律师分析

### 交通事故造成工伤，肇事者赔偿后还可要求单位工伤赔偿

我国《社会保险法》要求所有用人单位应为职工缴纳社会保险，如果职工发生工伤或职业病，可以申请工伤认定。工伤保险是社会保险中的一种，为员工参保工伤保险、缴纳工伤保险费是用人单位的法定义务。

我国现行《工伤保险条例》将职工在上下班途中发生的非本人主要责任的交通意外认定为工伤情形。

认定为工伤后，职工可以获得的待遇包括：停工留薪期工资（由用人单位支付），工伤治疗所需医疗费用（由工伤保险基金支付，待遇高于基本医疗保险）；病情稳定后可以申请劳动能力鉴定，依据评残等级不同，还可能获得一次性工伤补助金、伤残津贴等。

用人单位如果不为员工缴纳工伤保险费，上述这笔费用将由用人单位承担。

实践中，用人单位应强化自身对社会保险的认识，向员工正确普及购买社保的意义，主动为员工购买社保才能避免事故发生后承担更大的责任。

同时对于职工风险程度较高的岗位，用人单位可以选择同时购买商业险和工伤险以更大限度地规避风险。

对于选择聘用超过法定退休年龄的进城务工农民的用人单位，可以为职工购买相关商业保险，降低用工风险。

因第三人造成工伤的职工或其近亲属，在从第三人处获得民事赔偿后，还可以按照《工伤保险条例》第三十七条的规定，向工伤保险机构申请工伤保险待遇补偿。

上述风险事件中，讯通公司主张史运已与第三人达成调解协议，讯通公司便无义务承担工伤保险赔偿责任，这种主张是错误的。

因此，讯通公司履行工伤保险赔偿责任不以史运与第三人是否达成协议为前提。

## 007

### 风险事件

# 投保了商业险能否免除工伤赔偿义务

2017年6月23日，入职赢海市结晶科技有限公司（以下简称结晶公司）不到一个月的保洁员林翠芬在清扫楼梯时不小心摔伤了右腿。

结晶公司的人事部主管王姐对这件事非常上心。她上心的不是林翠芬的伤情，而是林翠芬在入职时因为不愿意购买社保，王姐便在林翠芬的要求下让财务部每月以现金形式给林翠芬支付了一笔社保补贴同时给她买了一份商业保险（金额为30万元，按社保残评标准）这件事。

现在林翠芬在结晶公司工作时受伤了，王姐担心公司没有为林翠芬购买社保的行为会引起法律风险。

林翠芬在被送往医院后，结晶公司支付了林翠芬住院治疗期间的一切费用，王姐也同时将林翠芬的情况报给保险公司备案。在林翠芬住院期间，王姐数次代表公司去看望她，同时跟她商量好出院后一起去保险公司办理工伤赔偿的事宜。

然而，林翠芬出院后结晶公司就无法再与她取得任何联系，王姐数次尝试拨打林翠芬的电话也无人接听。

接下来的日子里，这件事搁在王姐心里就像一颗定时炸弹。果不其然，两个月后结晶公司接到区劳动人事争议仲裁委员会的传票。

结晶公司力图通过各种方式与林翠芬和解，但林翠芬一直没有露面，仲裁庭开庭也是由其代理律师出面，以至于结晶公司也无法让其配合向保险公司索赔。

结晶公司认为，没有为林翠芬购买社保，结晶公司确实应承担一定的责任，但结晶公司已经为林翠芬购买了商业保险，林翠芬的工伤赔偿责任应由保险公司和结晶公司共同承担。因此，结晶公司承担的责任应免除保险公司需承担的部分。

## 律师分析

### 商业保险无法取代工伤保险

工伤保险和商业保险具有两种完全不同的性质，工伤保险是社会保险的一种，是国家立法强制实施的。而商业保险体现的是一种自愿购买的契约关系。

工伤保险是指国家和社会为在生产、工作中遭受事故伤害和患职业性疾病的劳动者及亲属提供各种物质帮助的一种社会保障制度。

商业保险中的意外伤害保险是指根据投保双方约定的契约和投保额，在人的身体和生命受到外来和不可抗拒因素的意外伤害后，从保险公司获取相应的赔偿。

部分用人单位以为员工购买商业保险就可以免除工伤保险的投保义务，将商业保险作为用人单位承担赔偿责任的一种救济，用以降低用工成本。但事实是，两种保险是相互补充的关系，社会保险作为最低的保障是必须购买的，而商业保险的保障相对更高可选择性购买。因此，重视职工保障的用人单位在购买社会保险后可以同时选择购买商业保险，但不能因购买商业保险而放弃社会保险。

实践中，用人单位应强化自身对社会保险的认识，合法用工，购买社保。针对风险较大的岗位，用人单位也可以在购买社保后同时购买商业保险，以此减少用工风险。

上述风险事件中，结晶公司以林翠芬购买了商业保险为由要求免除一部分责任，在司法实践中是不被法院认可的。无论林翠芬是否配合结晶公司向商业保险公司索赔，商业保险都不能抵扣工伤保险待遇，结晶公司未为员工购买工伤保险就必须承担工伤保险的责任。

所以，结晶公司为员工购买的商业保险无论金额大小都无法取代工伤保险的地位。

## 008

### 风险事件

# 已解除的劳动关系能否因怀孕而恢复

2014 年 11 月，从法学院毕业的陈初因为没有通过司法考试，便选择入职赢海市结晶科技有限公司（以下简称结晶公司）从事法务工作。

陈初与结晶公司签订了为期一年的劳动合同，她计划在这一年时间一边继续备考一边应付工作。由于将大部分的心思都放在了准备考试上，陈初的工作效率非常低，而且经常出错。

结晶公司人事部找到陈初谈话，询问她是否愿意调换岗位到行政部从事前台工作，陈初拒绝了。

2015年4月，陈初收到了人事部送达的《解除劳动合同通知书》，通知书载明："因公司业务调整，劳动合同订立时所依据的客观情况发生重大变化，经与您协商，我公司安排您划转部门，但您不同意划转，现我公司与您解除劳动关系，双方劳动关系于2016年4月12日解除。"考虑到自己本就准备请假脱产备考，陈初就办理了工作交接手续。

2016年4月29日，陈初在医院体检时被诊断已经怀孕6周，经过一番考虑陈初决定放弃今年参加考试的计划。

第二天，陈初向结晶公司邮寄了医院的诊断证明并告知人事部主管王姐要求继续履行原劳动合同关系。

结晶公司以陈初已经自愿办理了离职手续，双方现阶段已经不存在劳动合同关系，原劳动合同关系已经解除为由拒绝了陈初的要求。

陈初遂向当地劳动争议仲裁委员会提起劳动仲裁，请求仲裁裁决结晶公司继续履行劳动合同关系。

仲裁裁决以结晶公司在作出解除劳动合同关系决定时对陈初怀孕的事实尚不知情为由驳回了陈初的诉讼请求。

之后，陈初向人民法院提起了诉讼。

人民法院经开庭审理后，作出判决。法院认为结晶公司在作出解除劳动关系决定时陈初已经处在孕期，结晶公司的解除行为违反了相关法律规定，构成违法解除，故判决支持了陈初的诉讼请求。

## 律师分析

### 怀孕女职工被辞退可要求公司继续履行劳动合同

员工怀孕后，公司是不能进行无过失性辞退的。

上述风险事件中，陈初只要能举证证明自己在被辞退前就已经处在孕期，同时公司解除劳动合同的行为是无过失性辞退或经济裁员，陈初就可要求公司继续履行原劳动合同。

根据《劳动合同法》第四十条至第四十二条的规定，用人单位是不能对处于孕期、产期、哺乳期的员工进行无过失性辞退的。

用人单位违反法律规定解除劳动合同，劳动者可以依法要求用人单位支付违法解除劳动合同关系的经济赔偿金，或者要求用人单位继续履行原劳动合同权利义务关系。

因此，上述风险事件中，陈初在被结晶公司违法辞退后，以自己在被辞退时处于孕期为由要求结晶公司继续履行劳动合同关系是合法合理的。

**009**

## 风险事件

### 录用与“前任”藕断丝连的员工的代价

莫冬日研究生一毕业就与嬴海市结晶科技有限公司（以下简称结晶公司）签订了为期三年的劳动合同，成为一名软件开发人员。

两年后，因莫冬日工作表现出色，冼恺东便将公司唯一一个出国培训的名额给了他。

培训前，结晶公司与莫冬日签订了《服务期培训协议》，协议约定因该培训所产生的培训费、行政管理费、登记费以及莫冬日在此期间的工资等各类培训服务费共计人民币20万元，均由结晶公司承担；莫冬日同意为结晶公司服务五年，服务期至2016年11月30日；如莫冬日未能履行满服务期，应将未履行完毕的服务期所对应的培训服务费支付给结晶公司。

一个月后，公司出资将莫冬日送往国外进行了为期一年的专业技术培训。

培训结束后不到一年，莫冬日便向结晶公司人事部主管王姐提出升职加薪的要求。王姐在请示了冼恺东后拒绝了莫冬日的要求。

被拒绝后的莫冬日便不辞而别，跳槽到讯通科技股份有限公司（以下简称讯通公司）工作。

讯通公司在招聘莫冬日时曾对他无法提供与原单位解除劳动关系的证明文件表示疑惑。对此，莫冬日称自己因为与原单位产生了矛盾导致原单位不愿出具解除劳动关系证明，所以无法提供。

讯通公司考虑到莫冬日确实具有非常突出的工作能力，于是便要求莫冬日写一份承诺保证书，承诺其已经与原单位解除了劳动合同，如不属实，导致原单位追究责任的，与讯通公司无关，责任由莫冬日自己承担。

有了莫冬日的保证书，讯通公司便放心地与莫冬日签订了为期两年的劳动合同。

然而，就在合同履行至第五个月时，讯通公司收到了劳动仲裁委的立案通知书。

讯通公司这才知道莫冬日的“前任”单位也就是结晶公司已申请劳动仲裁，要求莫冬日承担违约责任，讯通公司承担连带责任。

## 律师分析

### 谨慎录用未解除原劳动关系的员工

企业在招录人才时，应格外注意劳动者是否已经与原单位解除了劳动合同。招用未与原单位解除劳动合同的员工，企业将可能面临法律风险且不因员工的免责承诺而免除责任。

人才是一个企业的核心竞争力，对于一些技术性较强的岗位，企业往往会通过签订培训协议约定服务期或者签订竞业限制协议等方式防止企业在投入了高额的费用后，员工离职导致人财两空。而这些协议并不只是对签订协议的员工有限制，也可能对员工之后所牵连的企业有限制。

用人单位招用与其他用人单位尚未解除或者终止劳动合同的劳动者，给其他用人单位造成损失的，将承担连带赔偿责任。

对此，一般来说，单位承担连带赔偿的份额应不低于对原用人单位造成经济损失总额的70%。向原用人单位赔偿损失包括两方面：一方面，是对生产、经营和工作造成的直接经济损失；另一方面，是因获取商业秘密给原用人单位造成的经济损失。

因此，用人单位招用未解除劳动关系的劳动者将面临巨大的法律风险。

上述风险事件中，结晶公司与莫冬日签订了培训协议且约定了五年的服务期及违约责任，莫冬日在服务期到期前擅自离职的行为构成违约，结晶公司将有权要求其承担违约责任。

而讯通公司在莫冬日不能出示解除劳动合同相关证明的情况下仍聘用莫冬日，对莫冬日擅自离职造成结晶公司的经济损失，讯通公司应与莫冬日承担连带赔偿责任。同时，讯通公司的连带赔偿责任并不因莫冬日的免责承诺而免责。

因此，用人单位在招用人才时应要求劳动者提供与原单位解除劳动合同的相关证明。

## 010

### 风险事件

## 突如其来的经济性裁员

沈霆是瀛海市亮金服饰有限公司（以下简称亮金公司）的员工。2007 年 3 月，沈霆劳动合同到期后，亮金公司与沈霆继续签订了为期三年的劳动合同。

2008 年，随着全球经济危机的大爆发，我国对外经贸形势面临严峻的挑战。出口业务占比较大的亮金公司在这场经济危机中遭受了近乎致命的打击。

2009 年下半年亮金公司开始停产停业，公司的所有员工都在家待岗，每月企业发放一定补贴。

2009 年 12 月，为了解决企业目前经营状况，亮金公司决定召开董事会会议，董事会研究并通过了适当减裁现有员工的决定。

随后，在公司的员工大会上，亮金公司总经理根据董事会的决议，当众宣布将与包括沈霆在内的 35 名员工解除劳动关系，给予一次性经济补偿金。

12 月 17 日，亮金公司在公告栏和车间贴出公告，奉告公司生产经营发生严重困难，经公司董事会决定，将辞退沈霆等 35 名员工，并恳求有关员工在布告发布之日起十五日内办理解除劳动合同关系相关手续。

当天，亮金公司便分别向沈霆等员工发出办理解除劳动关系手续的通知。

沈霆和几位工友认为，亮金公司的裁员不符合法定程序，遂向当地劳动争议仲裁委员会申请仲裁。

## 律师分析

### 单位进行经济性裁员应符合法定程序

用人单位进行经济性裁员并不是想裁就裁，在没有遵循法定程序的情况下，用人单位单方面解除劳动合同，违反了《劳动合同法》的相关规定，是违法行为。

经济性裁员是指用人单位在面临经济难关时，为了改善生产经营状况，不得已采取的辞退部分劳动者以保护自己在市场经济中的竞争和生存能力的一种手段。

我国法律规定，用人单位因进行重整或出现生产经营发生严重困难或企业转产、重大技术革新等需要裁减员工 20 人以上，或不足 20 人但占用人单位职工总数 10% 以上的需做到以下两点：

（1）用人单位需提前三十日向工会或者全体职工说明情况；

（2）用人单位听取工会或者职工的意见后要向劳动行政部门报告裁减人员方案。

用人单位在进行经济性裁员时，对以下三种员工应当优先留用：

（1）与用人单位订立较长期限的固定期限劳动合同的；

（2）与用人单位订立无固定期限劳动合同的；

（3）家庭无其他就业人员，有需要扶养的老人或者未成年人的。

用人单位在进行经济性裁员时，对“老、弱、病、残、孕”的员工，不得裁减。

同时，用人单位在进行经济性裁员时，需向员工支付的经济补偿金是按劳动者在用人单位的工作年限，每满一年支付一个月工资的标准。已工作满六个月的按一年算，未工作满六个月的按半个月算。

上述风险事件中，亮金公司仅仅通过一个董事会决议就进行经济性裁员的行为是不符合法律规定的，将承担违法解除劳动合同的后果。

因此，企业因经济问题进行裁员时，一定要按照法律规定的步骤，尽量采取协商的方式，与员工协商解除劳动合同。

011

## 风险事件

### 两次旷工，公司依员工手册规定炒鱿鱼

2015年3月，卫甚进入赢海市结晶科技有限公司（以下简称结晶公司）从事软件开发工作。

卫甚与结晶公司签订了为期两年的劳动合同，在签劳动合同时，结晶公司向卫甚说明了公司的规章制度，向他发放了结晶公司的《员工手册》和一份《结晶公司〈员工手册〉意见调查表》。

卫甚在调查表上签名并且勾选了“我已详细阅读了《员工手册》的全部内容。我基本赞同《员工手册》中所陈述的公司的价值观和宗旨。我同意将本《员工手册》作为我们日常工作的指南，按《员工手册》的要求和公司一起发展”这一选项。

2015年的国庆假期，卫甚准备回老家过节，结晶公司的放假期间为7天，卫甚在没有请假的情况下比规定返岗的时间晚了2天。因此，结晶公司以卫甚无故旷工为由，根据《员工手册》相关规定，给予其书面警告处理。

2016年1月，吸取了先前没有请假的教训，卫甚跟公司提前书面确定2016年的2月1日到2月20日之间卫甚请假20天回家过年（其中包括春节假期及事假），2月21日卫甚应返回结晶公司上班。

2月18日，卫甚所在部门的经理特意给卫甚发了一条微信，提醒他2月21日应回公司上班。卫甚在收到微信后明确回复自己将按时到岗。

2月20日，由于没有提前买到直达的火车票，卫甚只能经过数次换乘才能到达赢海市。等卫甚2月22日晚上回到赢海市，2月23日回结晶公司报道，卫甚已经比规定的到岗日期晚了3天。

卫甚主动找到部门经理解释，自己是因为春节期间购票困难，没能及时买到火车票才导致3天没有上班，希望公司宽宏处理。

公司没有接受卫甚的解释，并再次给予其书面警告。

2016年3月，结晶公司在通知工会后，通知卫甚与其解除劳动合同。结晶

公司的理由是，公司的《员工手册》规定，员工无故旷工，给予书面警告处理，一年内累计两次书面警告，公司可解除劳动合同。

卫甚对此不服，申请劳动仲裁，要求结晶公司支付违法解除劳动合同赔偿金。

## 律师分析

### 合规的员工手册对员工有约束力

上述风险事件中，因卫甚两次无故旷工，结晶公司依照《员工手册》与其解除劳动合同的行为属于合法解除劳动合同，无须支付违法解除劳动合同赔偿金。

我国现行的相关法律法规虽然没有对员工旷工的行为进行明确规定，但是针对严重违反用人单位的规章制度的行为，用人单位是可以解除劳动合同的，并且不需要支付经济补偿金。

但根据《劳动合同法》的规定，用人单位制定的规章制度需要满足下列条件才能真正对员工起到约束作用：

（1）用人单位制定的规章制度的内容必须合法合理，不得与法律法规相抵触或显示公平，否则自始无效；

（2）用人单位制定的劳动规章制度应经职工代表大会或者全体职工讨论，提出方案和意见，与工会或者职工代表平等协商确定；

（3）用人单位应当将直接涉及劳动者切身利益的规章制度和重大事项决定公示，或者告知劳动者。

在具备上述条件后，用人单位依照《员工手册》等之类的规章制度对员工进行处罚就有理有据了。

因此，上述风险事件中，结晶公司的《员工手册》是经过民主程序制定，并且卫甚也签字表示愿意受其约束，所以卫甚应当遵守《员工手册》的规定。

**建议：**

用《员工手册》等规章制度约束劳动者擅自旷工的行为应注意以下几点：

1. 规章制度的制定应经过民主程序并向劳动者公示。

2. 在规章制度中，明确请假的相关手续、审批程序和审批权限等；明确规定未请假擅自不到岗的行为属于旷工，连续旷工的行为属于严重违反公司规章制度，公司可以解除劳动合同。

3. 针对新入职的员工，一方面，可以让员工签收《员工手册》，自行阅读；另一方面，可以通过培训或者考试让员工了解《员工手册》的内容。

4. 劳动者旷工后，固定证据证明劳动者的旷工行为。

5. 在确定与劳动者解除劳动合同后，应将解除劳动合同的通知送达劳动者本人。

## 012

### 风险事件

## 经理为签无固定期限劳动合同讨说法

2009年6月3日，蔡青青进入赢海市结晶科技有限公司（以下简称结晶公司）担任客户服务部经理职务，双方签订了为期三年的劳动合同。

蔡青青工作尽职负责，2012年6月3日，结晶公司与蔡青青又续签了为期两年的劳动合同。

2014年4月30日，结晶公司和蔡青青签订了一份《劳动合同变更协议》，协议约定双方就2012年6月3日签订的劳动合同部分事宜进行变更：

1. 双方同意延长劳动合同期限，延长期限为两年，即双方劳动合同期限变更为2012年6月4日至2016年6月3日；

2. 该劳动合同到期后，公司若决定不再续签，将按照《劳动合同法》的相关规定处理。

2016年5月底，蔡青青主动向结晶公司人事部表达了想要续签合同的意愿，公司人事部表示将征询领导的意见。

同年6月3日，结晶公司向蔡青青出具了一份《合同期满不续签通知书》，终止了双方的劳动合同。

结晶公司按照蔡青青离职前12个月的平均工资标准支付了7个月的经济补偿金，并为蔡青青办理了退工手续。

蔡青青在收到公司不续签劳动合同的通知书后，对公司的做法非常不满。

蔡青青认为，公司已经与她签订了两次固定期限劳动合同，且自己在劳动合同到期后明确向公司表示愿意续签劳动合同，已经符合订立无固定期限劳动合同的条件，公司现在终止双方劳动合同的行为是违法的。

为此，蔡青青申请了劳动仲裁。

## 律师分析

### 两次固定期限劳动合同后应签订无固定期限劳动合同

用人单位与劳动者连续签订二次固定期限劳动合同且劳动者没有重大过失情形的，劳动者提出或者同意续订劳动合同的，用人单位应当订立无固定期限劳动合同。

上述事件中，结晶公司与蔡青青签订的《劳动合同变更协议》，在司法实践中被认为是用人单位免除自己法定责任的行为，这一行为的实质是续签劳动合同，将被纳入劳动合同订立次数的统计范围。

因此，结晶公司与蔡青青客观上已具备连续两次签订劳动合同的条件。

同时，蔡青青在劳动合同到期前就向结晶公司表达了续签劳动合同的意愿，所以综上看来，结合我国《劳动法》的相关规定，结晶公司应当与蔡青青签订无固定期限劳动合同。

但上述风险事件中，结晶公司并不同意与蔡青青续签劳动合同，在用人单位与劳动者没有达成合意的前提下，劳动者单方同意的诉求还能否得到法律的支持?

在司法实践中，不同的地区对订立无固定期限劳动合同是否需要用人单位与劳动者双方达成合意为前提条件的规定是不同的。

广东省的司法实践倾向于，只要劳动者提出续订劳动合同并要求订立无固定期限劳动合同的，用人单位就应当与劳动者订立无固定期限劳动合同。

上海市的司法实践倾向于，订立无固定期限劳动合同必须以用人单位与劳动者双方达成合意为前提条件。

而江苏省则规定，用人单位应当在第二次劳动合同期满三十日前，书面告知劳动者可以订立无固定期限劳动合同。

**建议：**

1. 用人单位企图通过与员工签订《劳动合同变更协议》的方式减轻自己的法律责任的做法是不被法律支持的，这类做法在司法实践中与续签劳动合同并无本质区别。

2. 签订无固定期限劳动合同对用人单位来说并不是紧箍咒，用人单位还是可以依据《劳动合同法》的相关规定解除劳动合同的。

**013**

## 风险事件

### 无问理由辞退试用期员工

王雅漾从赢海市结晶科技有限公司（以下简称结晶公司）成立之初便一直担任的该公司人事部主管一职。

王雅漾对结晶公司给予她的工资待遇都比较满意，结晶公司的工作氛围也让王雅漾工作得非常舒心，她本想就这样在结晶公司好好做下去。

然而，2018 年 1 月，一家猎头公司找到王雅漾，向她推荐了赢海市海蓝企业管理咨询有限公司（以下简称海蓝公司）的咨询顾问职位。这是一家外资企业，不论是薪资待遇还是发展空间对王雅漾来说都很具有吸引力，犹豫再三，她决定跳槽。

在猎头公司的安排下，王雅漾一路过关斩将经过了海蓝公司的几轮面试后顺利被该公司录用，签订了为期三年的劳动合同，试用期三个月。

正式入职后，王雅漾努力适应着公司的工作节奏，工作兢兢业业。但两个月后，王雅漾接到了公司发出的《解除劳动合同通知书》，公司以王雅漾不适合岗位要求，不符合录用条件为由对王雅漾予以辞退。

王雅漾对公司的做法非常不满，她认为自己是经过公司的几轮面试最终被录用的，且自己的工作表现良好，每一项工作任务都认真完成，公司不能随意以试用期不合格为理由辞退她。

## 律师分析

# 试用期员工也不能随意辞退

现实中，很多用人单位都认为，只要用人单位对试用期的员工不满意就可以随意辞退。但实际上并非如此，用人单位随意辞退试用期员工很可能面临违法解除劳动合同的风险。

试用期是用人单位和员工的考察期，这个考察期的时长取决于双方合同期的长短。

劳动合同期限在三个月以上不满一年的，试用期不得超过一个月；劳动合同期限一年以上不满三年的，试用期不得超过两个月；三年以上固定期限劳动合同和无固定期限劳动合同的试用不得超过六个月。

实践中，很多用人单位认为试用期既然是考察期，也就意味着只要用人单位不满意就可以辞退员工。这种想法是错误的。

事实上，用人单位单方面与试用期的劳动者解除劳动合同且无须支付经济补偿金必须具备下列条件：

一是劳动者在试用期期间被证明不符合录用条件；

二是劳动者存在严重违反用人单位的规章制度以及严重失职等符合《劳动合同法》规定的用人单位可以单方解除劳动合同的情形。

因此，上述风险事件中，海蓝公司以王雅漾试用期不符合录用条件为由解除劳动合同的，海蓝公司需承担举证责任，证明曾向王雅漾明示的录用条件是什么，即王雅漾不符合录用条件的理由是什么。

当然，因为用人单位的原因确需与试用期劳动者解除劳动合同的，用人单位可以选择提前三十天通知劳动者或支付半个月工资（试用期不满 6 个月）作为经济补偿。

无论选择哪一种方式，用人单位都需要向劳动者说明理由。

因此，用人单位在招录试用期员工时应提前约定录用条件或建立考核鉴定制度，对试用期的员工进行定期考核同时保留书面鉴定意见。在员工试用期期间解除劳动合同时，用人单位应以书面形式向劳动者说明理由并保留劳动者签收的回执。

014

## 风险事件

### 用人单位调岗调薪的正确姿势

2013年3月，赵山入职赢海市大兴木业科技有限公司（以下简称大兴公司）担任业务部经理，双方签订了为期三年的劳动合同。

劳动合同中约定，大兴公司每月将按照公司实际经营情况为员工制定下一月的考核目标，经多次考核考评确认员工不胜任本岗位工作的，大兴公司可以调换员工的岗位；本合同履行期间生产经营发生变化，经双方协商一致，也可以变更员工的岗位。

2013年4月至2013年12月，大兴公司每月均根据公司的实际情况给赵山制定了业务考核标准，赵山每个月都未能达到公司的考核标准。

2014年1月，大兴公司以赵山不能胜任岗位为由给赵山调岗调薪，赵山由业务部经理变为客服部副经理，到手的收入也从8000元降到了5000元。

赵山在收到大兴公司的调岗通知后，拒不同意大兴公司的调岗决定，多次与大兴公司协商不一致，想要走人，但是赵山认为自己是因为公司调岗的行为才离职的，公司应该支付一定的补偿金。

赵山为此咨询律师，律师认为，赵山数月都未能达到公司的考核标准，公司有权调岗调薪，赵山因此离职不能得获得公司的补偿金。

## 律师分析

### 调岗调薪须谨慎

调岗调薪一直是让企业头疼的一个问题。

大多数企业通常以不能胜任工作为由对员工进行调岗调薪，员工往往会因不接受公司的调岗调薪的决定以公司未及时足额支付劳动报酬为由，被迫解除劳动合同，要求公司支付补偿金。

因此，公司在作出对员工调岗调薪决定时应谨慎。

因劳动者不能胜任工作，用人单位变更、调整职工工作岗位是用人单位的自主权的体现。

但是，用人单位必须要有充分的证据证明劳动者不能胜任本职工作，且用人单位在调岗时，必须体现合理性，不能盲目乱调岗。

上述风险事件中，大兴公司调岗调薪的方式是值得用人单位学习的。

首先，用人单位应与劳动者共同制定一个岗位考核的标准，且约定不符合考核标准用人单位有权对劳动者调岗调薪，如风险事件中大兴公司与赵山以劳动合同的方式进行约定；

其次，用人单位应明确考核的标准，并根据该考核标准进行相应的考核；

最后，用人单位应有证据证明劳动者不符合考核标准。

因此，如果用人单位希望能够根据劳动者的工作能力和表现等对劳动者进行调岗调薪，稳妥的方式就是用人单位在与员工签订劳动合同或者公司相关规章制度时就约定好调岗调薪的相关制度。

## 015

### 风险事件

## 单位变动，工作年限该如何计算

2010 年 3 月，曾君临入职赢海市讯通科技股份有限公司（以下简称讯通公司）担任新软件测评员并签订了为期二年的劳动合同。

2012 年 3 月，曾君临的劳动合同到期后，讯通公司又与他续签了五年期限的劳动合同至 2018 年 3 月到期。

由于曾君临工作认真负责，多次获得单位的先进工作者称号，2012 年 5 月，讯通公司决定将他派往下属的子公司软件开发公司，担任研发部项目经理。

2016 年 3 月，软件开发公司因项目研发方向发生变化，曾君临已经无法胜任研发部项目经理的职位，因此人事部找到曾君临谈话表示希望与他协商解除劳动合同并表示公司愿意按法律规定支付经济补偿金。

曾君临同意了公司的提议，并准备办理离职手续。

但当曾君临准备领取经济补偿金时，他发现自己工作年限的起算点是从2012年5月起算，也就是曾君临被派往软件开发公司工作的时间。

曾君临对此非常不满意，便向软件开发公司人事部提出异议，要求人事部将工作年限自2010年3月起开始计算。

软件开发公司对此不同意，曾君临便提起了劳动仲裁。

## 律师分析

### 同一母公司的工作年限应合并计算

上述风险事件中，讯通公司下属的软件开发公司将曾君临在讯通公司总部工作和下属分公司工作的年限分开计算的行为是不合法的。

工作年限是指工作人员在中华人民共和国成立后的国家机关、社会团体以及企业事业单位工作的时间。

工作年限看似只是一个计算工作时间长短的标准，事实上工作年限不仅与经济补偿和赔偿金的数额息息相关，还直接决定了年假、医疗期等相关假期天数的多少。

根据我国《劳动法》的规定，经济补偿款就是按照劳动者在本单位工作的年限支付，每满一年支付一个月工资；六个月以上不满一年的，按一年计算；不满六个月的，则需支付半个月工资。

因此，上述风险事件中，曾君临的工作年限直接关系到经济补偿款的多少。

根据《最高人民法院关于审理劳动争议案件适用法律若干问题的解释（四）》第五条的规定，非因劳动者本人原因被原用人单位安排到新用人单位工作的，在劳动者单方解除劳动合同或者新用人单位提出解除劳动合同时，可以要求把原用人单位的工作年限合并计算为新用人单位的工作年限。

所谓“非因劳动者本人原因从原用人单位被安排到新用人单位工作”是指：

（1）劳动者仍在原工作场所、工作岗位工作，劳动合同主体由原用人单位变更为新用人单位；

（2）用人单位以组织委派或任命形式对劳动者进行工作调动；

（3）因用人单位合并、分立等原因导致劳动者工作调动；

（4）用人单位及其关联企业与劳动者轮流订立劳动合同；

（5）其他合理情形。

上述风险事件中，曾君临则属于第四种情形，即被用人单位派至关联企业工作，因此曾君临有权要求软件开发公司计算的工作年限的起算点为2010年3月，也就是曾君临正式入职讯通公司的第一天。

同时，根据《企业职工带薪年休假实施办法》的规定，年休假天数根据职工累计工作时间确定。

因此，职工在同一或者不同用人单位工作期间，以及依照法律、行政法规或者国务院规定视同工作期间，应当计为累计工作时间。由此可知，在不同单位的工作年限在某些情况下也是可以累计计算的。

## 016

### 风险事件

## 实习生工作时受伤是否构成工伤

张迪生2012年秋季入学赢海市职业技术学院就读汽车运用与维修专业。

2015年3月，即将毕业的他没有到学校指定的实习单位实习，而是选择到朋友介绍的赢海市无限能汽车修理厂（以下简称无限能修理厂）实习。

应学校的要求，张迪生填写了一份《毕业生自谋实习单位申请表》，并在表格中写明自己是通过自谋实习单位的形式完成顶岗学习，且自愿承担在顶岗时发生的一切后果。

同时，张迪生还签收了学校发放的一份《学生顶岗学习安全责任书》，责任书中明确校方已经向张迪生充分强调了安全问题，同时声明对张迪生在实习过程中发生的任何损害均不承担任何责任。

无限能修理厂每个月以现金的方式给予张迪生1000元的生活费和交通补贴费。

虽然高考的失利让张迪生只能选择就读职业学校，但张迪生从来没有放弃过让自己变得优秀的每一次机会。

正式工作的第一天，从踏入无限能修理厂开始，张迪生便对修理厂中发生的所有事情都充满了好奇，他渴望能够通过这一次实习提升自己的实践能力。

然而随着时间的推移，张迪生发现，修理厂的所有人每天都非常忙碌，根本没有人对他进行任何培训和管理。张迪生只好这里摸摸，那里看看，主动寻找机会帮别人打打下手。

无限能修理厂的员工们逐渐开始接纳这个勤奋好学的实习生，并开始给他安排一些简单的工作。

2015年5月，张迪生被安排保养一辆押钞车的轮轴，押钞车共有8个轮轴，张迪生按照自己的想法清理了其中2个轮轴，发现没有人指正他的清理方式不正确，于是张迪生便用同一方式清理剩下的6个轮轴。在清理到第5个轮轴时，轮轴突然爆开，躲闪不及的张迪生右眼被轮轴打伤。

随后，张迪生被先后送往赢海市人民医院、赢海市眼科医院进行治疗。

张迪生在医院共治疗了二十天，经司法鉴定，他右眼损伤后遗留有右眼盲目五级，评定为八级伤残。

无限能修理厂除垫付张迪生治疗期间的医疗费外，拒绝承担任何赔偿责任。

无限能修理厂认为，张迪生右眼受伤是因其自身操作失误导致，且张迪生是自愿进入修理厂从事实习工作，双方并未形成劳动关系，修理厂通过其学校班主任多次口头强调安全注意事项，已经对顶岗实习的张迪生尽到了应尽的义务，因此无需对张迪生承担任何赔偿责任。

2015年7月，张迪生向赢海市劳动人事争议仲裁委员会申请劳动仲裁，请求确定与无限能修理厂之间存在劳动关系。

赢海市劳动争议仲裁委员会于2015年8月作出裁决认为双方劳动关系不成立。

无奈之下，张迪生只好向法院起诉，请求法院判令无限能修理厂承担赔偿责任。

## 律师分析

### 实习中受伤不构成工伤，但实习单位仍应承担赔偿责任

实习生本质上不属于《劳动法》规定的有就业资格的劳动者，他们在实习期间发生的劳动纠纷不属于劳动争议的范畴，因此实习生的劳动纠纷只能去法院提起民事诉讼。

根据劳动部关于印发《关于贯彻执行〈中华人民共和国劳动法〉若干问题的意见》的通知规定，在校生利用业余时间勤工助学，不视为就业，未建立劳动关系，可以不签订劳动合同。

我国《工伤保险条例》仅赋予了与用人单位存在劳动关系（包括事实劳动关系）的劳动者向用人单位提出工伤损害赔偿的权利。

由于实习生属于非正式雇用的劳动者，用人单位无须与实习生签订劳动合同，在现实中，用人单位也往往以此为由拒绝对实习生遭受的工伤进行赔偿。

因此，针对实习生在实习期间发生工伤事故的情况，应适用《最高人民法院关于审理人身损害赔偿案件适用法律若干问题的解释》第十一条的有关规定，雇员在从事雇佣活动中遭受人身损害，雇主应当承担赔偿责任。

由此可见，无论实习生与用人单位存在劳动关系与否，用人单位都应当承担赔偿责任，只是承担责任的形式不同。

所以，用人单位在招录实习生时，为了双方在发生纠纷时能够有约可依，更好地处理纠纷，与实习生签订一份实习协议是非常必要的。通过在实习协议中，明确实习报酬的标准、实习纪律的约定、实习生过错造成单位经济损失的处理、学校在实习过程中的职责要求及学校的法律责任等，可以规范用人单位与实习生个人之间的权责义务。同时，为了避免实习造成的人身伤害风险，用人单位和学校可以在实习合同中约定，由一方为实习生办理实习责任保险，这样实习生在实习过程中造成人身伤害也可依法由保险公司负责赔偿。

017

## 风险事件

### 安排了补休，还需支付节假日加班工资吗

朴村花高中毕业后便入职赢海市莱英服装有限公司（以下简称莱英公司）从事仓库管理员一职。

莱英公司与朴村花签订的劳动合同中约定，双方确认执行的是国家规定的标准工时工作制，即工作时间平均每周不超过四十小时，莱英公司保证朴村花每周至少休息一日。

2013 年国庆节假日前一周，朴村花与好友商定好国庆期间一同出省旅游。

然而在国庆节假日前两天，莱英公司接到了一笔加急订单。为了赶订单，莱英公司要求仓管部门的所有员工在国庆节假日期间都必须加班。为此，朴村花不得不放弃了国庆出游的计划。

2013 年“双十一”的前一天正好是周日，也是朴村花的休息日。朴村花提前一周已在淘宝购物车中放入了计划购买的商品，同时计划休息日这天白天好好睡一觉，晚上 12 点准时开始在淘宝扫货。

但莱英公司提前两天下达了一份通知，公司所有员工在“双十一”前一天必须加班。

从早上 9 点一直工作到凌晨 3 点，等朴村花终于有时间刷淘宝的时候，她购物车中的商品已经大多数被售空。为此，朴村花不得不放弃这天“剁手”的计划。

虽然针对国庆假期和“双十一”前一天休息日加班，公司均安排了补休，但是对朴村花来说，补休根本无法弥补自己的损失。

2013 年 12 月，朴村花向莱英公司提出，要求支付自己国庆假期 3 倍的加班工资、“双十一”前一天休息日安排工作 2 倍的加班工资以及延长工作时间的加班工资。

针对朴村花提出支付加班工资的请求，人力资源部的王经理认为已经给朴村花安排了补休，公司就无须再支付任何加班工资。

为此，朴村花向当地劳动保障局劳动保障监察大队举报，请求纠正该公司的错误行为，维护自己的权益。

## 律师分析

### 法定节日的加班费不能以补休代替

上述风险事件中，由于朴村花和莱英公司签订的劳动合同中约定双方执行标准工作时间，因此在标准工作时间以外让劳动者平日、休息日、法定节假日进行加班，都是占用劳动者的休息时间。

针对不同情况下安排劳动者加班后的工资报酬问题，《劳动法》进行了不同的规定。

首先，安排劳动者延长工作时间的情形，用人单位应支付劳动者不低于工资 150% 的劳动报酬；

其次，针对休息日安排劳动者工作的情形，也就是上述风险事件中，莱英公司在朴村花休息日安排其加班的情况，根据我国法律规定，莱英公司可以选择安排劳动者补休，或者选择支付不低于工资的 200% 的劳动报酬；

最后，针对法定节假日安排劳动者工作的情形，我国法定节假日包括元旦、春节、国际劳动节、国庆节等，这些节假日对于每一个人来说都具有特殊的意义，是不能与休息日相提并论的，所以，法律规定法定休假日安排劳动者工作的，应当支付不低于工资的 300% 的劳动报酬。

上述风险事件中，莱英公司可以以安排补休为由拒绝支付朴村花休息日加班的工资，但不能以事后安排补休为由拒绝支付朴村花法定节假日的加班工资。

用人单位在遇到上述情况，安排劳动者工作时，应严格按照《劳动法》的规定，针对不同的加班情况对劳动者进行补偿。

## 018

## 风险事件

# 用工单位任性退回派遣员工

为了减少公司人员储备，节省人工成本，2014 年 1 月，赢海市结晶科技有限公司（以下简称结晶公司）与赢海市运筹人力资源服务公司（以下简称运筹公司）签订了一份劳务派遣合同。合同约定，运筹公司根据结晶公司的要求向该公司派遣劳务人员为该公司提供劳务服务；派遣人员的劳动人事关系归于运筹公司，运筹公司负责与派遣人员签订劳动合同，负责派遣人员所有的人事、劳资和社会保险等工作；合同有效期两年。

2014 年 3 月，35 岁的李丽居与丈夫离婚后，便独自一人带着不满 10 岁的儿子来到赢海市生活。

在亲戚的介绍下，李丽居与运筹公司签订了一份为期两年的劳动合同，合同中约定运筹公司在李丽居无工作期间将按赢海市最低工资标准支付李丽居工资，直至劳动合同解除或终止。

随后李丽居便被派遣至结晶公司从事后勤工作。

2015 年 4 月 21 日，结晶公司总经理冼凯东从乡下来的亲戚红姐表示想要入职结晶公司从事后勤工作，冼凯东便以李丽居工作态度散漫为由将李丽居退回给运筹公司。

同日，运筹公司向李丽居发出了一份《解除劳动合同通知书》，通知书内容显示：因用工单位（结晶公司）以李丽居无法胜任工作为由将其退回的原因，导致运筹公司无法继续履行与李丽居签订的劳动合同，运筹公司决定从 2015 年 4 月 22 日起解除双方的劳动合同。

2015 年 5 月 11 日，李丽居向赢海市劳动争议仲裁委员会申请劳动仲裁，请求裁决运筹公司支付违法解除劳动合同的经济赔偿金，结晶公司承担连带责任。

赢海市劳动争议仲裁委员会不予支持李丽居的请求，李丽居不服提起诉讼，法院最终支持了李丽居的诉讼请求。

## 律师分析

### 用工单位退回被派遣员工需符合法律规定

实践中，很多用工单位都认为，劳务派遣人员与用工单位之间只是劳务关系，不是劳动关系，所以用工单位随时都可以退回且无须承担任何法律责任。

这种想法是错误的，上述风险事件中，结晶公司在被派遣员工无故意或重大过失的情形下将被派遣员工退回，造成被派遣员工权利受损的，结晶公司应与用人单位即运筹公司承担连带责任。

被派遣劳动者因试用期被证明不符合录用条件、严重违反用人单位的规章制度、患病或非因工负伤无法继续工作、不能胜任工作经过培训或调整仍不能胜任的，用工单位可以将劳动者退回劳务派遣单位，劳务派遣单位亦可与劳动者解除劳动合同。同时用工单位存在客观情况发生重大变化协商变更不成，导致劳动合同无法履行的情形的，或者存在经济性裁员的情形，或者用工单位被依法宣告破产、吊销营业执照、责令关闭、撤销、决定提前解散或经营期限届满不能再继续经营的，出现此类特定情况用工单位亦可将劳务派遣人员退回。

上述风险事件中，运筹公司作为派遣公司以解除劳动合同的方式拒绝接收被派遣员工，其解除行为属于违法解除劳动合同的情形，应当支付被派遣员工赔偿金，即经济补偿金的两倍。

《劳动合同法》规定，用工单位给被派遣劳动者造成损害的，劳务派遣单位与用工单位承担连带责任。

结晶公司作为用工单位无正当理由将被派遣员工退回，结晶公司亦存在过错，其违法退回被派遣员工的行为导致派遣公司违法解除与被派遣员工的劳动关系，所以应与派遣公司连带向被派遣员工支付劳动合同赔偿金。

综上，建议用工单位决定退回被派遣人员时应谨慎审查退回行为是否符合法律允许的退工情形规定，避免承担赔偿责任。

019

## 风险事件

### 伪造资质证件的项目经理被开除

2016年9月，赢海市东城建筑有限公司（以下简称东城公司）的人力资源岗王枚在人才招聘网上发布了一条招聘信息：招录项目经理一名，该岗位必须持有项目经理证、一级建造师证等资质证明。

王枚本以为能满足既有项目经理证，又有一级建造师证，同时还正准备跳槽的人应该很少。谁曾想，招聘信息发出后第二天，王枚便收到了一份不错的简历。

投递简历的人名叫赵晓司，他在简历中的“技术职称/等级证书”一栏注明了持有项目经理证、一级建造师证等。王枚看到简历后非常满意，马上给赵晓司打电话联系面试。

王枚在面试赵晓司时，明确问到赵晓司是否同时持有项目经理证、一级建造师证，并要求赵晓司出示相关证件。检查完赵晓司的证件后，王枚松了口气，没想到这么顺利就遇到了合适的人选。

2016年9月19日，赵晓司正式入职东城公司，担任项目经理。当日，东城公司与赵晓司签订了为期一年的劳动合同。

然而赵晓司仅仅入职一个月，他手下的员工就发现，赵晓司在很多工作中不仅没有按照建筑行业规范进行操作，还存在很多与其声称资质不符的常识性错误。

作为项目经理，赵晓司的决策对公司的很多项目有重大意义，许多员工在发现问题后马上向王枚反映了情况。王枚的第一反应是赵晓司所提供的资质证明是假的。

随后通过权威部门查证，赵晓司在应聘项目经理时所提交的一级建造师证书和项目经理证书确实是伪造的。

2016年10月10日，东城公司向赵晓司发出书面通知，告知其因“以欺诈手段与公司订立劳动合同无效”，公司将与其解除劳动合同。

赵晓司则认为，公司以此为理由解除劳动合同属于违法解除劳动合同，遂向劳动争议仲裁委员会申请仲裁。劳动争议仲裁委员会最终认为东城公司的行为属于合法解除劳动合同。

## 律师分析

### 以欺诈手段签订的劳动合同无效

现实生活中，入职时提供虚假材料的情况时有发生。有些人会在“是否已婚”“是否已育”等涉及个人隐私信息的问题上选择虚报或虚填；也有些人会为了获得某个职位提供虚假的学历、执业技能证书等。对于一个坚持塑造诚信的文化氛围的公司来说，不论何种行为，都是不能容忍的。

根据我国法律的规定，以欺诈、胁迫的手段或乘人之危，使对方在违背真实意思的情况下订立或者变更劳动合同的，劳动合同无效或者部分无效。若出现合同无效的情形，公司可以以此为由解除劳动关系。

在实践中，员工欺诈的行为是需要达到一定程度出现合同无效的情形，针对提供虚假的执业技能证书、身份证、学历证等可能对任职该岗位造成影响的欺诈行为，公司以此为由解除劳动关系是合法的。

但是，针对是否已婚、是否已育等涉及个人隐私的问题员工欺瞒的，公司若以此为由解除劳动合同，属于违法解除劳动合同。因为针对这类涉及个人隐私的问题员工选择欺瞒，一般情况下对员工任职该岗位并不会产生影响。

因此，上述风险事件中，赵晓司提供虚假资质证明的行为已经对任职项目经理这一岗位造成了影响，故东城公司的行为属于合法解除劳动合同。

# 第八章 产品质量

001

## 风险事件

### 木门被虫蛀，谁之责

瀛海市大芯木业有限公司（以下简称大芯公司）是一家从事设计、开发和生产于一体的专业生产木门等装饰配套产品的公司。

2003年5月，鼎盛建设集团有限公司（以下简称鼎盛公司）将由其承建的愉情苑花园第二期（15幢、16幢、17幢）公共梯间的水曲柳实木扶手及水曲柳木入户夹板门连门套工程承包给大芯公司施工。

愉情苑花园项目负责人李民灏便与大芯公司签订了一份《协议书》，对门套和扶手面的数量和单价、工程施工期、付款方式和保修期等都进行了约定。

协议签订后鼎盛公司支付了工程预付款，大芯公司按照鼎盛公司提供的木门样板进行制作，按期完成了全部工程。

2004年4月15日，李民灏带人对大芯公司已完成的工程进行检查，发现工程中存在部分不合格的扶手、弯头以及门扇。

于是，在鼎盛公司的要求下，大芯公司与鼎盛公司签订了一份《补充协议》，协议约定工程中不合格的扶手、弯头若建设单位或业主等部门提出，大芯公司必须无条件当天派人整改，整改时间不超过两天。检查不合格的产品被整改后，鼎盛公司按时支付了大芯公司剩余的款项。

然而2004年10月20日，李民灏接到建设单位的监理公司反映，大芯公司所生产的夹板门大部门出现了虫蛀现象。

作为该项目的负责人，李民灏随后多次与大芯公司协商要求解决问题，但都被大芯公司拒绝。

大芯公司认为，木门是经鼎盛公司验收合格后才进行安装的，产生虫蛀的现象并不一定是因为质量问题，极有可能是因为木门所在的环境引起的。

由于多次协商无果，在房屋业主及监理公司的要求下，鼎盛公司只得另外聘请其他公司更换了被虫蛀的木门。

木门更换后，鼎盛公司多次要求大芯公司承担因更换木门造成的损失，均被大芯公司拒绝，鼎盛公司遂向法院起诉。

## 律师分析

### 定作物的质量争议，主张瑕疵一方有举证义务

大芯公司与鼎盛公司在上述风险事中是因定作木门质量产生的纠纷，属于承揽合同纠纷。承揽合同中发生的质量争议，主张质量瑕疵存在的一方应负有较重的证明责任。

承揽合同是承揽人按照定作人的要求完成工作，承揽人负责交付工作成果，定作人给付相应报酬的合同。

我国《合同法》规定，承揽人交付的工作成果不符合质量要求的，定作人可以要求承揽人承担修理、重作、减少报酬、赔偿损失等违约责任。

对质量瑕疵的认定，是实践中定作人和承揽人共同面对的障碍。尤其在发生质量争议时，主张质量瑕疵存在的一方将负有较重的证明责任，不仅要提供的证据证明承揽方承揽的工程质量不合格，证据的证明力还要能够达到法律上的证明标准，这是对方是否承担民事责任的关键之处。

实践中，存在很多承揽合同对质量标准和违约责任约定不明确的情况，在产生质量问题后，受害方普遍希望达到赔偿或拒付价款的目的。依据《合同法》的规定，受害方可以合理选择要求对方承担修理、更换、重作、退货、减少价款或者报酬等违约责任的。

上述风险实践中，鼎盛公司和大芯公司就没有就木制品的质量标准进行约定，因此鼎盛公司要利用大量的证据来证明事实的存在。

**建议：**

签订承揽合同时应对定作物质量要求和技术标准的规定作具体明确的约定，不能简单或者模棱两可。针对较为抽象的质量标准，应按照国家标准、行业标准或者通常标准以及符合加工承揽目的的特定标准进行约定。

## 002

## 风险事件

### 手机自燃引风波，欺诈与否有争议

2016年1月，T国双星公司最新推出的一款Double X手机凭借着超高的性能在全球风靡。然而仅仅过了一个月，还未在中国发售的Double X手机在国外便发生了数起自燃事件。

双星中国公司两次发布官方声明，称在中国市场将要发售的Double X手机国行版，采用的是不同的电池供应商，中国消费者可以放心购买使用。

作为一个忠实的双星手机粉丝，冼恺东基于对双星公司的信任，在Double X手机发售的第二天便购买了一台。拿到新手机时，冼恺东对Double X手机的性能非常满意。

当天晚上，冼恺东在家使用电脑办公时，为图方便便将手机接在电脑上一边充电一边播放音乐。仅仅上了个厕所，冼恺东从厕所出来后便发现刚才被他随手放在电脑键盘上的手机正在自燃，电脑也因此受损了。

冼恺东一怒之下对双星中国公司提起了产品责任纠纷诉讼，请求更换或赔偿其因手机电池自燃毁损的笔记本电脑一台；确认双星公司构成欺诈，赔偿三倍购机款，赔礼道歉等。

双星中国公司辩称：Double X手机的国行版和海外版使用的是不同供应商的电池，在冼恺东的手机发生自燃事件后，双星公司立即召回了全部国行版Double X手机，并且经过调查发现，国行版手机和海外版手机虽然采用的不是同一个供应商的产品，但两款电池都存在不同的缺陷，才导致了国行版Double X手机也发生了自燃，双星公司对手机发生自燃并不知情，因此并不构成欺诈。

## 律师分析

### 经营者的经营行为有欺诈，须承担三倍惩罚性赔偿

消费者在购买、使用商品时享有人身、财产安全不受损害的权利。因此经营者提供的商品和服务应符合保障人身、财产安全的要求。

我国《消费者权益保护法》第五十五条规定，经营者提供商品或者服务有欺诈行为的，应当按照消费者的要求增加赔偿其受到的损失，增加赔偿的金额为消费者购买商品的价款或者接受服务的费用的三倍；增加赔偿的金额不足五百元的，为五百元。法律另有规定的，依照其规定。

这一惩罚性赔偿条款虽然在一定程度上能够有效遏制经营者的欺诈行为，但实践中，对于经营者“欺诈行为”的理解和认定往往存在很大的争议。对“欺诈”行为的不同理解，将导致法院作出不同的判决结果。

我国《最高人民法院关于贯彻执行〈中华人民共和国民法通则〉若干问题的意见（试行）》将欺诈行为定义为由四要素构成：

（1）一方需有欺诈的故意；

（2）欺诈方实施了欺诈行为；

（3）被欺诈方因受欺诈而作出错误的判断；

（4）被欺诈方因错误判断而为意思表示。

按照四要素的定义，上述风险事件中，双星公司的行为并不具有欺诈的故意，也没有实施欺诈的行为，因此冼恺东要求赔偿三倍购机款并不一定能得到法院的支持。

**建议：**

经营者在对商品质量进行承诺时，应保证与商品实际情况相吻合。针对经营者的欺诈行为，消费者应及时保留证据。

003

## 风险事件

### 超期服役的啤酒瓶

2007年除夕，令有时在楼下小张经营的小卖部购买了四瓶纯天啤酒公司生产的“纯天”牌啤酒，准备晚上与家人共同饮用。

除夕夜，令有时一家人将其中的三瓶啤酒喝完，将剩余的一瓶啤酒放在厨房墙角。第二天早上，令有时在制作早餐时，放在厨房墙角的啤酒突然发生自爆，将令有时左眼炸伤。

令有时先后被送到瀛海市第一人民医院、瀛川大学第一附属医院住院治疗，经医院检查确诊为“左眼破裂”。

发生爆裂的啤酒瓶的生产日期为2001年，灌装啤酒的日期为2006年。

根据国家标准，建议啤酒瓶回收使用年限为两年，而炸伤令有时的啤酒瓶已经使用五年有余。

愤怒的令有时找到纯天啤酒公司要求其承担赔偿责任。纯天啤酒公司申请对爆裂的啤酒瓶进行司法鉴定，司法鉴定意见显示，送检的啤酒瓶的相关物理指标，经检验符合国家标准，未检测出送检啤酒瓶自爆的痕迹，送检啤酒瓶是因受到外力作用形成的爆裂特征。

据此纯天啤酒公司认为自己生产的啤酒瓶是没有质量缺陷的，令有时的眼睛受伤是人为造成啤酒瓶爆裂导致的，与啤酒瓶自身的产品质量无关，因此拒绝赔偿。

求偿无果，令有时只好将纯天啤酒公司诉至法院。法院最终判决纯天啤酒公司赔偿令有时医疗费、护工费等损失。

## 律师分析

### 危及人身安全的不合理危险是产品缺陷

上述风险事件属于因产品缺陷引起的损害赔偿纠纷，令有时和纯天啤酒公司争议的焦点在于被鉴定符合国家质量标准的啤酒瓶的使用年限超过了国家建议的使用年限是否属于产品缺陷。

产品缺陷是指产品的生产者和销售者所生产或销售的产品存在造成他人的人身或者财产损害的缺陷而应承担民事责任的行为。

作为一种特殊侵权行为，产品缺陷侵权在我国适用无过错责任原则。我国《产品质量法》对“缺陷”的定义是指产品存在危及人身、他人财产安全的不合理的危险；产品不符合有保障人体健康和人身、财产安全的国家标准、行业标准。

因此上述风险事件中，发生爆裂的啤酒瓶虽然鉴定符合国家质量标准，但是其使用年限超过了国家建议回收使用的期限，即意味着已经存在危及人身的不合理危险，因此发生爆裂的啤酒瓶在此定义层面是存在产品缺陷的。

**建议：**

法律在保护广大消费者的合法权益时，必然会加重生产者的产品责任负担。产品责任适用无过错责任原则对企业来说相当于一个紧箍咒，促使企业能够不断完善产品质量，减少因产品缺陷致人伤残的事件发生。产品质量是一个企业在市场中立足和发展的保证，产品质量的优劣决定企业发展的命运。因此企业必须提升质量意识，避免因踏入产品缺陷的雷区导致承担责任，对于超出使用年限的产品，企业应尽早淘汰或召回。

## 004

### 风险事件

## 热水器漏电致人身亡，厂家被判担责

2015年2月，王大山与妻子带着大学刚毕业的儿子王小海回老家探亲，一家人临时找不到酒店，便住在王大山老家的旧房子中。晚饭过后，王大山夫妇外出购置生活用品，王小海便在家中打扫卫生。

晚上8点半，回到家中的王大山夫妇发现王小海在浴室中怎么敲门都不应声，破门而入后发现王小海在浴室中已经昏迷。在送往医院的途中，王小海因抢救无效死亡。

2015年3月，悲痛欲绝的王大山夫妇向当地司法鉴定所申请鉴定，最终确认王小海的死亡原因符合电击死亡。王大山夫妇返回家中检查发现，造成事故的热水器仅注明了出厂日期为2008年10月15日，其他产品信息均未注明。

2015年4月，经当地产品质量监督检验所对热水器触电事故的测试分析，由于进入热水器的火线端子电极裸露，同时该热水器在使用过程中容器有铜盐溶液渗出，改变了电极与容器内壁之间的绝缘性能，形成了漏电流，因此导致本次触电事故的原因主要有两方面：一是热水器在使用过程中容器的电极进入口有铜盐溶液渗出；二是热水器使用的电源插座接地线未有效连接。

收到分析报告后，王大山夫妇将电热水器的生产厂家壹精电子有限责任公司（以下简称壹精公司）告上了法庭，提起产品责任纠纷诉讼。

壹精公司辩称：造成事故的热水器不存在产品质量缺陷。虽然壹精公司向法院提交了出具证书日期为2013年的产品认证证书和质量管理体系认证证书，以及相关的检验报告和试验报告，检验报告和试验报告均采取的是抽样检查的模式，但法院最终还是判令壹精公司承担赔偿责任。

## 律师分析

### 产品责任纠纷适用无过错责任原则

因热水器漏电而导致人员的死亡，应属于典型产品责任纠纷。根据我国《侵权责任法》的规定，产品责任纠纷适用的是无过错责任原则。

无过错责任原则是民法归责原则中的一个特殊原则，顾名思义是指对造成他人的损害虽然没有过错，但与造成损害原因有关的人也应当承担民事责任。

适用无过错责任原则的案件是民法通则明文规定的，其中产品缺陷致人损害是最典型的案件之一。因此在上述风险事件中壹精公司将承担举证责任证明自己的产品没有缺陷才能免于赔偿。

我国《产品质量法》规定了三种免责事由生产者能够证明有其一的，则无须承担责任：一是未将产品投入流通的；二是产品投入流通时，引起损害的缺陷尚不存在的；三是将产品投入流通时的科学技术水平尚不能发现缺陷存在的。

上述风险事件中，壹精公司虽然向法院提交了相关的产品质量证明，相关的证明的出具日期均在事故热水器出产后，因此并不能证明该热水器不存在缺陷，同时壹精公司并不具备相应的免责事由。所以，法院最终判令壹精公司承担赔偿责任。

**建议：**

法律在保护广大消费者的合法权益时，必然会加重生产者的产品责任负担。产品责任适用无过错责任原则对生产者来说相当于一个紧箍咒，促使生产者能够不断完善产品质量，减少因产品缺陷致人伤残的事件发生。当然生产者在法律上也有不承担责任的抗辩事由：(1) 未将产品投入流通的；(2) 产品投入流通时，引起损害的缺陷尚不存在的；(3) 将产品投入流通时的科学技术水平尚不能发现缺陷存在的；(4) 诉讼时效。

005

## 风险事件

### 雷人广告语：最优的谷物酿造最佳啤酒

2014年春节，查书文跟妻子莫莉一同回老家赢海市过年。为了晚上的年夜饭更有氛围，查书文来到离家不远的赢海市购多多综合超市股份有限公司（以下简称购多多公司）准备选购几瓶啤酒。

超市货架上，查书文发现有一款名为“红海”的啤酒包装的标签上写着“只选用最优质的酒花和谷物酿造而成”“它于1893年就已被评选为美国最佳啤酒”，查书文被这款啤酒的广告宣传语所吸引，抱着尝一尝“美国最佳啤酒”的心态他购买了6瓶946mL“红海”啤酒共计90元。

晚饭过后，一家人都觉得所谓的“美国最佳啤酒”也不过如此，甚至不如国内几块钱买来的啤酒好喝。

法学院毕业的莫莉告诉查书文，根据法律的规定，广告宣传是不能使用类似“最佳”“最高级”等用语的。听到妻子这么一说，查书文想起自己就是被这几个字眼吸引了才选购了“红海”啤酒。

随后，查书文便向当地工商管理局举报购多多公司涉嫌虚假宣传，工商局依法向购多多公司发出了《责令整改通知书》。

## 律师分析

### 产品宣传慎用“最”

现实生活中，我们在购物时时常会看到商家为了宣传自己产品的质量优良，常常会使用“最好”“最高级”等字眼形容产品质量。这种使用绝对化用语的广告进行宣传的做法其实是违反我国法律规定的，甚至可能对消费者构成欺诈。

为了保护广告的真实性，维护市场公平竞争的环境，我国《广告法》规定，广告中不得使用“国家级”“最高级”“最佳”等绝对化用语。

根据《消费者权益保护法》的规定，经营者提供商品或者服务有欺诈行为的，消费者可以要求赔偿损失及惩罚性赔偿。

由于构成欺诈一般需有四个构成要件：

（1）须有欺诈的故意；

（2）须有欺诈的行为；

（3）须被欺诈人因受欺诈而陷于错误判断；

（4）须被欺诈人基于错误判断而为意思表示。

所以实践中使用“绝对化用语”进行商品宣传并不一定构成欺诈。但是对于经营者来说，一旦被发现使用绝对化用语进行宣传，行政机关将会作出构成虚假广告的处罚。

因此，作为经营者在宣传产品时还需谨慎用语。尤其是如果商品本身就是假冒伪劣产品，经营者还采用绝对化用语进行广告宣传，则将被认定为构成欺诈故意。

因此，上述风险事件中，购多多公司出售的啤酒存在使用绝对化用语宣传的行为，所以导致被工商局要求责令整改。

## 006

### 风险事件

## “有机”野山茶油侵犯了谁的权益

2016 年 11 月 13 日，林瑾华在“K－Market”网站得乐旗舰店浏览时发现，瀛海市得乐实业有限公司（以下简称得乐公司）生产的“野山茶油”在搞优惠活动，便购买了 5 件“野山茶油”，单价 708 元/件，每件两瓶共计 3540 元。

收到货后，林瑾华发现，自己购买的“野山茶油”产品的外包装盒上印有有机产品标志，标注的有机证号是 115P1234567；产品内包装罐上也挂有“中国有机”的标牌，标牌背面写有“瀛海茶油，有机产品”字样，罐体标签上也有有机产品标志，但标注的有机证号却是115P1234568。

通过查询，林瑾华发现得乐公司编号为115P1234567“有机产品认证证书”，其认证的产品为“茶籽”，而“野山茶油”外包装盒上产品名称为“野山茶油”，有机证号为115P1234568。

发现自己购买的“野山茶油”有机证书所认证的产品与包装盒上的产品名称并不一致，林瑾华第一反应以为自己买到了假货。

但是林瑾华购买的20瓶“野山茶油”罐上都贴有“瀛海市得乐商业有限公司正品标识”，生产日期均在2016年3月至2016年5月，而且均是在得乐的旗舰店购买的，几乎不存在假货的可能。

因此，林瑾华认为得乐公司的旗舰店中关于“野山茶花”的广告宣传内容及产品包装上的有机食品标志属易引人误解的虚假宣传，其所生产、销售的“野山茶油”存在欺诈行为。

2016年12月31日，林瑾华以得乐公司涉嫌虚假宣传，存在欺诈行为为由将其告上了法庭，要求赔偿10620元。

经法院审理查明：得乐公司生产的“野山茶油”于2015年2月24日获得“有机产品认证证书”，证书编号为115P1234568，有效期至2016年1月30日。2015年11月20日，该证书被国家有机产品认证机构注销。

因此，林瑾华购买的生产日期在2016年3月至2016年5月的“野山茶油”是未获有机产品认证的。

## 律师分析

### 冒用质量标志，消费者有权要求惩罚性赔偿

上述风险事件中，得乐公司生产的“野山茶油”冒用有机产品认证，因此其广告宣传的内容以及产品包装上的有机食品标志都属于易引人误解的虚假宣传，因此其所生产的产品存在欺诈行为。

认证标志是指被认证为产品质量合格的企业经质量认证机构准许在产品或者其包装上使用的质量标志。

我国《产品质量法》第五条明确规定，禁止伪造或者冒用认证标志等质量

标志。

有机食品标志是认证标志的一种，得乐公司将已被注销的有机食品标志用在产品上的行为，是对产品质量作引人误解的虚假表示。

根据《有机产品认证管理办法》规定，未获得有机产品认证的产品，任何单位和个人不得在产品、产品最小销售包装及其标签上标注含有“有机”“ORGANIC”等字样且可能误导公众认为该产品为有机产品的文字表述和图案。

上述风险事件中，得乐公司对“野山茶油”作出引人误解的虚假表示，使得消费者上当受骗，是欺诈的行为，根据《消费者权益保护法》的规定，得乐公司要承担消费者购买商品的价款三倍的惩罚性赔偿。

保证产品质量是产品生产者的首要义务，生产者不仅要对其生产的产品质量负责，还应当遵守《产品质量法》中关于产品标识的规定。

## 007

### 风险事件

## 售假“茅台”，牢狱之灾两行泪

秦川在瀛海市开了一家连锁便利店。2014 年 5 月，因政府征地修路等原因，秦川被迫关闭了便利店。

没有了收入来源，秦川合计着要另谋出路。

一次偶然的机会，秦川得知，原来便利店隔壁卷烟店的老板项小波明面上是在做卷烟生意，暗地里其实在做制售假酒生意。

秦川这才明白为什么项小波每天都会穿着名牌开着豪车来经营一家小小的卷烟店。秦川找到项小波，恳求他教自己制假酒的技术。

其实制假酒并没有什么技术难题，就是用低价酒“以次充好”罐装成高价酒。在项小波的牵头下，秦川认识了常年在卖假酒的张庆锡，两人一拍即合，组建了一条制售假白酒的利益链。

秦川租用了瀛海市城乡结合部的一套房屋作为生产假酒的窝点。

见白酒市场上，“飞天”茅台酒的价格最高，且销量非常好，制假酒销售的利润空间极大，秦川与张庆锡两人协商以制造销售假“飞天”茅台酒为主，附带制造销售“五粮液”“梦之蓝”等其他高档白酒。

秦川将从其他地方购买到的低价白酒进行勾兑，灌装进回收或是购买的假的茅台酒空酒瓶，然后压盖、包装、张贴假的茅台酒商标、防伪标志，还配备了假的茅台酒内置酒杯、防伪说明书等。

一批假酒制造完成后，秦川便联系张庆锡出售自己已经换装整容的假酒。

2016年11月，经群众举报，办案民警在秦川生产假酒的出租屋内将正在灌装假酒的秦川抓获，现场扣押了大批制酒的工具、设备、茅台酒商标、包装材料以及数百瓶已经灌装好的假酒，价值共计人民币35万余元。

## 律师分析

### 生产、销售以次充好的产品，可构成生产、销售伪劣产品罪

市面上伪劣产品层出不穷，不仅侵犯了消费者的人身、财产安全，而且严重扰乱了社会市场经济秩序。

以次充好是指以低等级、低档次的产品冒充高等级、高档次产品，或者以残次、废旧零配件组合、拼装后冒充正品或者新产品的行为。

《产品质量法》规定，生产者在产品生产过程中存在掺杂、掺假，以假充真，以次充好，或者以不合格产品冒充合格产品的行为，构成犯罪的，将被依法追究刑事责任。

《刑法》规定，生产者、销售者在产品中掺杂、掺假，以假充真，以次充好或者以不合格产品冒充合格产品，销售金额达到五万元就已构成生产、销售伪劣产品罪。

根据《最高人民法院、最高人民检察院关于办理生产、销售伪劣商品刑事案件具体应用法律若干问题的解释》第二条的规定，“销售金额”是指生产者、销售者出售伪劣产品后所得和应得的全部违法收入。

因此，生产、销售伪劣产品不仅将被罚款、吊销营业执照，还可能面临牢狱之灾。

上述风险事件中，秦川用低价白酒替换高价白酒的行为就是典型的以次充

好的行为，该行为所生产的白酒则属于伪劣商品。

秦川的行为已经构成了生产、销售伪劣产品罪。另外，秦川在生产、销售假冒酒的同时，还使用了假冒的茅台酒注册商标，其行为同时还构成了销售假冒注册商标的商品罪。实施生产、销售伪劣产品犯罪，同时构成侵犯知识产权、非法经营等其他犯罪的，依照处罚较重的规定定罪处罚。

上述风险事件中，秦川所学习的制假酒的技术，虽然为他带来了大量的金钱收益，但是也让他“享受”了牢狱之灾。因此，生产者和销售者切莫因为眼前的利益铤而走险放弃长远的自由。

**008**

## 风险事件

### 玩具不合格激怒宝妈

2016年3月，赵肖笙与儿子小海在瀛海市乐乐家超市有限公司（以下简称乐乐家公司）购物时，儿子小海看上了一套“阳光牌”沙滩系列玩具。

迫于儿子的苦苦哀求，虽然这件玩具的厂名、厂址等信息都被商家用条形码故意遮盖了，赵肖笙还是支付了价款148元购买了这套玩具。

回到家后，赵肖笙仔细查看这套玩具的相关信息，玩具产品合格证上标称执行标准为GB6675－2003《国家玩具安全技术规范》，货号HF103－WH009，主要材料为塑料，生产日期为2016年2月。

赵肖笙上网查询后发现，国家在2014年5月6日发布，并于2016年1月1日实施了GB6675－2014《玩具安全》国家强制标准，同时替代GB6675－2003《国家玩具安全技术规范》。

GB6675－2014《玩具安全》标准自2014年发布，2016年才正式实施，已经为玩具生产企业留出了近两年的产品周转期。

这套玩具的生产日期在国家强制标准出台后，但却执行的是已经被部分替代的旧标准。

赵肖笙在查询到相关信息后非常愤怒，一年前儿子小海就因玩具质量问题发生了一个小事故，现在又被她发现一家不负责任的企业，她一定要让这家企业受点教训。

同时赵肖笙认为，乐乐家公司作为大型连锁超市，应当熟知产品质量的相关法律法规的规定及行业执行标准，同时在进货时有审查、验货的义务，而乐乐家公司在应当知道这款玩具没有按规定标明执行标准的情况下依然出售这款玩具，是欺诈消费者的行为。

为此赵肖笙以乐乐家公司欺诈消费者为由向法院起诉。

## 律师分析

### 不执行国家强制性标准，消费者有权要求惩罚性赔偿

上述风险事件中，乐乐家公司在应当知道涉诉商品未按规定标明执行标准的情况下依然出售该商品的行为，已经构成欺诈。

国家标准分为强制性国家标准和推荐性国家标准。

GB 代号国家标准含有强制性条文及推荐性条文，当标准的全文都是强制性条文时则不含有推荐性条文。

GB/T 代号国家标准则为全文推荐性条文。

《玩具安全》标准，属于国家强制性标准，该标准对所有玩具生产厂家所生产的产品做了严格的质量要求。

根据《产品质量法》的规定，对于可能危及人体健康和人身、财产安全的工业产品，必须符合保障人体健康和人身、财产安全的国家标准、行业标准。同时规定，禁止生产、销售不符合保障人体健康和人身、财产安全标准和要求的工业产品。

因此，生产者在产品生产过程中要熟知相关产品的法律法规的规定及行业执行标准，销售者则应当建立并执行进货检查验收制度，验明产品合格证明和其他标识。

上述风险事件中，乐乐家公司欺诈的行为应承担惩罚性赔偿的责任。根据《产品质量法》的规定，乐乐家公司在承担赔偿责任后，如果是属于生产者的责任，乐乐家公司有权向生产者追偿。

009

## 风险事件

# 4S店否认出售翻新车，举证责任谁承担

2017年2月28日，在父母的资助下，刚从国外留学回来的赵维在瀛海市豪杰汽车销售服务有限公司（以下简称豪杰公司）购买了一辆凯迪拉克XT5（2016款）25T豪华型轿车。

赵维（作为乙方）与豪杰公司（作为甲方）签订了一份《销售协议》，双方约定车辆销售价格为398000元，交货地点为豪杰公司，交货时间为2017年3月15日前；乙方预付定金，双方签字或者盖章后生效；甲方在新车到店后做好新车检查工作，甲方将含合格证或者关单、质保说明书等的交车确认单证明文件交给乙方，经乙方核对无误后交车，视为甲方完全履行交付义务，甲方所售新车在交车后按产品质量保修手册内的内容执行。

2017年3月11日，赵维来到豪杰公司提车，豪杰公司向他交付了约定车辆，并要求他在新车交付检查单的“客户签名”处签名。该检查单分为两个部分，第一部分载明内容为车厢外部（包括汽车油漆）、发动机、行李箱、车厢内部等内容的检查状况，其中在备胎的位置和使用、千斤顶的位置和使用以及千斤顶在车身下的位置和使用三项检查项目前显示为“×”，其他项目前均显示为“√”；检查单的第二部分载明内容为刮伤、凹凸、斑点、掉漆、损坏等，所有项目均标注为无。

在对车辆进行仔细检查后，赵维在车辆交接验收单“客户签字”处签上了自己的名字。

2017年3月17日，赵维开着新车去参加同学聚会。聚会散场后，赵维主动邀请了一位从事汽车修理的同学万英俊坐自己的新车回家。

万英俊在上车时对这辆新车的右后车门多看了几眼，快到家时，他告诉赵维，他发现这辆车的右后门框有补漆接缝的痕迹，这辆车很可能是经过修补翻新的事故车辆，因为新车在原厂装配时各部分零件都是单独喷涂烘干后再进行装配的，所以在不需要油漆的部件上是不可能存在任何油漆痕迹的。

赵维大惊，回到家后对车子仔细观察，发现自己购买的不到一个星期的新车不仅右后叶子板油漆存在修补的痕迹，油箱盖内也有飞状油漆的痕迹。

随后，赵维多次找到豪杰公司理论，但豪杰公司拒绝承认卖给赵维的车存在油漆修补的瑕疵。

一气之下，赵维向法院起诉，要求撤销豪杰公司与其签订的《销售协议》，同时返回汽车购置款 398000 元，还要求豪杰公司支付车辆价款三倍的惩罚性赔偿。

最终，由于豪杰公司无法举证证明赵维所购车辆不存在瑕疵，法院支持了赵维的诉讼请求。

## 律师分析

### 耐用品瑕疵的举证责任由经营者承担

上述风险事件中，赵维在豪杰公司购买汽车的行为不仅受《合同法》的保护，也受《消费者权益保护法》的保护。

根据《消费者权益保护法》的规定，经营者提供的机动车、计算机、电视机、电冰箱、空调器、洗衣机等耐用商品或者装饰装修等服务，因消费者在接收商品或者服务之日起六个月内发现瑕疵而引发争议的，经营者应承担有关瑕疵的举证责任。

这就意味着，汽车等耐用品瑕疵的举证责任并不适用“谁主张，谁举证”原则，而适用举证责任倒置规则。

举证责任倒置的是指由被告负责在侵权诉讼案件中举证证明与损害结果之间不存在因果关系或受害人过错或第三人有过错等。

风险事件中，赵维虽然在豪杰公司的检查单上签了名，但这一行为仅能表明赵维认可豪杰公司所出售的车辆不存在表面的瑕疵，并不能免除豪杰公司的证明责任。

因此，豪杰公司在赵维提出车辆存在油漆修补等问题后，应承担举证责任证明该车不存在瑕疵。若豪杰公司无法证明的，人民法院可以根据案件的具体情况认定豪杰公司属于隐瞒真实情况向消费者出售瑕疵商品，构成欺诈。

根据《消费者权益保护法》的规定，经营者提供商品或者服务时有欺诈行为的，消费者有权要求经营者支付其购买商品价款或接收服务费用三倍的惩罚性赔偿。

## 010

### 风险事件

## 餐厅销售洋酒为何被判“十倍”赔偿

2017 年 11 月，陈祥带着几位好友一同到赢海市上上阁餐饮服务有限公司（以下简称上上阁公司）处就餐。

就餐过程中，陈祥看到餐厅的酒柜上摆放着三瓶久保田酒，便询问上上阁老板汪清表示想要买下三瓶酒饮用。

这三瓶酒是汪清去日本旅游时在大阪的一个超市购买的，一共购买了四瓶，汪清自己和家人喝了一瓶，觉得不合口味便将剩下的三瓶放在了餐厅酒柜上。见陈祥愿意购买，汪清也爽快答应了。

陈祥大学时曾在日本大阪大学做过一段时间交换生，看到上上阁酒柜上摆放的几瓶日本酒，倍感亲切。

餐桌上，陈祥和几位好友一同聊起关于酒的话题，其中一位专门从事职业打假的好友拿起陈祥刚购买的久保田酒仔细观察了一番后告诉陈祥，这瓶酒的瓶身上没有中文标签，应该属于不符合食品安全标准的食品，陈祥可以要求上上阁公司承担价款十倍的赔偿。

虽然其他几位好友都当他是在开玩笑，但陈祥还是留了个心眼。

离开餐厅时，陈祥要求上上阁公司为其本次消费行为出具发票，上上阁公司出具了预结单及发票，发票显示陈祥共消费 6350 元，其中久保田酒三瓶，每瓶 1600 元。

回到家中，陈祥仔细上网查找了相关的资料，发现确实根据我国法律的规定，预包装食品没有中文标签是不允许进口的，属于不符合食品安全标准的食品。

陈祥便将上上阁公司告上法庭，要求上上阁公司返还购买三瓶酒的价款4800元并承担48000元的惩罚性赔偿金。法院判决支持了陈祥的诉讼请求。

## 律师分析

### 销售无中文标签的进口食品须承担惩罚性赔偿

上述风险事件中上上阁公司销售的三瓶酒属于进口食品，我国法律规定，进口食品应当符合我国食品安全国家标准。

进口食品应当经出入境检验检疫机构依照进出口商品检验相关法律、行政法规的规定检验合格。同时进口的预包装食品应当有中文标签，且应当附有符合法律规定的中文说明书等。

根据法律的规定，食品生产者与销售者对产品符合食品安全标准负有举证责任。

生产不符合食品安全标准的食品或者经营明知是不符合食品标准的食品，消费者不仅可以要求赔偿损失，还可要求生产者或者经营者支付价款十倍或者损失三倍的赔偿金。

上述风险事件中，上上阁公司销售的三瓶酒没有贴中文标签，且上上阁公司无法提供所售的三瓶酒经出入境检验检疫机构检验合格的相关证明，因此这三瓶酒被认定为是不符合食品安全标准的食品。

上上阁公司作为经营者明知三瓶酒是从国外带回来的，还将其作为食品销售给客人，这一行为就构成经营明知是不符合食品标准的食品，因此消费者可以要求其承担价款十倍的惩罚性赔偿。

# 第九章 知识产权

## 第一节 专 利

**001**

### 风险事件

### 两份“专利证书”引发的风波

2015年4月7日，张大鹏与汪晓强共同以货币出资100万元注册成立瀛海市弘创机械设备科技有限公司（以下简称弘创公司），张大鹏为法定代表人，主营业务为啤酒、葡萄酒生产设备的设计、生产及销售。

弘创公司成立后不久，张大鹏与汪晓强便共同商量弘创公司对外营销宣传事宜。经两人商讨，决定通过建立一个弘创公司的营销网站进行业务推广。由于两人既没有建设网站的技术，也缺乏网络营销推广经验，遂打算将网站建设及业务推广事宜外包出去。

2015年4月18日，经朋友介绍，张大鹏与汪晓强认识了瀛海市飞渡网络科技有限公司（以下简称飞渡公司）的副经理闫文雅，双方就营销网站建设及宣传推广事宜进行了洽谈。

后来，弘创公司与飞渡公司就上述合作事宜达成了一致意见，双方签订了《委托服务合同》，约定由飞渡公司代为建设弘创公司的营销网站，并负责网站的维护、营销和推广等事项。

接下来的弘创公司网站建设工作，飞渡公司安排张一度和蔡敏负责。为了达到更好的宣传效果，张一度和蔡敏在网上找了几张专利证书的图片，并使用

Photoshop 软件（以下简称 ps）制作了两份实用新型专利证书。

2015 年 4 月 21 日，张一度把两份经过 ps 的实用新型专利证书上传到了弘创公司的营销网站上。一份实用新型专利证书载明“一种麦芽糖化设备，专利号为 ZL20142101××××.8，证书编号为 517××3 号，发明人为张大鹏、汪晓强”；另一份实用新型专利证书载明“一种麦芽发酵装置，专利号为 ZL20142101××××.1，证书编号为 517××5 号，发明人为张大鹏、汪晓强”。

2016 年 5 月 7 日，刘大凯上网时发现弘创公司网站上的两份实用新型专利的名称和证书编号与自己的两个专利证书完全相同，仅专利号和专利权人不同。

两天后，刘大凯向公证处申请证据保全。公证处的公证员对弘创公司的网页内容进行浏览并截图保存。

2016 年 5 月 11 日，刘大凯向法院起诉，要求弘创公司停止假冒专利的行为，并赔偿损失。弘创公司被起诉时，张大鹏和汪晓强才得知弘创公司的网站使用了变造的专利权证书进行对外宣传。

法院后来的判决也支持了刘大凯的诉讼请求。

## 律师分析

### 假冒专利用于宣传也属侵权行为

事件中，弘创公司在其营销网站上使用变造的专利证书进行对外宣传的行为属于假冒专利的行为，已侵犯了刘大凯的专利权。

飞渡公司的技术人员张一度和蔡敏在网上寻找实用新型专利的图片，并利用 ps 技术对专利号和专利发明人进行了修改，使他人误以为弘创公司享有上述两项实用新型专利技术，属于假冒专利的行为。

虽然弘创公司的营销网站是其委托飞渡公司进行建设、维护，其对飞渡公司的技术人员擅自上传专利证书的图片也不知情，但弘创公司作为网站的所有者和使用者，其仍然应对网页侵权的内容承担责任。

如果弘创公司与飞渡公司在《委托服务合同》中约定了“网页内容因侵犯他人知识产权，弘创公司承担赔偿责任后有权向飞渡公司追偿”的条款，弘创公司则可以依据该条款向飞渡公司进行追偿。

因此，若企业的网站是委托他人负责建设、管理和运营的，企业仍应对网站的内容进行监督。只有企业对网站上的内容进行监督，才能有效降低侵犯他人知识产权的风险。

## 002

### 风险事件

## 新款耳机被抄袭，公证取证讨说法

“i 逗”是赢海市科睿科技有限公司（以下简称科睿公司）旗下的智能手机品牌，该品牌手机在赢海市具有较高的知名度。

2014 年 7 月 2 日，科睿公司与赢海市瑞豪电子科技有限公司（以下简称瑞豪公司）签订了《战略合作协议》，约定科睿公司授权瑞豪公司从事“i 逗”品牌的耳机研发、生产和销售，研发的耳机的专利权归瑞豪公司所有。

经过两个多月的努力，瑞豪公司成功研发了一款入耳式耳机，并随后向国家知识产权局申请了名称为“耳机”的外观设计专利。

瑞豪公司获得了该专利的授权后，随即将该款耳机投入生产。

2015 年 5 月 13 日，科睿公司在赢海市博雅体育中心召开了“i 逗”手机新品发布会。发布会上，科睿公司正式发布了“i 逗”A6 pro 智能手机，科睿公司总经理雷米对该款手机的新功能、配置等进行了详细的介绍。

随后，科睿公司又发布了“i 逗”新款入耳式耳机（即瑞豪公司研发的新款耳机），雷米也对该款耳机的亮点进行了一番介绍。该款耳机不随手机赠送，需要客户单独购买，售价为 109 元。

2015 年 6 月 8 日上午 10：00，“i 逗”A6 pro 智能手机和“i 逗”新款入耳式耳机正式发售。

两个月后，赢海市腾隆通讯器材有限公司（以下简称腾隆公司）在“多多好”购物平台上销售“i 逗”入耳式耳机，并在该款耳机的商品说明中注明“i 逗 2015 款耳机（简化版），售价 39 元，正品保证，库存充足”。该款耳机的外观与“i逗”新款入耳式耳机的外观十分相似，耳塞部及线控的图案与形状相同，仅耳机插头有一点差别。

后来，腾隆公司销售仿制的“i逗”耳机的事实被瑞豪公司发现。2015年8月14日，瑞豪公司委托工作人员江泰向公证处申请了证据保全公证。在公证处公证员刘雯和冼达开的监督下，江泰以购买者的身份在腾隆公司的网店购买了5副“i逗”2015款耳机（简化版）耳机。

两天后，江泰随同公证员刘雯、冼达开从快递员处取得了腾隆公司发来的包裹，并对包裹外观、内部物品、单据进行拍照，拍照完毕公证员对包裹进行封存。

2015年8月18日，瑞豪公司向法院起诉，要求腾隆公司停止销售“i逗”2015款耳机并赔偿损失。

法院后来的判决支持了瑞豪公司的诉讼请求。

## 律师分析

### 拥有外观设计专利权的产品不可任性仿制

外观设计专利权是指对产品的形状、图案或者其结合以及色彩与形状、图案的结合所做出的富有美感并适于工业应用的新设计。它与发明或者实用新型不同，发明或者实用新型是一种技术方案，而外观设计专利并不是一种技术方案。

实践中，判断被控侵权产品是否侵犯专利产品的外观设计专利权通常有以下几种方法：

一是确定被控侵权产品和专利产品是否为同一类产品；

二是站在普通消费者的角度观察被控侵权产品和专利产品，是否可能造成消费者的误认；

三是对被控侵权产品与专利产品放在一起进行对比、整体观察，是否具有相同的美感。

腾隆公司销售的被控侵权产品与瑞豪公司的专利产品均为耳机，属于同一类产品。将被控侵权产品与涉案专利产品进行比较，耳塞部及线控的图案与形状相同，仅插头存在一点差异，一般的消费者难以辨认出两者差异，容易造成消费者的误认。因此，可以判定腾隆公司被控侵权产品与瑞豪公司的外观设计专利相似。

腾隆公司未经瑞豪公司许可，擅自销售与瑞豪公司外观设计相似的耳机的行为，侵犯了瑞豪公司的外观设计专利权，故瑞豪公司有权主张腾隆公司停止销售被控侵权产品并赔偿损失。

## 003

### 风险事件

## 尚在批准中的发明专利被他人“借鉴”

赢海市丰江茶叶机械有限公司（以下简称丰江公司）成立于2010年，经营范围为茶叶加工机械制造、销售、维修，法定代表人为刘超凡。

丰江公司成立两个月后，其主营产品茶叶理条机投入市场。起初，产品月销量萎靡不振。后来，丰江公司改变了营销与宣传方式，公司业绩才有了一定的提高。

为了让其生产的茶叶理条机在竞争激烈的茶叶加工机械市场中脱颖而出，丰江公司于2013年成立了技术研发部门，开始了新产品的研发之路。

经过市场调查，丰江公司发现市面上销售的茶叶理条机普遍存在一个问题，即其核心部件多槽锅锅体在受热膨胀且连续作业状态下，一直存在长度及宽度方向出现不同程度变形。

为了解决上述问题，丰江公司的研发人员对多槽锅进行了仔细研究。

研发人员一年多的努力没白费，一种新型的适合绿茶制作的多槽锅于2014年8月25日在丰江公司问世，它解决了传统多槽锅中存在的技术问题。

2014年9月20日，丰江公司向国家知识产权局申请了名称为“一种适合绿茶制作的多槽锅”的发明专利。该专利于2015年1月15日公开，并于2016年6月20日获得授权公告，专利号为ZL20141050××××.3。

2016年1月3日，赢海市绿灵茶叶机械有限公司（以下简称绿灵公司）借鉴丰江公司已公开但未获得发明授权的技术，生产出了一款新的茶叶理条机，并于2016年3月21日开始对外销售。

2016年6月23日，丰江公司的工作人员发现，绿灵公司销售的新款茶叶理条机使用了自己公司的发明专利技术，随即向刘超凡汇报这一情况。

刘超凡得知此事后，十分担心绿灵公司继续生产、销售涉嫌侵犯丰江公司专利权的茶叶理条机的行为会严重影响丰江公司新产品的销售，遂向诚律师咨询解决问题的办法。

## 律师分析

### 已申请尚未授予的专利受临时保护

事件中，绿灵公司在丰江公司发明专利的临时保护期内，利用丰江公司的发明专利技术制造产品并对外销售的行为不视为专利侵权，但丰江公司可以要求绿灵公司支付适当的临时保护期使用费。

专利临时保护是指对公布以后、获得授权以前的发明专利申请给予的保护。发明专利申请公布后至专利权授予之前的这段期间称为专利的临时保护期。

根据《专利法》的规定，发明和实用新型专利权被授予后，除本法另有规定外，任何单位或者个人未经专利权人许可，都不得实施其专利，即不得为生产经营目的制造、使用、许诺销售、销售、进口其专利产品，或者使用其专利方法以及使用、许诺销售、销售、进口依照该专利方法直接获得的产品；发明专利申请公布后，申请人可要求实施其发明的单位或者个人支付适当的费用。发明专利申请公布后至专利权授予前使用该发明未支付适当使用费的，专利权人要求支付使用费的诉讼时效为二年，自专利权人得知或者应当得知他人使用其发明之日起计算，但是，专利权人于专利权授予之日前即已得知或者应当得知的，自专利权授予之日起计算。

可见，绿灵公司在专利临时保护期内实施丰江公司申请的专利的行为并不属于《专利法》禁止的行为，丰江公司不享有禁止绿灵公司在专利临时保护期内实施其专利的权利，丰江公司对绿灵公司在专利临时保护期内实施的生产、销售行为不能主张侵权损害赔偿，但丰江公司享有请求绿灵公司给付发明专利临时保护期使用费的权利。

因此，丰江公司可在收集绿灵公司在专利临时保护期内实施其专利的证据后，向法院起诉，要求绿灵公司支付适当的专利临时保护期使用费。

**004**

## 风险事件

### 离职申请专利，老东家起诉维权

海远科技空气洁净有限公司（以下简称海远公司）成立于2000年，主要从事空气净化机、新风机、空气净化设备、计量器具、机电设备、环境仪等研发、制造和销售。

2006年7月3日，建筑环境与设备工程专业毕业的陈胜强因笔试、面试成绩优秀，进入海远公司技术部担任技术员，其主要工作为空气净化机、新风机等空气净化产品的设计和研发。

陈胜强进入海远公司后，工作表现突出，出色地完成了公司安排的产品设计、研发任务，逐渐得到了公司领导的赏识。

2011年9月8日，因工作表现优秀，陈胜强升任海远公司技术部部长，继续从事空气净化机、新风机等空气净化产品的设计和研发工作。

升职之后，陈胜强接连完成了小型新风机送风机安装方式改进设计、中型新风机初效过滤器框架与过滤袋可分离结构设计及海远公司的“空气净化技术研究与应用”项目，其中“空气净化技术研究与应用”项目还获得了“科学技术进步奖”。

2015年3月9日，陈胜强接到了嬴海市鑫荣环保科技有限公司（以下简称鑫荣公司）总经理王永恒的电话。王永恒在电话中表示，若陈胜强愿意到鑫荣公司从事空气净化机、新风机的设计、研发工作，鑫荣公司将给予其300万元的年薪。陈胜强经过一番考虑后，向王永恒表示愿意到鑫荣公司工作，但须过几个月后再去。

三个月后，陈胜强办理了辞职手续，海远公司为其出具了离职证明。陈胜强向海远公司承诺，不会泄露海远公司的技术秘密。

同年7月，陈胜强进入鑫荣公司工作。

鑫荣公司原来没有空气净化机、新风机的研发能力，也没有销售空气净化机、新风机产品。自从陈胜强加入后，鑫荣公司便依靠陈胜强的技术力量迅速进入空气净化行业，生产并销售多款空气净化机、新风机产品。

2015年7月20日，鑫荣公司向国家知识产权局申请名称为“一种空气净化机”的实用新型专利，发明人为陈胜强。该专利于2016年1月23日获得授权。与现有的空气净化机相比，该新型空气净化机的风道设计合理、噪声小，而且能有效去除甲醛等有害气体。

后来，海远公司在研究新的竞争对手鑫荣公司时发现，鑫荣公司申请的实用新型专利的发明人为陈胜强。

海远公司认为，鑫荣公司申请的“一种空气净化机”实用新型专利为陈胜强执行工作任务时完成的发明创造，相应的专利权应归属于海远公司，遂以鑫荣公司和陈胜强为被告起诉到了法院。

## 律师分析

### 职务发明创造的专利权归单位所有

事件中，陈胜强从海远公司离职一年内，作出的发明创造，属于职务发明，诉争的专利权应归属于海远公司。

根据《专利法》等相关法律的规定，执行本单位的任务所完成的发明创造属于职务发明创造。职务发明创造的专利权归属于单位。

执行本单位的任务所完成的职务发明创造是指：

（1）在本职工作中作出的发明创造；

（2）履行本单位交付的本职工作之外的任务所作出的发明创造；

（3）退休、调离原单位后或者劳动、人事关系终止后一年内作出的，与其在原单位承担的本职工作或者原单位分配的任务有关的发明创造。

陈胜强离职前，在海远公司担任技术部部长，长期从事空气净化机、新风机等空气净化产品的设计、研发工作，掌握了海远公司的技术秘密，具备诉争专利的技术能力和研发经验。而且，对现有空气净化机存在的问题进行改进属于陈胜强在海远公司任职期间的工作范围。

另外，陈胜强加入鑫荣公司不到一个月，鑫荣公司就申请了诉争专利，明显不符合一般的科研规律。

因此，诉争专利应为陈胜强在海远公司执行工作任务时所完成的发明创造，该专利应归属于海远公司。

实践中，员工离职后，在一个较短的期间内提出专利申请，原单位与离职员工就该专利申请权的归属问题发生纠纷的情况并不少见。为了避免日后花费大量时间在专利申请权的认定问题上，我们建议企业做好项目研究进展的记录工作，记录上最好有企业与员工的签名。

**005**

## 风险事件

# 发明人转让专利的“陷阱”

2013 年 3 月 5 日，张兰以货币出资 200 万元、瀛海市高分子新型材料研究所以实物出资 50 万元共同成立了瀛海市朗逸工程尼龙有限公司（以下简称朗逸公司）。朗逸公司法定代表人为瀛海市高分子新型材料研究所研究员唐红波，主营业务为生产环保型高强度尼龙调速齿轮、铁路信号绝缘产品等。

2014 年 1 月 9 日，唐红波利用朗逸公司的物质技术条件，研发了一种高强度发动机油箱。该发动机油箱改变了传统油箱设计生产工艺，具有长期振动不开裂、不易损坏的优点，使用寿命比传统发动机油箱长。

两日后，朗逸公司向国家知识产权局申请了名称为“高强度发动机油箱”的实用新型专利，发明人为唐红波。该实用新型专利申请于 2015 年 1 月 15 日获得了授权并公告。

2017 年 3 月 2 日，朗逸公司与瀛海市龙新高分子有限公司（以下简称龙新公司）签订《专利实施许可协议》，约定朗逸公司许可龙新公司使用其“高强度发动机油箱”实用新型专利，许可形式为普通许可，许可期限为一年。

一年以后，龙新公司联系了发明人唐红波，希望购买朗逸公司的“高强度发动机油箱”实用新型专利。双方经过谈判后，达成一致意见，约定唐红波以技术出资的方式将该专利转让给龙新公司，唐红波则成为龙新公司的新股东。

2018年3月3日，龙新公司召开股东会，决定对公司进行增资，唐红波以技术出资130万元，成为龙新公司的新股东。唐红波把“高强度发动机油箱”实用新型专利的专利证书原件交付给龙新公司，但双方未办理专利权转让登记。

2018年7月9日，朗逸公司与瀛海市优亿新材料有限公司（以下简称优亿公司）签订《专利权转让合同》，约定朗逸公司以120万元的价格将“高强度发动机油箱”实用新型专利转让给优亿公司。双方于2008年7月11日在国家知识产权局办理了专利权转让登记手续。

龙新公司认为：朗逸公司将“高强度发动机油箱”实用新型专利转让给优亿公司的行为系恶意串通，损害了其合法权益，遂将朗逸公司与优亿公司起诉到法院，请求法院判决朗逸公司将该实用新型专利转让给优亿公司的行为无效。

法院经审理认为：诉争专利的专利权人为朗逸公司，唐红波无权以技术出资的方式转让诉争专利；龙新公司未能提供证据证明其已与朗逸公司就上述专利的转让履行了法定变更手续，因而仅凭专利证书原件并不能证明诉争专利已转让给了龙新公司；龙新公司未能提供朗逸公司与优亿公司恶意串通的证据。

后来法院作出判决驳回了龙新公司的全部诉讼请求。

## 律师分析

### 发明人不等于专利权人

有的人认为发明人就是专利权人。实际上，发明人并不一定就是专利权人。

发明人是指对发明创造的实质性特点作出创造性贡献的人。专利权人是指专利权的所有人，即专利申请被批准时被授予专利权的人。只有在发明人与专利申请人为同一主体时，发明人与专利权人才是同一主体。

事件中，唐红波虽然是诉争专利的发明人，但由于该诉争专利为职务发明创造，故朗逸公司才是诉争专利的专利权人。因此，只有朗逸公司才有权转让诉争专利。

事件中，龙新公司虽然取得了诉争专利证书原件，但在未办理专利权转让登记的情况下，其仍不是诉争专利的专利权人。

根据《专利法》的规定，转让专利申请权或者专利权，当事人应当订立书面合同，并向国家知识产权局办理登记手续。专利申请权或者专利的转让自登记之日起生效。

因此，龙新公司取得诉争专利证书原件的行为并不代表朗逸公司已将诉争专利权转让给了龙新公司。

**建议：**

1. 企业在作为专利受让人时，应当严格审查专利权出让人的主体资格。不仅要审查出让人提供的专利权证书，确认出让人与权属证书上的权利人是否一致，还要审查出让人是否取得了合法的授权转让的证明文件。

2. 尽量避免与企业内部的科研机构签订《专利权转让合同》。因为在实践中，企业内部的科研机构私自以自己的名义与企业签订《专利权转让合同》，从而引发纠纷的例子也不少见。

3. 出让人与受让人在签订了《专利权转让合同》后，必须到国家知识产权局办理专利权变更登记手续。

**006**

## 风险事件

### 为职务发明的报酬讨说法

瀛海市兴伟环保家居用品有限公司（以下简称兴伟公司）成立于2006年，经营范围为纺织织物、床上用品、无纺布、家居设计装饰及婴儿用品、棉麻产品、服装等生产销售。

2008年，心怀壮志的梁耀进入兴伟公司工作，担任市场开拓部经理，主要负责项目拓展事务。

梁耀不仅是市场开拓部经理，还是兴伟公司唯一的一名纺织技术工程师。

在业余时间，梁耀很喜欢研究纺织技术。

2009年1月，兴伟公司客户赢海市万家家居有限公司（以下简称万家家居公司）反映，兴伟公司生产的被芯产品含有绗缝线爆线的严重质量缺陷。万家家居公司要求兴伟公司必须解决该质量问题，否则将终止双方的采购合同。

出现质量问题的被芯产品是兴伟公司的主要产品，该产品主要通过万家家居公司销售，占兴伟公司年总销售额的80%。一旦万家家居公司终止与兴伟公司的合作，兴伟公司的产品销售将陷入困境，甚至有面临破产的风险。

由于梁耀是兴伟公司唯一一名纺织技术工程师，故兴伟公司把解决“被芯产品质量缺陷”的重任交给了梁耀。

梁耀不负众望，他对被芯产品出现的质量问题进行了长时间的研究后，找到了解决该问题的方法。

2009年7月，梁耀将自己研究出的技术提供给兴伟公司使用。兴伟公司使用梁耀提供的新技术后，果然解决了被芯产品存在的质量缺陷问题。获得了万家家居公司的高度肯定，使兴伟公司与万家家居公司能够继续长期合作。

同年8月，兴伟公司向国家知识产权局申请名称为“一种床芯的制作工艺”的发明专利。一年后，该发明专利获得授权，兴伟公司为专利权人，梁耀为发明人。

兴伟公司自从使用了梁耀发明的技术，彻底解决了被芯产品所存在的爆线问题，产品每年的销售额稳定增长。

因兴伟公司内部的规章制度中没有对发明人的奖励及报酬的支付方式、数额等进行规定，兴伟公司也未与梁耀约定发明人的奖励、报酬的支付方式与数额。于是，兴伟公司从未向梁耀支付过职务发明的奖励和报酬。

梁耀多次找兴伟公司协商支付职务发明奖励和报酬的事情，但一直没有结果。

梁耀忍无可忍，辞去兴伟公司的工作，并于2014年4月20日向法院起诉，要求兴伟公司向其支付发明奖励金及2009年8月至2014年4月的发明专利实施报酬。

后来，法院判决兴伟公司应向梁耀支付适当的奖励金及2011年8月至2014年4月的发明专利实施报酬。

## 律师分析

### 职务发明人有权获得合理的报酬

事件中，兴伟公司应当向梁耀支付奖励金及发明专利实施的报酬。

根据相关法律规定，被授予专利权的单位应当对职务发明创造的发明人或者设计人给予奖励；发明创造专利实施后，根据其推广应用的范围和取得的经济效益，对发明人或者设计人给予合理的报酬。

被授予专利权的单位未与发明人、设计人约定，也未在其依法制定的规章制度中规定专利法规定的奖励方式和数额的，应当自专利权公告之日起三个月内发给发明人或者设计人奖金。一项发明专利的奖金最低不少于3000元；一项实用新型专利或者外观设计专利的奖金最低不少于1000元。

被授予专利权的单位未与发明人、设计人约定，也未在其依法制定的规章制度中规定《专利法》规定的报酬方式和数额的，在专利权有效期限内，实施发明创造专利后，每年应当从实施该项发明或者实用新型专利的营业利润中提取不低于2%或者从实施该项外观设计专利的营业利润中提取不低于0.2%的金额，作为报酬给予发明人或者设计人，或者参照上述比例，给予发明人或者设计人一次性报酬；被授予专利权的单位许可其他单位或者个人实施其专利的，应当从收取的使用费中提取不低于10%，作为报酬给予发明人或者设计人。

由于兴伟公司并未在公司规章制度约定发明人的奖励、报酬的支付方式及数额，因此兴伟公司应当按照法律规定向梁耀支付不少于3000元发明专利的奖金及相应的发明专利实施报酬。现兴伟公司发明专利授权公告的日期为2011年8月9日，而2011年8月9日以前，该发明专利并未被授权使用，故梁耀只能主张2011年8月至2014年4月的发明专利实施报酬，不能主张2009年8月至2011年7月的发明专利实施报酬。

007

## 风险事件

### 专利被宣告无效，能否要求返还已付赔偿款

2013年4月，赵宇利用业余时间，自行设计了一款“手机保护套”，并向国家知识产权局申请了名称为“手机保护套”的外观设计专利。

2013年10月20日，赵宇申请的外观设计专利获得授权。该专利产品的用途为保护手机表面不被磨损、刮花的手机保护套。

随后，赵宇委托某公司生产含有其外观设计专利的产品，并在自己经营的网店上销售该专利产品。

五个月后，赵宇发现嬴海市盛情塑料制品有限公司（以下简称盛情公司）在其经营的网站上销售与其外观设计专利权十分相似的手机保护套。

赵宇认为，盛情公司未经其许可擅自销售侵犯“手机保护套”外观设计专利的产品，导致其销售的专利产品销量下滑。

为了维护自己的权利，赵宇来到了嬴海市公证处，对盛情公司销售侵权产品的行为申请网页保全证据公证。

在收集、固定盛情公司侵权的证据后，赵宇向法院起诉，要求盛情公司停止销售侵权产品，并赔偿其经济损失及合理的维权费。

后来，法院经审理认为：盛情公司销售的手机保护套侵犯了赵宇的外观设计专利权，依法应承担停止侵权、赔偿损失的民事责任，遂判决支持赵宇的诉讼请求。

判决生效后，因盛情公司不履行生效判决所确定的义务，法院强制从盛情公司的银行账户扣划了判决书所确定的执行款。

盛情公司的财产被强制执行后不久，盛情公司就收到了国家知识产权局专利复审委员会作出的无效宣告请求审查决定书，宣告名称为“手机保护套”专利权人为赵宇的外观设计专利全部无效。

盛情公司认为赵宇恶意申请专利，其应返还已强制执行的赔偿款，遂向法院起诉。

## 律师分析

### 宣告专利无效不具有追溯力

根据《专利法》的规定，宣告专利权无效的决定，对在宣告专利权无效前人民法院作出并已执行的专利侵权的判决、调解书，已经履行或者强制执行的专利侵权纠纷处理决定，以及已经履行的专利实施许可合同和专利权转让合同，不具有追溯力。但专利权人不返还专利侵权赔偿金、专利使用费、专利权转让费明显违反公平原则的除外。

事件中，赵宇不返还专利侵权赔偿金没有明显违反公平原则。第一，《专利法》之所以规定对在宣告专利权无效前人民法院作出并已执行的专利侵权的判决不具有溯及力，是因为若宣告专利无效的决定对于已经执行的认定专利侵权成立的判决均具有追溯力，会影响专利权人行使专利权的积极性，会使民事关系始终处于一种不稳定的状态，不利于科学技术进步和经济社会发展。赵宇与盛情公司之间的权利义务并未处于明显失衡的状态，并不适用公平原则。

第二，赵宇获取盛情公司的专利侵权赔偿金具有正当性。在赵宇的外观设计专利被无效宣告前，其外观设计专利权一直处于有效的状态，而且该笔专利侵权赔偿金也已被法院强制执行，故赵宇获取盛情公司的专利侵权赔偿金没有违反法律的规定。

因此，盛情公司不能要求赵宇返还已支付的专利侵权赔偿金。

为了避免这种纠纷，被诉侵权人应当尽早地向国家知识产权局专利复审委员会提出专利权无效宣告的请求。例如，在答辩期内提出专利权无效宣告的请求且符合相关法律规定的，法院可能会根据案件的情况中止审理。

# 第二节 商 标

## 001

### 风险事件

### 知识产权保护日防夜防，家贼难防

富森市邦威利营养饲料有限公司（以下简称富森邦威利公司）是富森市一家著名的从事猪用饲料技术研发、生产和销售的公司，该公司享有“邦威利”注册商标的使用权。

2006 年，该公司技术团队研发了一款能有效缓解仔猪断奶应激，提高断奶活仔数的乳猪饲料。该款乳猪饲料命名为“仟宜乐”。

同年，富森邦威利公司向商标局提出“仟宜乐”商标的注册申请。2007 年，“仟宜乐”商标获核准注册。

为了拓展业务，富森邦威利公司在全国多个地方设立了全资子公司。

赢海市邦威利营养饲料有限公司（以下简称赢海邦威利公司）是富森邦威利公司设立的全资子公司之一。该公司成立于 2009 年，经营范围为配合饲料、浓缩饲料的生产及销售。

2011 年，冼伟峰经富森邦威利公司的任命，担任赢海邦威利公司的总经理，负责赢海邦威利公司的生产、经营，任职期限为 2011 年 1 月至 2014 年 9 月。

富森邦威利公司对赢海邦威利公司的管理人员实行量化考核制，若赢海邦威利公司完成当年业绩指标，该公司税后净利润的一定比例作为其管理人员的考核奖金，总经理享受其中的一半，其他管理人员分享另外一半；相反，若赢海邦威利公司未能完成业绩指标，则扣减该公司总经理 30% 的年薪。

2013 年 10 月 12 日，富森邦威利公司的产品“仟宜乐”被授予“省级名牌产品”。

一天，富森邦威利公司召集该公司的高管及包括冼伟峰在内的子公司负责人开会。富森邦威利公司总经理钱进在会议中声明：目前总部已经把可以下放生产的产品均已下放各子公司生产，总部没有下放生产的产品，如仟宜乐，各子公司绝对不能生产。因为仟宜乐是总部的核心产品，也是拥有独立注册商标的产品。会议结束后，各参会人员均在会议纪要上签名。

2014年1月，富森邦威利公司与瀛海邦威利公司签订了商标使用许可合同，并出具了产品授权书。合同中约定，富森邦威利公司授权瀛海邦威利公司生产、销售“百乐代乳宝”“威乐人工乳”等18种产品，并许可瀛海邦威利公司在上述18种产品的包装袋上使用“邦威利”注册商标，商标使用许可期限为二年。该合同并未授权瀛海邦威利公司生产、销售仟宜乐产品，也未许可瀛海邦威利公司在产品包装袋上使用“仟宜乐”注册商标。

2014年3月，面对公司业绩考核的压力，冼伟峰萌生了生产、销售“仟宜乐”产品的想法。

2014年4月，瀛海邦威利公司在富森邦威利公司指定的包装袋生产企业瀛海市绿叶集团有限公司（以下简称绿叶公司）购买了1万条印有“仟宜乐”注册商标的包装袋。

由于冼伟峰不知道“仟宜乐”产品的配方，其便在“百乐代乳宝”配方的基础上进行修改，生产出假冒的“仟宜乐”产品，并把假冒的仟宜乐产品灌装到上述购买的包装袋中。

2014年4月至6月，瀛海邦威利公司将假冒的“仟宜乐”产品先后销售给了瀛海市振阳畜牧科技有限公司（以下简称振阳公司）、瀛海市真诚畜牧科技有限公司（以下简称真诚公司）等，销售的饲料合计106吨，销售收入达到了120万元。

2014年7月，因生猪食用假冒的“仟宜乐”产品后出现腹泻、采食量下降等不良反应，多个客户纷纷要求退货。富森邦威利公司很快知晓此事，并怀疑有人销售假冒的“仟宜乐”产品，遂于2014年7月13日向瀛海市公安局报案。

经过三个多月的侦查，瀛海市公安局查明系瀛海市邦威利公司、冼伟峰未经富森邦威利公司的授权擅自生产、销售了上述假冒的“仟宜乐”产品，并在包装袋上擅自使用了“仟宜乐”商标。同年11月2日，瀛海市人民检察院向嬴海市人民法院提起公诉，指控嬴海邦威利公司、冼伟峰未经富森邦威利公司的许可，在包装袋上擅自使用“仟宜乐”商标的行为已构成假冒注册商标罪。

嬴海市人民法院判决嬴海邦威利公司、冼伟峰擅自使用“仟宜乐”商标的行为构成假冒注册商标罪。

## 律师分析

### 假冒注册商标情节严重构成犯罪

事件中，嬴海邦威利公司和冼伟峰在未经富森邦威利公司许可的情况下，擅自在产品包装袋上使用“仟宜乐”商标的行为已侵犯了富森邦威利公司对“仟宜乐”产品依法享有的注册商标专用权。

假冒注册商标是指在商品上使用与他人相同的注册商标以达到冒充他人商品的目的的行为。如果假冒注册商标情节严重，那么行为人的行为将构成假冒注册商标罪。

根据我国《刑法》及司法解释的规定，非法经营数额在5万元以上或者违法所得在3万元以上，即可以假冒注册商标罪立案追诉；非法经营数额在25万元以上或者违法所得数额在15万元以上的，就属于假冒注册商标，情节特别严重的情形。

假冒注册商标罪的犯罪主体包括单位和自然人。

嬴海邦威利公司未经富森邦威利公司的许可，擅自向绿叶公司订购印有“仟宜乐”注册商标的包装袋，并将假冒的“仟宜乐”产品灌装到上述包装袋后予以销售，其行为不但欺骗了购买该产品的客户，而且还影响了富森邦威利公司在嬴海市业务的开展，给富森邦威利公司造成了潜在的难以估计的损害，破坏了市场诚信准则，其行为具有严重的社会危害性。

另外，嬴海邦威利公司非法经营的数额为127万元，属于假冒注册商标情节特别严重的情形，早已达到了假冒注册商标罪的立案标准。即便嬴海邦威利公司与富森邦威利公司之间存在子母公司关系，且子公司的经营收入归母公司所有，也不能成为追究其刑事责任的阻却事由。

因此，嬴海市邦威利公司未经富森邦威利公司的许可，擅自在同种商品上使用与富森邦威利公司注册商标相同的商标，情节严重，已构成假冒注册商标罪。冼伟峰作为直接负责的主管人员，其行为也应构成假冒注册商标罪。

另外，赢海邦威利公司生产、销售假冒的“仟宜乐”产品的行为可能构成生产、销售伪劣商品罪，本事件仅对赢海邦威利公司使用假冒注册商标的行为进行分析。

**建议：**

若子公司要使用母公司的商标，应当取得母公司的授权；若母公司要使用子公司的专利，也应获得子公司的授权。

## 002

### 风险事件

## “梧桐”与“神鹰”的纠葛

赢海市梧桐服饰有限公司（以下简称梧桐公司）是赢海市著名的服装生产、销售厂商之一，该公司享有“梧桐 Wutong”注册商标专用权。

2010 年 3 月，赢海市多尚服饰有限公司（以下简称多尚公司）与赢海市另一知名服装公司赢海市神鹰服饰有限公司（以下简称神鹰公司）签订《服装销售许可合同》，约定神鹰公司授权多尚公司在赢海市销售含有神鹰公司商标“神鹰 Condor”的服装，授权期限为 2010 年 3 月至 2012 年 12 月 31 日。

2010 年 4 月 16 日，多尚公司负责人钱卫民到梧桐公司采购了 50 件梧桐牌夹克，每件夹克的进货价为 300 元。为了获取高额利润，钱卫民把采购回来的 40 件梧桐牌夹克的商标撕下，把“梧桐 Wutong”商标更换为“神鹰 Condor”商标，并以 600 元的价格对外销售。神鹰公司对此并不知情。

2010 年 9 月 6 日，梧桐公司的工作人员发现多尚公司销售的部分夹克虽然贴着神鹰公司的商标，但与梧桐公司生产、销售的夹克完全相同。2010 年 9 月 8 日，梧桐公司向公证处申请证据保全公证。在公证处工作人员的监督下，梧桐公司安排工作人员到多尚公司购买了 5 套涉嫌侵权的夹克。

收集了充分的证据以后，2010 年 9 月 13 日，梧桐公司向赢海市人民法院起诉，要求多尚公司立即停止销售涉嫌侵权的夹克，并要求多尚公司和神鹰公司承担侵权损害赔偿责任。神鹰公司在事发后及时采取补救措施，取消了多尚公司的销售代理资格。

## 律师分析

### 商标反向假冒也属于商标侵权行为

事件中，多尚公司通过实施反向假冒行为侵犯了梧桐公司合法享有的注册商标专用权，多尚公司应停止销售涉案侵权产品，向梧桐公司承担侵权损害赔偿责任。

商标反向假冒是指在商品销售的活动中，将他人商品上黏附的商标取下，把自己的商标粘贴或者覆盖在他人的商品上，以冒充自己的商品进行销售的行为。

多尚公司把梧桐公司夹克上的商标撕下并替换成神鹰公司商标的行为已构成商标反向假冒，应当向梧桐公司承担侵权损害赔偿责任。由于神鹰公司并未授权多尚公司在销售服装的过程中替换他人的商标，且神鹰公司对多尚公司替换他人服装上的商标进行销售的行为并不知情，神鹰公司在主观上没有过错，因而，神鹰公司无须承担侵权损害赔偿责任。

## 003

## 风险事件

### 网店歪生意

2013 年 7 月 1 日，刚大学毕业的唐大力希望在赢海市创业，但其创业的想法没有得到父母的支持。

一心想着创业的唐大力并未因父母的反对而打消创业的念头。他找到了同样有创业意向的秦卫宏、谢伟强（两人均是唐大力的大学同学），希望能与他们共同创业。经唐大力、秦卫宏、谢伟强（以下简称三人）共同商量并约定：在瀛海市开一家小型的服装加工厂，并通过网店销售自家生产的服装。

2013年7月6日，唐大力使用大学期间兼职存下来的积蓄，与秦卫宏、谢伟强共同出资设立了瀛海市华美服装加工有限公司（以下简称华美公司），三人从此走上创业路。

经过三人的共同努力，华美公司渐渐积累了一些客户，生意也渐渐好了起来。为了进一步提高服装的销量，三人在某购物平台的网店上定做了一些华美公司的防伪标识，并把标识贴在服装包装袋上随服装一同出售。

自从包装袋上贴了这些标识，服装的销量果然有了进一步的提高。三人觉得，除了卖服装外，还可以销售防伪标识牟利。

于是，三人在购物平台上注册了多个账号，并在网店中发布“销售防伪商标标识，支持定制”的广告。

某日，一个客户咨询唐大力关于定做“Nike耐克®”防伪标识事宜。该客户不能提供注册商标证，但愿意出高价。在利益的诱惑下，唐大力表示能帮忙定做“Nike耐克®”防伪标识。

经过一番努力，唐大力找到了能制作伪造的“Nike耐克®”防伪标识的上家。上家向华美公司交付成品后，由秦卫宏按照客户指定的时间和地点发货。

这笔大生意做成后，三人不但没有停止销售假“Nike耐克®”防伪标识的业务，反而继续做销售假名牌防伪标识的业务。

随着生意越做越大，他们销售的假名牌产品的防伪标识的种类越来越多，包括耐克、阿迪达斯、CK等数十种名牌产品的注册商标防伪标识，销售范围覆盖了全国各地。

2014年10月，接到群众举报，瀛海市工商行政管理局（以下简称瀛海市工商局）来到华美公司进行突击检查，当场查获了尚未销售的十多种伪造的名牌产品注册商标防伪标识共计100万件。被查获前，华美公司已销售101万件伪造的注册商标防伪标识。

瀛海市工商局认为三人的行为已涉嫌犯罪，便将案件移送司法机关。

之后，瀛海市人民检察院向瀛海市中级人民法院提起公诉，唐大力、秦卫宏、谢伟强三人因涉嫌犯销售非法制造的注册商标标识罪被追究刑事责任。

## 律师分析

### 销售非法制造的商标标识超过两万件构成犯罪

事件中，唐大力、秦卫宏和谢伟强销售伪造的“Nike 耐克®”等名牌产品注册商标防伪标识，情节严重，已涉嫌犯销售非法制造的注册商标标识罪。

商标标识是指附有商标图样、商标注册标记、“注册商标”字样等的物质载体，如商标纸、商标标牌、商标图形等。它是表明注册商标商品显著特征的识别标志。商标标识包括注册商标标识和未注册商标标识。

注册商标标识受我国法律保护，任何单位和个人不得伪造、擅自制造他人的注册商标标识或者销售伪造、擅自制造的他人的注册商标标识。

防伪标识是指能够印刷、粘贴、转移在商品的表面，或商品包装袋，或商品附属物上，具有防伪作用的标识。防伪标识也属于注册商标标识，因为它是根据注册商标的字样进行印刷的，对商标仍具有一定的标识作用。

根据我国《刑法》及司法解释的规定，销售伪造的、擅自制造的注册商标标识数量在 2 万件以上，属于情节严重；销售伪造、擅自制造的注册商标标识数量在 10 万件以上，属于情节特别严重。

唐大力、秦卫宏和谢伟强三人明知是伪造的、擅自制造的注册商标标识仍然对外销售，销售伪造、擅自制造的注册商标标识高达 101 万件，属于情节特别严重的情形，因此，唐大力、秦卫宏和谢伟强实施的行为已构成销售非法制造的注册商标标识罪。

**建议：**

可委托正规的防伪公司制作商标防伪标识，避免擅自制造或者销售未经商标注册人许可而制造的商标防伪标识。

## 004

## 风险事件

# 尚未核准的“时时绿®”

2012年5月，赵奕在瀛海市成立了瀛海市益辉生物科技有限公司（以下简称益辉公司），主营有机肥的研发、生产和销售。

2013年益辉公司的技术团队研发了一款新的有机肥产品。该款有机肥产品命名为“时时绿有机肥”，随后正式投入生产。

为此，赵奕向工商总局商标局申请“时时绿”商标注册。2013年10月8日，工商总局商标局向赵奕发放了《注册申请受理通知书》。

考虑到注册商标被核准使用的时间较长，在新产品上使用注册商标更能获得客户的信赖和认可，赵奕决定在新产品的包装袋上提前使用“时时绿®”商标。

2013年10月，益辉公司的新产品时时绿有机肥提前上市销售，产品包装袋上印有“时时绿®”商标。时时绿有机肥上市不到一年时间，销量达到了700万吨，营业收入达到了51万元。

2015年春，瀛海市工商局开展“打假保春耕”执法活动。执法人员在瀛海市某超市检查时发现一款标注了“时时绿®”商标的有机肥存在可疑。通过查询注册商标数据库，执法人员发现益辉公司申请注册的“时时绿”商标还没有获得核准。

2015年3月4日，执法人员来到了益辉公司进行了检查。经检查，益辉公司已经对外销售了750万吨时时绿有机肥，涉案金额为55万元。

执法人员要求益辉公司的负责人赵奕提供商标注册证。赵奕无法向执法人员提供商标注册证，只向执法人员出示了《注册申请受理通知书》。赵奕向执法人员解释，自己已经向工商总局商标局提出了“时时绿”商标的申请，但是注册商标还没有核准下来。

执法人员认为，赵奕的辩解不影响益辉公司违法行为的成立，仍然对益辉公司作出了罚款10万元并限期改正的行政处罚。

## 律师分析

### 正在申请注册的商标不能加注“R”

事件中，益辉公司在注册商标没有获得核准的情况下，擅自在产品的包装袋上使用“时时绿®”商标，属于冒充注册商标的行为，工商部门可依法对其作出行政处罚。

冒充注册商标是指某一商标还没有注册，使用人却对外宣称商标已经注册。冒充注册商标的常见表现形式有如下四种：

（1）在未注册的商标上使用“注册商标”字样或者注册标记“R”；

（2）虽然已经向国家商标局提出注册申请，或者已经取得了《注册申请受理通知书》，但在没有取得《注册商标证》之前就在商标上加注“注册商标”字样或者注册标记“R”；

（3）商标注册人在自己注册的商标使用在未核定使用的商品上，并同时标有“注册商标”字样或者注册标记“R”；

（4）商标被注销或者撤销后，仍继续使用并加注注册商标字样或者注册标记“R”。

事件中，虽然益辉公司已经向国家商标局提出了商标注册申请，并已取得《注册申请受理通知书》，但益辉公司在没有取得《商标注册证》之前就在“时时绿”商标上加注注册标记“R”，显然属于冒充注册商标的行为。根据我国《商标法》的规定，将未注册商标冒充注册商标使用的，工商行政管理部门可对行为人作出行政处罚。

因此，益辉公司仍应对自己的违法行为承担法律责任。

005

## 风险事件

# 招牌傍大牌

“风禾豆浆”是赢海市风禾豆浆餐饮有限公司（以下简称风禾公司）的一个豆浆品牌。经过风禾公司多年的宣传，该豆浆品牌在赢海市及其周边地区具有较高的知名度。

2014 年 1 月，风禾公司申请的“风禾豆浆”注册商标被核准，并取得了《商标注册证》。

2014 年 3 月，马永贺与管凌峰两人在赢海市银禾县苑雅花园（以下简称苑雅花园）一楼租了一个 20 平方米的商铺，并以此处为地址注册成立了赢海市苑雅豆花香餐饮服务有限公司（以下简称苑雅豆花香公司），公司的主要经营范围为现磨豆浆、馒头等小吃的生产和销售。

开业一个月，苑雅豆花香公司每日的豆浆销量仅 80 余杯。针对豆浆销量不高的问题，马永贺与管凌峰（以下简称两人）分析了豆浆销量不高的原因。马永贺认为，豆浆的销量之所以不高，是因为店铺使用“现磨豆浆”的招牌不够吸引人。管凌峰则认为，豆浆销量不高是因为豆浆的口味单一。

接着，两人又对店铺的招牌名称进行了讨论。马永贺认为，风禾豆浆在银禾县没有设立分店，可以把招牌换成“全风味风禾豆浆”蹭蹭热度。一来可以提高豆浆的销量，二来可以节省宣传的成本。管凌峰对马永贺的建议没有提出异议。

最后，两人又对拟增加的豆浆口味进行了讨论。经过讨论后，两人决定推出黑芝麻豆浆、玫瑰花豆浆、杏仁豆浆等 8 种风味的产品。

2014 年 4 月 10 日，苑雅豆花香公司将“现磨豆浆”的招牌更换为“全风味风禾豆浆”，并于同日推出了黑芝麻豆浆、玫瑰花豆浆、杏仁豆浆等新口味产品。经过“改善”后，苑雅豆花香公司的豆浆销量果然有了一定的提高。

2014 年 6 月 5 日，风禾公司的工作人员谢王才发现，苑雅豆花香公司在没有经过风禾公司许可的情况下，在招牌上使用了“风禾豆浆”的字样。

谢王才认为，苑雅豆花香公司在招牌上使用“风禾豆浆”字样的行为涉嫌侵犯风禾公司的注册商标专用权。于2014年6月6日在风禾公司的授权下向公证处申请证据保全公证，并跟随公证处的工作人员来到了苑雅豆花香公司。在公证处工作人员的指引下，谢王才用手机对苑雅豆花香公司的招牌及周边环境进行了拍照取证。

2014年6月15日，风禾公司向赢海市银禾县人民法院起诉，请求法院判决苑雅豆花香公司停止使用带有“风禾豆浆”字样的招牌，并赔偿风禾公司的经济损失。经审理后，法院最终支持了风禾公司的诉讼请求。

后来，苑雅豆花香公司在判决生效后更改了招牌名称，并向风禾公司赔偿了25000元。

## 律师分析

### 同种商品的标识与他人注册商标近似有侵权的风险

事件中，苑雅豆花香公司在没有取得风禾公司许可的情况下，使用含有“风禾公司”字样的招牌已侵犯了风禾公司的商标专用权。

根据《商标法》的相关规定，未经商标注册人许可，在同一种商品上使用与其注册商标近似的商标，容易导致混淆的，属于侵犯注册商标专用权的行为。

商标近似是指商标文字的字形、读音、含义近似，商标图形的构图、着色、外观近似，或者文字和图形组合的整体排列组合方式和外观近似，使用在同一种或者类似商品或服务上易使相关公众对商品或服务的来源产生误认。

苑雅豆花香公司招牌中的“风禾豆浆”与风禾公司的“风禾豆浆”注册商标中的文字完全相同，并且两公司均从事豆浆销售的服务，容易使相关公众对豆浆的来源产生误认或者使公众误以为苑雅豆花香公司销售的豆浆与风禾公司存在特定的联系。

因此，苑雅豆花香公司使用“全风味风禾豆浆”招牌的行为已构成对风禾公司“风禾豆浆”注册商标专用权的侵犯，应当停止使用含有“风禾豆浆”字样的招牌，并依法赔偿风禾公司因此遭受的经济损失。

**006**

## 风险事件

# 与驰名商标相同的字号

富森市泽宏建筑装饰集团股份有限公司（以下简称富森泽宏公司）成立于1999年，是富森市著名的建筑装饰公司之一，其业务范围涵盖建筑工程，建筑幕墙工程，建筑装潢领域的技术开发、室内装潢及设计，水电安装，绿化工程等。

2007年，富森泽宏公司申请的“澤宏”商标被核准注册。该商标经过长期宣传和使用，于2013年11月被工商总局商标局认定为驰名商标。

2009年，有着多年建筑工程设计、施工经验的林大金与其好友范洪光在瀛海市银禾区共同出资成立瀛海市泽宏建筑有限公司（以下简称瀛海泽宏公司），经营范围为室内外装饰、装潢工程设计及施工、幕墙设计及工程施工；建筑智能化工程施工；园林绿化、公共及民用建筑工程施工等。

2015年3月，为了宣传、展示瀛海泽宏公司优秀建筑作品，招揽更多业务，扩大瀛海泽宏公司的影响力及知名度，林大金安排公司设计师曹小华负责设计瀛海泽宏公司的官方网站。

经过两个星期的努力，曹小华终于完成瀛海泽宏公司官方网站的设计工作。网站首页通过图片与文字介绍自动切换的方式，生动地展示了瀛海泽宏公司2009年至2015年多个优秀的建筑作品，网站导航栏居中位置使用了一个由曹小华独立设计的含有“泽宏·建筑 ZEHONG CONSTRUCTION”字样的标识（该标志没有申请商标注册）。各网页底部居中位置均标有“泽宏·建筑”的文字。林大金浏览网站后非常满意，对曹小华的工作给予充分的肯定。

2016年3月2日，富森泽宏公司发现瀛海泽宏公司在其官方网站上使用含有“泽宏·建筑 ZEHONG CONSTRUCTION”的标识，并在网页中使用了“泽宏·建筑”“泽宏作品”的字样宣传该公司的作品。

富森泽宏公司认为瀛海泽宏公司突出使用字号的行为侵犯了其享有的“澤宏”注册商标专用权，在固定瀛海泽宏公司侵权的证据后，于2016年4月18日向瀛海市中级人民法院起诉。

在收到起诉状后，赢海泽宏公司删除了含有“泽宏·建筑 ZEHONG CONSTRUCTION”的标识。把“泽宏作品”修改为“我们的作品”。将网页底部“泽宏·建筑”字样修改为“赢海市泽宏建筑有限公司”。

2016 年 4 月 20 日，在法院审理过程中，赢海泽宏公司辩称“泽宏·建筑”“泽宏作品”均是对其字号的合理使用，并不侵犯富森泽宏公司的注册商标权，但其辩解没有得到法院支持。

赢海市中级人民法院认为赢海泽宏公司突出使用字号“泽宏”的行为已侵犯了富森泽宏公司的注册商标专用权，判决赢海泽宏公司赔偿富森泽宏公司经济损失。

## 律师分析

### 突出使用与他人商标相同的字号构成侵权

事件中，赢海泽宏公司突出使用“泽宏”的行为已侵犯了富森泽宏公司对“澤宏”享有的注册商标专用权。

根据《最高人民法院关于审理商标民事纠纷案件适用法律若干问题的解释》第一条的规定，将与他人注册商标相同或者相近似的文字作为企业的字号在相同或者类似商品上突出使用，容易造成公众误认的，也属于侵犯注册商标专用权的行为。

第一，赢海泽宏公司在其官方网站上使用的“泽宏·建筑 ZEHONG CONSTRUCTION”标识、“泽宏·建筑”及“泽宏作品”中，均突出使用了其字号“泽宏”。

第二，富森泽宏公司与赢海泽宏公司的服务类别相同，将“泽宏”与“澤宏”进行比较，其读音、含义相同，构成相同，仅存在中文简繁体的差别，容易使公众对服务来源产生误认或者混淆。

因此，赢海泽宏公司突出使用“泽宏”字号的行为已侵犯了富森泽宏公司对“澤宏”享有的注册商标专用权，故赢海泽宏公司应对富森泽宏公司承担侵权损害赔偿责任。

实践中，商号权与商标权冲突的现象并不少见，我国法律并不排斥依法成立的企业合法使用自己的企业名称，但企业在经营过程中应规范使用企业名称，不得侵害他人的合法权益。

我国法律并未禁止企业在经营过程中使用简化的企业名称、标识，但这并不意味着企业可以随意使用简化的企业名称、标识。

**建议：**

企业取名时应避免使用与他人注册商标相同或者相似的字号，并要规范使用企业名称。

## 007

### 风险事件

## 加盟到期不换招牌摊上事

富森市辉记火锅餐饮有限公司（以下简称富森辉记公司）创立于1998年，法定代表人为钱辉，主营纯正牛油麻辣火锅。因富森辉记公司的火锅具有独特的味道，公司创立两年间便在富森市俘获了大批的消费者。

2001年1月，富森辉记公司向商标局在多类商品服务中申请注册“辉记火锅”商标。2003年8月，“辉记火锅”商标被核准注册。

经过10年的发展，“辉记火锅”在富森市成功开了10家直营店，成为富森市及周边地区知名火锅品牌。

2009年，为了进一步扩大“辉记火锅”品牌的影响力，提高“辉记火锅”品牌的知名度，辉记火锅开始面向全国招商。

2010年1月5日，范向荣在网上看到辉记火锅的招商广告，便想在赢海市开一家辉记火锅加盟店。次日，范向荣便与富森辉记公司取得联系，双方就加盟事宜进行了洽谈。

2010年1月11日，富森辉记公司（甲方）与范向荣（乙方）就加盟事宜达成一致意见，双方签订了《特许加盟合同》，约定甲方同意乙方在赢海市印德广场三层开设辉记火锅加盟店，乙方在加盟店有权使用“辉记火锅”注册商标及其相关商号、店牌、标志、装饰风格、经营模式等，加盟授权经营时限为三年，从2010年4月8日起至2013年4月7日止。加盟金为35万元，权益金按开业第一年为每月4000元、第二年为每月5000元、第三年为每月6000元的额度支付。

《特许加盟合同》签订后，范向荣以赢海市印德广场三层为经营场所设立了赢海市荣成餐饮有限公司（以下简称赢海荣成公司），范向荣为法定代表人。

赢海荣成公司以辉记火锅赢海店的名称于2010年4月8日正式对外经营。

虽然辉记火锅是富森市知名的火锅品牌，但在赢海市却门可罗雀。

租金过高，生意清淡，消费群体小，使得辉记火锅赢海店陷入经营困境。

2013年4月8日，《特许加盟合同》到期后，因加盟费过高，与店铺实际经营状况不符，赢海荣成公司未与富森辉记公司续签《特许加盟合同》，但赢海荣成公司仍然继续使用“辉记火锅”的商标、店名、标志等对外经营。

2013年4月10日，富森辉记公司向赢海荣成公司发函，明确原《特许加盟合同》已终止，双方不再续签《特许加盟合同》，并要求赢海荣成公司立即停止使用“辉记火锅”的商标、店名、标志等对外经营。赢海荣成公司在收到富森辉记公司的函件后仍置之不理。

2013年4月20日，富森辉记公司以赢海荣成公司侵犯其商标权为由向法院起诉。

法院经审理认定赢海荣成公司在《特许加盟合同》到期后仍继续使用“辉记火锅”的商标、店名、标志等对外经营的行为侵犯了富森辉记公司对“辉记火锅”享有的注册商标专用权，判决赢海荣成公司停止使用“辉记火锅”的商标、店名、标志等对外经营，并赔偿富森辉记公司合理的经济损失。

## 律师分析

### 加盟合同到期仍使用原商标构成商标侵权

事件中，赢海荣成公司在加盟合同到期后仍继续使用“辉记火锅”的商标、店名、标志等对外经营的行为侵犯了富森辉记公司对“辉记火锅”享有的注册商标专用权。

根据《商标法》的规定，商标注册人可以通过签订商标许可使用合同的方式，许可他人使用其注册商标。在赢海荣成公司成立前，范向荣已与富森辉记公司签订《特许加盟合同》，赢海荣成公司在《特许加盟合同》有效期内有权使用“辉记火锅”的商标对外经营。

《特许加盟合同》到期后，赢海荣成公司并未与富森辉记公司续签《特许加盟合同》，赢海荣成公司便失去了“辉记火锅”商标的使用权，而赢海荣成公司仍继续使用“辉记火锅”商标、店牌等继续经营，构成商标侵权行为。

故在《特许加盟合同》届满且未续签合同的情况下，富森辉记公司有权要求赢海荣成公司停止使用注册商标，并要求赢海荣成公司赔偿其经济损失。

实践中，加盟商在特许加盟合同到期后仍继续使用原商标构成侵权的例子并不少见。加盟商在加盟合同到期后切勿存在侥幸心理，应立即停止使用他人的注册商标。

**008**

## 风险事件

## 正在使用的商标被人抢注惹官司

2008 年 1 月，乔美美在赢海市出资设立赢海爱尚妮美发有限公司（以下简称爱尚妮公司），经营范围为美发服务；化妆品销售；美容咨询服务。

爱尚妮公司成立后，便通过多多点评网以“爱·尚妮造型”的名义对门店进行推广宣传。凭借美发师精湛的技艺，优秀的服务态度，逐渐积累了一批客户。

随着公司生意越来越好，爱尚妮公司又分别于 2011 年 4 月开办了赢海爱尚妮美发凯西分店（以下简称凯西分店）、于 2012 年 5 月开办了赢海爱尚妮美发禾田分店（以下简称禾田分店）、于 2013 年 3 月开办了赢海爱尚妮美发海北分店（以下简称海北分店）。

上述三家分店的经营范围与爱尚妮公司相同。三家分店陆续成立后，也在多多点评网以“爱·尚妮造型”的名义对分店进行了宣传和推广。

为了提高爱尚妮的影响力和知名度，爱尚妮公司还于 2010 年 3 月在微博注册了官方微博账号，并通过微博对爱尚妮公司及各分店进行宣传推广。官方微博经常推出优惠活动吸引微博粉丝到店消费。

2012年9月16日，富森市居民高一尚向工商总局商标局申请注册“爱尚妮”文字商标。

2014年1月，高一尚经工商行政管理总局商标局核准在第44类服务医疗按摩、美容院、理发店、保健、化妆师、芳香疗法、动物饲养、庭园设计、眼镜行、卫生设备出租上注册了“爱尚妮”文字商标。

2014年8月，高一尚以爱尚妮公司侵犯其“爱尚妮”注册商标专用权为由，向法院起诉，要求爱尚妮公司停止在招牌、网络上使用“爱·尚妮造型”商标，并销毁含有“爱尚妮”字样的宣传资料；爱尚妮公司赔偿其经济损失及诉讼合理支出。

起诉时，高一尚并未将“爱尚妮”商标予以实际使用。

截至爱尚妮公司被起诉之日，爱尚妮公司在多多点评网累计点评次数为10万次，并被标注为五星服务；凯西分店、禾田分店、海北分店的累计点评数分别为2万次、9999次、3万次，三家分店的服务评价均在四星以上。爱尚妮公司在多多点评网与微博上的推广和宣传仍在持续。

法院经审理对高一尚注册“爱尚妮”文字商标的事实予以确认，但法院认为爱尚妮公司使用“爱·尚妮造型”进行宣传和推广的行为构成在先合法使用，不构成商标侵权，故判决驳回了高一尚的诉讼请求。

## 律师分析

### 继续使用在先合法使用的商标不构成侵权

事件中，虽然高一尚是“爱尚妮”商标的注册人，但爱尚妮公司在高一尚申请注册“爱尚妮”商标前已在先使用了爱尚妮标识，爱尚妮公司可援用商标在先使用权进行抗辩。

商标在先使用权是指商标注册人在商标注册申请前，他人已经在相同或者近似的商品或者服务上先于商标注册人使用与注册商标相同或者近似并具有一定影响力的商标，先使用人可在原有范围内继续使用其商标的权利。

商标在先使用权并不是商标权，而是一种抗辩权，其主要功能在于保护在先使用的具有一定影响力的未注册商标。

商标在先使用权的成立需要满足三个条件：

（1）在先标识的使用属于商标意义上的使用；

（2）未注册商标使用在先；

（3）未注册商标的在先使用已具有一定的影响力。

首先，爱尚妮公司成立于2008年，并自2008年开始就在网络以“爱·尚妮造型”进行宣传和推广，并在招牌以“爱·尚妮造型”进行标注，可以确认爱尚妮公司自2008年起一直以爱尚妮作为商业标识予以使用，该标识已构成未注册商标；

其次，虽然爱尚妮公司使用爱尚妮商标的服务范围包括美发，与涉案商标属于相同服务，且商标标识相同，但爱尚妮公司在高一尚申请涉案商标注册前，已经在美发服务上使用未注册商标爱尚妮多年，爱尚妮公司使用在先；

再次，虽然爱尚妮公司并未将“爱尚妮”作为商标进行注册，但从其自2008年开始便在多多点评网及微博进行宣传和推广的事实来看，可以确认爱尚妮公司把爱尚妮作为商标进行使用已经在一定的范围内具有了一定的影响力；

最后，高一尚对其主张的“爱尚妮”文字商标并未予以实际使用。

综上，可以认定爱尚妮公司对涉案商标的使用行为符合在先使用权的成立条件，高一尚无权禁止爱尚妮公司在原有的范围内继续使用爱尚妮商标，但高一尚可要求爱尚妮公司在使用涉案商标时适当附加区别标识以区别服务来源。

如果爱尚妮公司有证据证明高一尚注册爱尚妮商标存在恶意，可自商标注册之日起五年内，请求商标评审委员会宣告该注册商标无效。

## 009

### 风险事件

### 商标未续展被抢注，市场被抢占

1987年6月3日，刘荣贵在亲友的支持下，在瀛海市成立了瀛海市顺力酒庄（以下简称顺力酒庄）。

顺力酒庄的主营业务为玫瑰露酒（一种料酒）的生产和销售。

顺力酒庄成立之初，虽然规模不大，但是因其销售的飞和玫瑰露酒味道独特，十分适合作为烹饪调料使用，很快便深受消费者的喜爱。

经过一段时间的销售及消费者的“口耳相传”，飞和玫瑰露酒在瀛海市的知名度逐渐提高。人们一说到玫瑰露酒，就会想起飞和玫瑰露酒，就会想起飞和玫瑰露酒上的商标。

自飞和玫瑰露酒首次销售之日起，顺力酒庄便在包装装潢上使用“飞和玫瑰”商标。刘荣贵对飞和玫瑰露酒商标的保护也十分重视，他在 1987 年 9 月 13 日便向商标局申请“飞和玫瑰”商标的注册。

1988 年 11 月 3 日，“飞和玫瑰”被核准注册，核定使用范围为料酒；糖；佐料（调味品）；调味料；酱油；茶饮料；面条为主的预制食物；以谷物为主的零食小吃；辣椒酱（调味品）；水果酱汁（调味料）。

1998 年 8 月 9 日，刘荣贵注意到“飞和玫瑰”商标的使用期即将届满，及时向商标局提出了“飞和玫瑰”商标的续展申请。

不久，顺力酒庄取得了核准续展注册证明，“飞和玫瑰”商标的续展注册有效期自 1998 年 11 月 3 日至 2008 年 11 月 2 日。

2004 年 3 月 2 日，瀛海市福顺酒业集团有限公司（以下简称福顺酒业集团）总经理王福顺与刘荣贵取得联系，希望收购顺力酒庄。

经过多次谈判后，福顺酒业集团与顺力酒庄就企业收购问题达成一致意见，双方于 2004 年 5 月 8 日签订了《收购协议书》。顺力酒庄完全被福顺酒业集团收购，刘荣贵退出了顺力酒庄。

顺力酒庄被收购后，由福顺酒业集团继续生产、销售飞和玫瑰露酒，飞和玫瑰露酒的销量不断提高，品牌的影响力从瀛海市扩大到整个华南地区。

2009 年 8 月 3 日，因福顺酒业集团未申请续展“飞和玫瑰”商标，该商标因期满未续展被公告注销。

在“飞和玫瑰”商标被注销后，福顺酒业集团毫不知情，继续生产、销售飞和玫瑰露酒。

2013 年 4 月 10 日，富森市丰华食品有限公司（以下简称丰华公司）向商标局申请注册“飞和玫瑰”商标。该商标于 2014 年 4 月 22 日核准注册。

在“飞和玫瑰”商标核准注册后，丰华公司也对外生产、销售飞和玫瑰露酒。由于丰华公司销售的飞和玫瑰露酒的外包装与福顺酒业集团销售的飞和玫瑰露酒的外包装十分相似，很多消费者难以辨认两公司销售的产品，导致福顺酒业集团的飞和玫瑰露酒的销量出现了直线下降。

此事件发生后，福顺酒业集团才得知“飞和玫瑰”商标早在2009年8月3日就被注销。在意识到问题的严重性后，福顺酒业集团多次与丰华公司进行协商，但一直没有结果。

眼看自己的商标成了别人的“嫁衣”，福顺酒业集团总经理王福顺甚是郁闷。

2015年1月9日，王福顺找到了诚律师，希望诚律师能帮助福顺酒业集团解决这一困境。

## 律师分析

### 商标未续展被抢注，可申请宣告无效

事件中，因“飞和玫瑰”商标已被丰华公司注册，福顺酒业集团可以请求商标评审委员会宣告丰华公司注册的“飞和玫瑰”商标无效，并重新申请“飞和玫瑰”商标的注册。

事件中，“飞和玫瑰”商标自顺力酒庄首次销售飞和玫瑰露酒之日起一直持续使用，其已在特定范围内具备一定的影响力，并享有较高的知名度，该商标可认定为在先使用并有一定影响力的商标。

丰华公司在“飞和玫瑰”商标被注销，福顺酒业集团亦未重新注册“飞和玫瑰”商标的情况下，仍在相同或类似商品上申请注册与“飞和玫瑰”商标高度近似的商标，并在商标被核准注册后对外生产、销售飞和玫瑰露酒，导致福顺酒业集团销售的飞和玫瑰露酒销量直线下降，丰华公司的上述行为存在不正当竞争的嫌疑。

根据《商标法》的规定，以不正当手段抢先注册他人已经使用并有一定影响力的商标，可以自商标注册之日起五年内，在先权利人或者利害关系人可以请求商标评审委员会宣告该注册商标无效。

因此，福顺酒业集团可在丰华公司申请的“飞和玫瑰”商标核准注册之日

(即2014年4月22日)起五年内，请求商标评审委员会宣告该注册商标无效。如果该注册商标被宣告无效，福顺酒业集团可向商标局重新申请“飞和玫瑰”商标的注册。

实践中，如果商标因未续展被他人注册，原商标注册人要想维权往往十分困难。有时商标未续展被他人注册，原商标注册人申请宣告商标无效也可能无法获得支持。

因此，为了避免商标未续展可能带来的风险，我们建议，企业应当重视商标的管理，在商标注册有效期届满前十二个月内及时向商标局申请商标的续展。

## 010

### 风险事件

## “屌丝”商标能否被核准使用

2013年7月，毕业后的刘星星找了一份房地产销售工作。可工作一段时间后，刘星星又觉得房产销售工作不稳定，收入波动大，有漂泊不定之感。

一年以后，刘星星辞去这份工作，不想再从事房产销售这一行。

离职以后，刘星星打算开一家服装店。

由于没有开店经验，刘星星只好在网上寻找各种开店攻略。在浏览了很多他人开服装店的干货和心得后，刘星星自己也积累了一些经验。

2014年9月，刘星星在瀛海市旺达商业步行街租了一间60平方米的商铺，并以该地址为注册地址，成立了瀛海市星星服装有限公司（以下简称星星公司），注册资本为10万元，主营业务为服装销售。

星星公司开业以后，生意并不好。

刘星星很苦恼，自认为甚是好看的服装，可就是没有顾客光顾。

一次，刘星星的酒友王明新“光临”星星公司，他觉得刘星星销售的服装款式过于单一，不够潮流时尚。

遂建议刘星星采购消费者喜爱的服装，而不是采购自认为好看的服装。

听君一席话，胜读十年书。

刘星星决定把卖不出去的服装统统五折出售，然后购进潮流、时尚的“爆款”服装对外销售。

果然，星星公司的生意比以前好了很多，某些潮流服装竟出现“卖断”现象。

为了答谢王明新，刘星星请他吃了一顿大餐。

酒足饭饱后，王明新对刘星星说，你可以为自己销售的服装申请注册一个“屌丝”商标，这样既能吸引消费者的眼球、节省宣传费用、提高服装销量，又能打造一个“屌丝”专属的服装品牌。

刘明星觉得这又是一个好点子，遂以星星公司的名义于2015年5月9日向商标局申请“屌丝”商标的注册，核定使用在第25类服装、婚纱、鞋、帽、袜、领带、围巾、皮带（服饰用）、运动衫、婴儿全套衣商品上。

2016年6月10日，星星公司申请的“屌丝”商标注册被商标局驳回。理由是：易产生不良的社会影响，不得作为商标使用。

## 律师分析

### 有不良社会影响的标志不能作为商标使用

事件中，“屌丝”商标不能成功注册。

根据我国《商标法》的规定，有害于社会主义道德风尚或者有其他不良影响的商标不能作为商标使用。

商标审查及审理标准规定，社会主义道德风尚，是指人们共同生活及其行为的准则、规范以及在一定时期内社会上流行的良好的风气和习惯；其他不良影响，是指商标的文字、图形或者其他构成要素对我国的政治、经济、文化、宗教、民族等社会公共利益和公共秩序产生消极的、负面的影响。

“屌丝”一词是网络用语，并不是规范的用语，其含义低俗、消极。若允许“屌丝”作为商标使用，有可能会对我国的社会文化造成不良影响。因此，“屌丝”标志不能作为商标使用。

实践中，有的企业可能为了博眼球，节省广告费，将一些网络用语作为商标向商标局申请注册，但由于大部分的网络用语不具备《商标法》规定的显著性特征，且有的网络用语会给社会文化造成不良影响，故网络用语作为商标申请的成功率是极低的。

因此，为了避免商标因具有“不良影响”而被驳回，企业不能为了博眼球，选择含义低俗、格调不高、容易产生歧义的词语作为商标申请注册，而应选择具有独创性、积极向上的词语作为商标进行注册。

## 第三节 著作权

001

### 风险事件

#### 随意下载图片制作宣传画册被诉侵权

瀛海市恺威家具有限公司（以下简称恺威公司）成立于2008年，主营业务为家具购销和普通货运，法定代表人为冼恺威。

瀛海市第27届国际家具及家具配件展览会举办前夕，冼恺威安排公司宣传部工作人员赵莉制作公司的宣传画册，以对外展现恺威公司的文化和产品，拓展更多业务。

经过一周努力，赵莉完成了宣传画册初稿的制作。并将宣传画册的初稿发给了冼恺威。

冼恺威看后，提出了一些修改意见。

赵莉根据冼恺威的修改意见，对宣传画册进行了修改，正式定稿。

看着电脑中的精美画册，冼恺威对着赵莉会心一笑。指示赵莉委托瀛海市某广告公司印刷500份。

2009年3月25日，瀛海市第27届国际家具及家具配件展览会在瀛海市心潮会展中心如期举行。恺威公司为该届展览会的参展单位之一。为了提高恺威公司的知名度，发掘更多新客户，恺威公司对来其展台参观的客户免费派发宣传画册。

展览会当天，瀛海市伊美创意图像技术有限公司（以下简称伊美公司）的工作人员林冰以参观者的身份参加了该届展览会。在参观恺威公司的展台时，林冰也得到了恺威公司的一份精美宣传画册。

当她浏览画册的时候，意外发现恺威公司在没有取得伊美公司许可的情况下，在其宣传画册的第6页使用了伊美公司享有著作权的图片（该图片为摄影作品）。展览会结束后，林冰向伊美公司汇报了恺威公司侵犯著作权的情况。

后来，伊美公司向法院起诉，要求恺威公司销毁侵权的宣传画册并赔偿伊美公司遭受的经济损失。

法院经审理查明：恺威公司宣传画册第6页使用的图片是赵莉从其他图片网站上下载取得，并非从伊美公司的网站下载取得。其他图片网站在该图片上标明了“著作权归原作者享有”的字样。

法院认定涉案图片属于伊美公司享有著作权的摄影作品，恺威公司擅自使用伊美公司享有著作权的摄影作品，侵犯了伊美公司的著作权，遂判决恺威公司立即停止侵犯伊美公司涉案摄影作品著作权的行为，并赔偿伊美公司经济损失及合理维权费。

## 律师分析

### 擅自复制、发行含有他人摄影作品的宣传画册构成侵权

事件中，恺威公司未经伊美公司许可，擅自在其宣传画册上使用伊美公司的摄影作品，并在后来的展览会上向参展人员免费派发，其行为已侵犯了伊美公司的复制权和发行权，伊美公司有权要求恺威公司赔偿其经济损失。

复制权是指通过印刷、复印、拓印、录音、录像、翻录、翻拍等方式将作品制作一份或者多份的权利。

发行权是指以出售或者赠与方式向公众提供作品的原件或者复制件的权利。

事件中，恺威公司的工作人员赵莉在其他图片网站上下载伊美公司享有著作权的摄影作品，并在没有取得伊美公司许可的情况下将该摄影作品擅自用于

恺威公司宣传画册的制作，构成对伊美公司复制权的侵犯。

恺威公司在未取得伊美公司许可的情况下，在展览会上免费向参展人员派发含有伊美公司摄影作品的宣传画册，侵犯了伊美公司对涉案图片享有的发行权。

由于恺威公司侵犯了伊美公司的复制权与发行权，故伊美公司可请求恺威公司承担损害赔偿责任。

**建议：**

公司应当加强对著作权使用的审查，防止侵犯他人的著作权；如果公司确须使用他人的著作权作品，应当取得著作权人的许可，并向著作权人支付报酬。

## 002

### 风险事件

## 公众号转载他人文章惹官司

笔名为“飘然一生”的作者李文化创作了一篇名为《留住客户的六条妙计》的文章，并在其个人运营的微信公众号首次发表，文章篇幅有3524字。

为了获得创作文章转载的收益，李文化与赢海市乐享文化传播有限公司（以下简称乐享公司）签订了一份《信息网络传播权转让协议》，约定：李文化（甲方）将其创作并发表在其个人微信公众号的文字作品《留住客户的六条妙计》的信息网络传播权转让给乐享公司（乙方）；转让的权利种类为信息网络传播权及该权利的相关权利、向侵犯签约作品信息网络传播权的行为主张维权并获得赔偿的权利；转让金额为4900元。

随后，《留住客户的六条妙计》在乐享公司的公众号发布，该文章未声明禁止转载。

文章在公众号发布的第一天，阅读量便达到了1000次。

文章发布四天后，赢海市福来喜餐饮管理有限公司（以下简称福来喜公司）总经理杨旺财在乐享公司的微信公众号浏览了《留住客户的六条妙计》，他觉得文章写得不错，值得公司员工学习。

于是，杨旺财指示负责运营福来喜公司微信公众号的工作人员谢华，在福来喜公司的微信公众号转载《留住客户的六条妙计》。

一个月以后，乐享公司发现福来喜公司在没有取得授权，且未支付报酬的情况下，违法转载了文章《留住客户的六条妙计》，文章的阅读量为3000次。随后，乐享公司委托赢海市辉宏信息股份有限公司对福来喜公司侵权的电子证据进行保存。

2014年7月15日，乐享公司向法院起诉，要求福来喜公司删除侵权的文章，并赔偿其经济损失及合理维权费。由于福来喜公司无法证明其转载该文章属于合理使用，故法院判决支持了乐享公司的诉讼请求。

## 律师分析

### 公众号未经许可转载网络作品有风险

事件中，福来喜公司在没有取得乐享公司许可的情况下，擅自在其微信公众号转载涉案文章的行为已侵犯了乐享公司享有的信息网络传播权。

信息网络传播权属于著作权中的财产权，它是指以有线或者无线方式向公众提供作品，使公众可以在其个人选定的时间和地点获得作品的权利。根据《最高人民法院关于审理侵害信息网络传播权民事纠纷案件适用法律若干问题的规定》第三条相关规定，网络用户、网络服务提供者未经许可，通过信息网络提供权利人享有信息网络传播权的作品、表演、录音录像制品，除法律、行政法规另有规定外，都会被认定为侵害信息网络传播权。

事件中，福来喜公司在其微信公众号上擅自转载涉案文章，并使公众可以在其个人选定的时间和地点获得该文章，其行为已侵犯了乐享公司的信息网络传播权。尽管福来喜公司转载涉案文章并非出于商业目的，但是这完全不影响其侵权行为的成立，福来喜公司应当对其违法转载他人文章的行为承担损害赔偿责任。

实践中，有的作者并不允许他人免费转载其原创作品，若他人没有取得作者的同意，擅自在微信公众号或者网络上转载其作品，很容易构成对作者享有的信息网络传播权的侵犯。

因此，企业在运营自己公众号的过程中，应对转载的文章进行审查，避免侵犯他人的著作权。

## 003

### 风险事件

## 歌曲著作权与点歌系统的纠缠

2013年3月9日，钱进、钱途两兄弟各出资100万元，成立了赢海市慧雅餐饮娱乐有限公司（以下简称慧雅公司），公司经营范围为中西餐、卡拉OK歌舞厅。

慧雅公司成立后，生意不错。尤其是卡拉OK歌舞厅，每晚都有不少顾客前来包房唱歌，以缓解压力、放松心情。

由于旧的点歌系统曲目无法满足顾客需求，慧雅公司遂于2015年10月从赢海市金田电子技术有限公司（以下简称金田公司）处购买了全新KTV点歌系统（含硬件）。金田公司提供的点歌系统中预装了含1万首歌曲的歌曲库。

引进了新的点歌系统后，慧雅公司推出了“免费唱K两小时”的活动。

活动的推出，吸引了更多的K歌一族惠顾。慧雅公司的生意比之前更好，知名度也有了一定的提高。

2016年3月的一天，音像著作权集体管理协会（以下简称音集协）发现，慧雅公司在没有经过著作权人许可的情况下，擅自使用他人享有著作权的音乐电视作品用于卡拉OK经营。

三日后，音集协的工作人员谢洋向公证处申请证据保全公证。谢洋跟随公证处公证员以普通消费者的身份来到慧雅公司卡拉OK歌舞厅进行消费。谢洋在歌曲点播机上进行操作，点播了100首歌曲。公证员对这100首被点播的歌曲播放画面进行了录像。

谢洋发现，点播的100首歌曲中，有60首歌曲由音集协管理。消费完毕，谢洋取得了慧雅公司开具的发票。

同年7月13日，音集协向法院起诉，要求慧雅公司立即停止侵犯音集协著作权的行为；将作品数据资料从点歌系统删除；赔偿音集协合理的损失。

收到法院的起诉书后，慧雅公司停止了卡拉OK歌舞厅的经营。

审理过程中，慧雅公司辩称点歌系统里面的歌曲由金田公司预装，其没有侵权的故意，不应承担侵权责任。由于慧雅公司不能提供点歌系统中涉诉的歌曲已获得作者授权的证据，其抗辩理由未获法院支持，法院遂判决支持音集协的诉讼请求。

## 律师分析

### 播放音乐电视作品应取得著作权人许可

事件中，慧雅公司未经音集协的许可，以营利为目的，在其经营场所向公众提供涉诉作品的放映服务，已经侵犯了音集协对这些作品享有的放映权，应向音集协承担相应的侵权责任。

根据《著作权法》的规定，著作权包括放映权。放映权是指通过放映机、幻灯机等技术设备公开再现美术、摄影、电影和以类似摄制电影的方法创作的作品等的权利。

虽然慧雅公司从金田公司处购买了KTV点播系统，但是并不代表KTV点播系统中预装的歌曲已取得了著作权人的许可，并可免费使用。

因此，慧雅公司在未取得涉案歌曲著作权人许可的情况下，以营利为目的，向公众提供涉诉作品的放映服务，已侵犯了音集协对这些作品享有的放映权，应向音集协承担相应的侵权责任。

为了避免侵犯他人的著作权，KTV经营者应尊重他人的著作权，诚信守法经营。如需使用他人享有著作权的作品，应取得著作权人的许可，并向著作权人支付相应报酬。

# 第十章 税 务

## 001

### 风险事件

## 税务机关怒怼公司两套账

2010年年初，拥有几年财务工作经验的王静到赢海市艺美家用纺织品有限公司（以下简称艺美公司）应聘财务工作。

面试过程中，艺美公司总经理雷天明对她说，在我们公司负责财务工作，首先要保证能通过税务局的检查，其次还要把公司内部的账做好。

都是江湖人，王静对雷天明的意思心知肚明。经过一番考虑后，王静表示愿意到艺美公司上班。

王静入职后，按照雷天明的要求，把艺美公司的内账和外账做得井井有条，雷天明对她也非常满意。

2010年，艺美公司销售总收入为2000万元人民币。王静通过“两套账”的核算方法，只向赢海市国家税务局（以下简称赢海国税局）申报了800万元的销售收入，剩余的1200万元销售收入没有入账，也未进行纳税申报，使艺美公司少交了近200万元税款。

随着艺美公司业务量的增大，王静的工作量也增加了不少。

一天，王静向总经理雷天明提出增加薪酬的申请，但被雷天明拒绝。

王静很是郁闷，觉得自己帮助公司少交200万元税款，现在要求加2500元工资竟然被拒绝，一气之下便辞职离开了艺美公司。

数月后，有人向赢海国税局匿名举报艺美公司存在偷税漏税行为。

接到举报后，赢海国税局到艺美公司进行税务检查。经过检查，赢海国税局发现，艺美公司2010年的实际销售收入为2000万元，有1200万元的销售收入未入账，也未进行纳税申报。

赢海国税局遂对艺美公司作出《税务处理决定书》。根据该处理决定书，艺美公司除须补缴增值税200万元外，还须缴纳罚款200万元及一定数额的滞纳金。

## 律师分析

### “两套账”隐瞒收入进行不纳税申报涉嫌逃税

事件中，雷天明并没有对艺美公司的财务做账予以足够的重视，而被赢海国税局处罚。

纳税人必须依照有关规定如实办理纳税申报，报送纳税申报表、财务会计报表以及税务机关根据实际需要要求纳税人报送的其他纳税资料。

事件中，雷天明指使王静采用“两套账”的核算方法，隐瞒1200万元销售收入不入账，也不进行纳税申报，上述行为属于法律规定的偷税行为，税务机关可依据法律的规定追征艺美公司所欠的税款及滞纳金，并对艺美公司处以罚款。

另外，根据我国《刑法》的规定，逃税罪的立案标准如下：

（1）纳税人采取欺骗、隐瞒手段进行虚假纳税申报或者不申报，逃避缴纳税款，数额在5万元以上并且占各税种应纳税总额10%以上，经税务机关依法下达追缴通知后，不补缴应纳税款、不缴纳滞纳金或者不接受行政处罚的；

（2）纳税人五年内因逃避缴纳税款受过刑事处罚或者被税务机关给予二次以上行政处罚，又逃避缴纳税款，数额在5万元以上并且占各税种应纳税总额10%以上的；

（3）扣缴义务人采取欺骗、隐瞒手段，不缴或者少缴已扣、已收税款，数额在5万元以上的。

若艺美公司逃避缴纳的税款占各税种应纳税总额10%以上，经税务机关依法下达追缴通知后，不补缴应纳税款、不缴纳滞纳金或者不接受行政处罚的，艺美公司的行为可构成逃税罪。

002

## 风险事件

### 转移财产对抗税款追缴，两兄弟同入狱

2010年，彭永福与弟弟彭永发共同出资成立了赢海仟百味餐饮有限公司（以下简称仟百味公司），彭永福为法定代表人，彭永发负责仟百味公司的财务管理。

在兄弟俩的精心打理下，仟百味公司开业一年来的营业收入超过了预期。

为了打响仟百味这一餐饮品牌，彭永福和彭永发又分别于2011年、2013年成立了赢海仟百味餐饮有限公司第一分公司（以下简称第一分公司）和赢海仟百味餐饮有限公司第二分公司（以下简称第二分公司），两个分公司的负责人均为彭永福。第一分公司、第二分公司不独立申报纳税，收入支出汇总至仟百味公司进行纳税申报。

2012年8月，仟百味公司与赢海丰盛大酒店（以下简称丰盛大酒店）签订合作经营合同，约定仟百味公司在丰盛大酒店的地址上经营，仟百味公司须每年向丰盛大酒店支付租金及利润分成。

2013年至2014年，仟百味公司使用开票方为赢海乐佳百货有限公司、赢海万丽商品有限公司、赢海畅玩技术开发有限公司、赢海顺邦股份有限公司的发票共计50张入账，并以上述发票，会同记账凭证、转账支票、支出凭单作为凭据，确认2013年度和2014年度的营业成本，同时在2013年度和2014年度仟百味公司企业所得税应纳税所得额中进行扣除，并向赢海市国家税务局（以下简称赢海国税局）进行了企业所得税纳税申报。

2015年7月25日，赢海国税局对仟百味公司开展随机税务稽查，发现仟百味公司取得的上述50张发票存在无相关发票代码号段，与开票方所存发票信息不符，且仟百味公司及第一分公司、第二分公司与开票方的资金及货物均无往来，该50张发票实际列支成本350万元。遂认定仟百味公司未取得合法、有效凭证列支，调增2013年度和2014年度应纳税所得额共计350万元，应补缴2013年至2014年度企业所得税共计90万元，并缴纳滞纳金。《税务处理决

定书》送达后，仟百味公司没有在规定的时间内申请行政复议。

收到《税务处理决定书》后，彭永福和彭永发并没有补缴税款的打算，他们觉得不补缴税款后果不会很严重，如果公司账户没钱，嬴海国税局也拿他们没办法。

为了逃避嬴海国税局追缴税款，彭永福和彭永发又共同出资设立了嬴海市华鑫投资管理有限公司（以下简称华鑫公司），将仟百味公司、第一分公司及第二分公司账户中的大部分存款转移到华鑫公司的账户中。

2015 年 10 月 10 日，嬴海国税局经法定程序向仟百味公司催缴税款无果的情况下，冻结了仟百味公司、第一分公司及第二分公司的账户，但账户余额仅为 7 万元，远远不足以追缴欠税。

后来，华鑫公司在第一分公司的经营地址成立了嬴海市荷香餐饮有限公司（以下简称荷香公司），在第二分公司的经营地址成立了嬴海市膳美餐饮有限公司（以下简称膳美公司），第一分公司、第二分公司以荷香公司、膳美公司的名义继续经营，被冻结的第一分公司、第二分公司的账户不再使用，另开设荷香公司和膳美公司账户供经营使用。

为了掩人耳目，彭永发还私下与汪达、方文平签订委托合同，由汪达、方文平分别担任荷香公司、膳美公司的法定代表人。

2016 年 1 月 6 日，仟百味公司将第一分公司和第二分公司注销，同时利用与丰盛大酒店的合作关系，对外经营时开具丰盛大酒店的发票。此后，仟百味公司不再申领发票，也不再使用被冻结的账户。

后来，嬴海国税局对冻结的账户采取税收强制执行措施，共计扣款 7 万元，剩余 83 万元税款因账户余额不足未能追缴。在采取税收保全和税收强制执行措施无法追缴税款的情况下，嬴海国税局将案件移送至嬴海市公安局处理。

案件移送后不久，彭永福和彭永发两兄弟便被嬴海市公安局抓捕归案。案发后，仟百味公司补缴了欠缴的企业所得税税款和滞纳金合计 120 余万元。

除了补缴税款和滞纳金，仟百味公司、彭永福、彭永发还被追究了刑事责任。

## 律师分析

### 转移、隐匿财产逃避税款追缴涉嫌犯罪

事件中，仟百味公司存在以不符合规定的发票入账的行为，这是风险爆发的直接原因。

发票并不是唯一合法有效的税前扣除凭证，不以发票而以其他凭证作为扣除凭证，是一种例外。

仟百味公司在具备可以取得合法有效发票可能性的情况下，大量使用不符合规定的发票作为扣税凭证，且无法证明仟百味公司、第一分公司、第二分公司与开票方存在资金、货物往来，因而被税务机关认定未取得合法有效凭证列支、调增2013年及2014年应纳税所得额。

另外，彭永福和彭永发存在逃避缴纳税款的侥幸心理。在明知赢海国税局对仟百味公司进行税务稽查、作出税务处理决定的情况下，通过转移原公司的财产，注销原分公司等手段，并巧妙地利用原公司与丰盛大酒店的合作经营关系，使原公司能够继续经营，导致赢海国税局无法追缴仟百味公司欠缴的税款。

上述行为属于转移、隐匿财产以逃避税款追缴的行为。根据我国《刑法》的规定，仟百味公司、彭永福和彭永发均已触犯逃避追缴欠税罪。虽然仟百味公司在案发后补缴了税款和滞纳金，但是仍然不能免除仟百味公司、彭永福和彭永发的刑事责任。

司法实践中，法院可能会考虑“案发后补缴税款和滞纳金”这一情节，对仟百味公司、彭永福和彭永发从轻处罚。

虽然逃避追缴欠税罪的案例在实务中并不多见，但公司及高管人员仍然不能忽视对这一刑事责任风险的防范。

003

## 风险事件

### 晓庆偷税被捕，冰冰逃税为何未被刑事追责

2018年5月底，前央视主持人崔永元在其微博曝光一组阴阳合同，暗指明星范冰冰通过签订“阴阳合同”偷逃税款。该消息很快就在微博上广泛传播，引起了社会的强烈关注。

随后，有群众向国家税务总局举报范冰冰涉嫌逃税。

接到群众的举报后，国家税务局责成江苏等地税务机关对范冰冰涉税问题进行调查。

经过几个月的调查后，江苏省税务局于10月3日在其微博中公布了范冰冰逃税事件的调查结果。

根据调查结果，范冰冰不仅在《大轰炸》拍摄过程中逃税730万元，还查出了范冰冰及其担任法定代表人的企业少缴税款2.48亿元，其中偷逃税款1.34亿元。范冰冰共须补缴税款、滞纳金及罚款合计8.83亿元，其没有被追究刑事责任。

调查结果公布后，有网友在微博留言中提到了刘晓庆，对范冰冰没被追究刑事责任的问题提出了质疑。那么，网友为何会联想到刘晓庆呢？

时间追溯至16年前，2002年，有人匿名举报北京晓庆文化艺术有限责任公司（以下简称晓庆公司）涉嫌偷税漏税。

同年4月2日，北京市地税局第一稽查分局对晓庆公司进行立案调查。

经过调查证实，晓庆公司存在以下偷税的违法事实：

（1）通过不列收入、少列收入，或者将进账记入往来账户，以减少账面收入的方式，隐匿电视剧版权收入、演出收入等；

（2）通过收集冲账发票、伪造员工工资表等手段虚列成本，以加大账面支出；

（3）将已经代扣的演职人员个人所得税截留，据国家税款为公司所有。

同年4月4日，北京市地税局将案件移送至北京市公安局。北京市公安局

经过多日的立案侦查，根据获取的证据，先后分别对该案的责任人靖军（晓庆公司总经理）、冉一红（刘晓庆妹妹）、刘晓庆（晓庆公司法定代表人）进行了刑事拘留。

2003年8月16日，经过长达422天的羁押后，刘晓庆终于被取保候审。税务部门认定，刘晓庆及其公司偷逃税款1458.3万元。决定追缴税款，加收滞纳金573万元。

后来，被取保候审的刘晓庆通过自己的努力，终于缴清了税款。

2004年5月，北京市朝阳区人民检察院对刘晓庆作出了《不起诉决定书》。

刘晓庆偷税为何被捕，冰冰逃税为何未被追究刑事责任?

## 律师分析

### 两明星司法处理结果的差异源于法律的修正

之所以会产生两种不同的处理方式，是因为《刑法》的修正。

刘晓庆偷税事件发生在2002年，应适用2001年第二次修正的《刑法》的规定。

根据《刑法》（2001第二次修正）的规定，偷税数额占应纳税额的10%以上并且偷税数额在1万元以上即可构成偷税罪。刘晓庆及其公司当年偷逃税款高达1458.3万元，欠税数额为2000多万元，显然已达到了偷税罪的入刑标准。

因此，刘晓庆被公安机关依法采取了刑事拘留措施并被检察机关批准逮捕。

虽然刘晓庆偷逃税款的行为已构成逃税罪，但由于其本人偷逃的税款较少，并且其在被取保候审后已全部补缴了税款、滞纳金及罚款，犯罪情节轻微，检察院根据《刑事诉讼法》的规定对其作出了不起诉的决定。刘晓庆最终未被追究刑事责任。

2009年2月28日，《刑法修正案（七）》通过，原《刑法》中的偷税罪改为逃税罪，并且在逃税罪中增加了“有第一款行为，经税务机关依法下达追缴通知后，补缴应纳税款，缴纳滞纳金，已受行政处罚的，不予追究刑事责任；但是，五年内因逃避缴纳税款受过刑事处罚或者被税务机关给予二次以上行政处罚的除外”的条款。

范冰冰逃税事件发生在2018年，应适用现行《刑法》的规定，即2017年修正的《刑法》的规定。

根据《刑法》（2017修正）的规定，纳税人通过欺骗、隐瞒的手段进行虚假纳税申报或者不申报，逃避缴纳税款数额较大并且占应纳税额10%以上的即可构成逃税罪，但是，对于纳税人初次经税务机关依法下达追缴通知后，补缴应纳税款，缴纳滞纳金，已受行政处罚的，不予追究刑事责任。

由于范冰冰因偷逃税款初次被税务机关行政处罚，且其在税务机关依法下达追缴通知后补缴了全部的税款、滞纳金及罚款，因此范冰冰没有被追究刑事责任。

## 004

### 风险事件

## “阴阳合同”逃税是馊主意

2010年，杨小骏出资50万元并通过赵一帆、齐明代持股的方式成立了嬴海市宏欣电力开发有限公司（以下简称宏欣公司）。

次年，宏欣公司通过法院拍卖，取得了嬴海市某发电厂有限公司的厂房及约16万平方米的六幅土地。

后来，赵一帆和齐明根据杨小骏的指示，将宏欣公司的100%的股权及其名下约16万平方米的土地、厂房，以50万元的价格转让给了由杨小骏控制并为法定代表人、董事长的嬴海市浩鑫电力开发有限公司（以下简称浩鑫公司）。

2013年4月11日，杨小骏决定将浩鑫公司全资子公司宏欣公司的股权及宏欣公司名下约16万平方米的土地、厂房全部转让给嬴海市天工石材股份有限公司（以下简称天工公司）。

考虑到转让上述资产需要缴纳高额税款，杨小骏便召集赵一帆、齐明、浩鑫公司会计刘婷开会讨论如何起草与天工公司间的合同以逃避税收。会议上，赵一帆与齐明提出可以通过签订“阴阳合同”的方式避税。

刘婷却对该逃税方案提出了反对意见，杨小骏当即面露尴尬。尽管刘婷对逃税方案提出了反对意见，但是杨小骏最终还是采纳了赵一帆与齐明的建议，即通过签订“阴阳合同”的方式逃税。

几天后，杨小骏私下找到刘婷，要求其按会议的方案实施，并要求其帮忙修改合同。刘婷被迫无奈，只好帮忙修改合同。

2013年4月20日，浩鑫公司与天工公司双方签订了《股权转让合同》，约定由浩鑫公司将其全资子公司宏欣公司的100%股权以50万元的价格转让给天工公司，该合同用于入账和办理工商变更登记手续。同日，浩鑫公司与天工公司另外签订了《股权转让合同补充协议》，并将该合同标记为内部机密文件，约定浩鑫公司将其全资子公司宏欣公司的股权及宏欣公司名下约16万平方米的六幅土地、厂房以4300万元的价格转让给天工公司。

随后，天工公司共向杨小骏和浩鑫公司支付4300万元，其中浩鑫公司只入账50万元，其余4250万元由杨小骏个人收取。

一年后，有人向瀛海市国家税务局（以下简称瀛海国税局）举报浩鑫公司涉嫌偷税漏税。接到群众举报后，瀛海国税局稽查局对浩鑫公司2012年1月1日至2013年12月31日的涉税情况进行检查。

经检查发现，由杨小骏个人收取、未在公司账上反映的4250万元，未按规定申报缴纳企业所得税，从而逃避企业所得税1084万元。

瀛海国税局稽查局于是对浩鑫公司作出税务处理决定和税务行政处罚决定，决定追缴浩鑫公司企业所得税1084万元及滞纳金，并对浩鑫公司处以1084万元的罚款。

浩鑫公司未在税务处理书规定的期限内补缴税款、滞纳金及罚款，瀛海国税局遂将案件移送到瀛海市公安局。

后来，赵一帆、齐明、刘婷、杨小骏先后被瀛海市公安局刑事拘留。经法院判决，浩鑫公司、杨小骏、赵一帆、齐明、刘婷均构成逃税罪，上述主体均承担了相应的刑事责任。

## 律师分析

# 签订“阴阳合同”逃税可能触犯逃税罪

事件中，浩鑫公司在转让其全资子公司宏欣公司的股权及宏欣公司名下约16万平方米的六幅土地、厂房的过程中，为了逃避高额的税收，由杨小骏负责策划、指挥并由赵一帆、齐明和刘婷积极参与，通过与天工公司签订“阴阳合同”，将4250万元资产转让收入不入账，从而逃避企业所得税1084万元，浩鑫公司的行为已构成逃税罪。

杨小骏作为浩鑫公司的法定代表人、实际控制人，策划、指挥浩鑫公司逃税犯罪的实施，故其作为直接责任人被法院以逃税罪追究刑事责任。

赵一帆、齐明和刘婷在杨小骏的策划、指挥下参与了浩鑫公司逃税犯罪的实施，对浩鑫公司实施逃税犯罪起到了一定的作用，同样应被认定为浩鑫公司逃税罪的直接责任人员，故赵一帆、齐明和刘婷也被法院以逃税罪追究了相应的刑事责任。

阴阳合同是指合同当事人为了规避法律，就同一事项签订两份以上内容不相同的合同，一份对外，一份对内。

其中，对外的那份合同称为阳合同，它并不是合同当事人之间真实的意思表示，其目的是规避法律规定，如逃避国家税收；对内签订的合同称为阴合同，该合同是双方真实的意思表示。

一般情况下，因为阳合同并不是合同双方真实的意思表示，其并不发生合同效力，而阴合同是合同双方真实的意思表示，只要合同内容合法，阴合同同样受到法律保护。

如果利用“阴阳合同”实施违法行为，或者以合法的形式掩盖非法的目的，那么不仅阳合同无效，阴合同也会因为内容违法而无效。

实践中，通过签订“阴阳合同”逃避税收的做法并不少见。“阴阳合同”在给当事人带来利益的同时，也隐藏着法律风险。从上述事件中可以看出，采用签订“阴阳合同”的方式逃避税收，合同的一方有可能被追究刑事责任。

因此，公司应避免签订“阴阳合同”。

**005**

## 风险事件

### 买发票抵税，牢狱之灾

2010年3月的一天，赢海市隆发商贸有限责任公司（以下简称隆发公司）的法定代表人冼凯发发现公司的增值税进项发票数量不够，不足以抵扣税款。

经朋友齐焕鹏介绍，冼凯发认识了赢海市晟通商贸有限责任公司（以下简称晟通公司）的法定代表人杨宏发。冼凯发问杨宏发能否帮忙开一点增值税专用发票。

杨宏发没有马上答应冼凯发的请求。

几天后，冼凯发接到了杨宏发的电话，杨宏发在电话中表示能为隆发公司开具增值税专用发票，但是需要按照发票票面金额的6%收取开票费。

冼凯发随后与晟通公司的会计钱泰取得联系，并与晟通公司签订了虚假的货物销售合同。

3月31日，晟通公司根据之前与隆发公司签订的虚假合同，为隆发公司虚开了7张编号为05××××29、05××××30、05××××31、05××××32、05××××38、05××××39、09××××56的增值税专用发票，开票金额合计509705.13元，增值税税率为17%。

随后，晟通公司通过邮寄的方式把上述虚开的7张发票寄给隆发公司。

两日后，隆发公司收到晟通公司虚开的7张发票。冼凯发即指示隆发公司出纳黄莉按照虚假合同的约定将货款汇至晟通公司的账户。晟通公司扣除开票费用后，又将余款汇至冼凯发的个人账户上。

4月8日，冼凯发使用上述虚开的7张发票成功从赢海市和田区国税局抵扣了税款8万余元。

两个月后，晟通公司因涉嫌虚开增值税专用发票被赢海市和田区公安局立案侦查，赢海市和田区公安局在侦查该案的过程中发现隆发公司也涉嫌虚开增值税专用发票。

赢海市和田区公安局民警随即电话通知隆发公司的法定代表人冼凯发到案

接受调查，冼凯发知道事情败露后，自行来到了赢海市和田区公安局接受调查，并如实供述了案件事实。

案发后，隆发公司向赢海市和田区国税局补缴了抵扣的税款。

后来，隆发公司因犯虚开增值税专用发票罪被判处罚金11万元，法定代表人冼凯发因犯虚开增值税专用发票罪被判处有期徒刑九个月，缓刑一年。冼凯发的朋友齐焕鹏、晟通公司及其法定代表人杨宏发也因虚开增值税专用发票被另案处理。

## 律师分析

### “购买”增值税专用发票承担虚开的同等责任

虚开增值税专用发票是指在没有货物购销或者没有提供或接受应税劳务的情况下，为他人、为自己、让他人为自己、介绍他人开具增值税发票的行为；或者是指虽有货物购销或者提供或接受应税劳务但为他人、为自己、让他人为自己、介绍他人开具数量或者金额不实的增值税发票的行为；以及虽进行实际经营，但为他人开具与实际经营状况不符的增值税发票的行为。

根据我国《刑法》及司法解释的规定，虚开的增值税专用发票税款数额在5万元以上即可入刑。

事件中，隆发公司明知其与晟通公司没有资金往来及真实的货物交易，仍然请求晟通公司为其开具7张增值税专用发票（开票金额合计509705.13元），虚开税款数额累计8万余元（已超过5万元），其行为属于虚开增值税专用发票的行为，并已符合虚开增值税专用发票罪的犯罪构成，因此，隆发公司构成虚开增值税专用发票罪。

冼凯发作为隆发公司的法定代表人，其对隆发公司犯罪的实施起到了主要作用，属于隆发公司犯罪的直接责任人，也应当以虚开增值税专用发票罪追究其刑事责任。由于冼凯发经民警通知后主动到案并如实供述犯罪事实，且后来向赢海市和田区国税局补缴了抵扣的税款，法院可对其从轻处罚。

## 006

### 风险事件

# 发票开给非买家的第三方，税务局不认账

瀛海市兴隆百货连锁有限公司（以下简称兴隆公司）是一家大型连锁超市。

2010年3月4日，钱富强到兴隆公司购买了300部单价为2000元的手机。在核对手机数量无误后，钱富强使用其个人银行卡支付了货款60万元。

付款结束，钱富强没有当场要求兴隆公司开具发票，兴隆公司向其提供了购货电脑小票。钱富强把货物搬上车后，便驾车离开了兴隆公司。

两日后，景创公司的销售经理、钱富强的好友李泰强以3万元的价格从钱富强处购买了上述购货电脑小票。

同年4月10日，李泰强带着从钱富强处购买的购货电脑小票以及景创公司出具的委托书、企业法人营业执照复印件、税务登记证复印件等资料来到兴隆公司，要求兴隆公司开具这笔销售额的增值税专用发票。

兴隆公司经过确认资料后，没有核实持票方与付款方是否一致，便根据李泰强的要求开具了三张增值税专用发票，价税合计60万元，增值税税率为17%。景创公司随后使用兴隆公司为其开具的三张增值税专用发票抵扣了税款8万元。

不久，瀛海市国税局稽查局怀疑景创公司可能使用了虚开的发票进行抵税，遂对景创公司进行了税务检查。经检查发现，景创公司与兴隆公司之间并无资金往来，且没有真实的货物交易。

于是，瀛海市国税局稽查局认定景创公司取得的上述三张增值税专用发票为虚开增值税专用发票，对景创公司进行了处罚。

后来，由于兴隆公司违法向景创公司开具了三张票货分离的增值税专用发票，瀛海市国税局也对兴隆公司处以8万元的罚款。

## 律师分析

# 开具发票不得票货分离

事件中，兴隆公司向景创公司开具三张票货分离的增值税专用发票，已违反我国《发票管理办法》的规定。

所谓票货分离是指单位或个人为他人、为自己、让他人为自己、介绍他人开具与实际经营业务不符的增值税专用发票。

例如，甲公司明知其将货物销售给自然人乙，却不向乙开具发票，转而把发票开具给有发票需求的丙公司。

事件中，兴隆公司将一批手机出售给钱富强，其作为供货方，理应把发票开具给钱富强。但兴隆公司受李泰强的欺骗，在没有核实受票人与付款人是否一致的情况下，把增值税专用发票开具给与其没有任何资金往来及真实货物交易的景创公司，显然，从形式上看，其已开具了票货分离的增值税专用发票。

虽然兴隆公司在主观上没有为景创公司开具增值税专用发票的故意，但是其在客观上已开具了票货分离的增值税专用发票，使得景创公司偷逃了税款，故税务机关仍然认定兴隆公司违法开具增值税专用发票，遂对其作出了行政处罚。

事件中，兴隆公司在发票开具的管理上存在疏忽，存在不审查受票人与付款人是否一致便开具发票的漏洞。李泰强正是利用了兴隆公司发票开具把控不严的漏洞，才得以成功骗取兴隆公司开具与实际经营业务不符的增值税专用发票。

因此，公司应当在发票的开具，尤其是增值税专用发票的开具上进行严格把控，才能有效避免发票管理上的法律风险。

# 第十一章 环 保

## 001

### 风险事件

#### 暗管排废并非锦囊妙计

瀛海市东信造纸有限公司（以下简称东信公司）成立于2003年，该公司主要生产瓦楞纸。

王剑2003年进入东信公司工作，经过10年的努力，终于当上东信公司的副经理。

2013年4月20日，瀛海市环保局出台新的排污规定。根据该规定，造纸公司的生产废水不能直接排放到地表水体，只能用于回用或灌溉。

新规定的出台意味着东信公司不能把废水直接排放到富饶江。

新规出台后不久，东信公司总经理李炜找到王剑，让他想办法处置东信公司的生产废水。

接到李炜交代的任务后，王剑想了一个办法，在地下设置一条隐蔽的排污管排放废水。

有了思路，王剑兴高采烈地来到李炜的办公室，和李炜共同商量废水处置的事情。

王剑向李炜说，可以在公司安装一条隐蔽的排污管，然后在晚上把废水排出去。一方面，可以降低公司处理废水的成本；另一方面，可以有效地逃避环保部门的监管。即使公司偷排废水的事情被发现，只要交点罚款就行。

听了王剑提出的办法，李炜觉得很有道理，很快就同意了私设暗管偷排废水这一办法，并让王剑尽快实施。

既然得到总经理的许可，王剑说干就干，马上组织公司的员工在地下架设了一条排污管。

5 月 24 日晚 11 点，东信公司员工林皓根据王剑的指示打开了暗管，向富饶江排放了 600 吨未经处理的废水。

一天，常在富饶江江边散步的李有才发现江水与以往不同，颜色发黑，散发刺鼻气味。便向赢海市环保局举报了该情况。赢海市环保局工作人员根据李有才举报的情况，对江水的污染源进行了调查。

经过调查，赢海市环保局发现污染物来自东信公司的可能性很大，并对东信公司进行突击检查。随即，东信公司私设的暗管在赢海市环保局执法人员面前一览无余。

后来，赢海市环保局对东信公司处以 10 万元的罚款，并责令该公司限期拆除暗管、停产整顿。该案的直接责任人李炜、王剑以及林皓被赢海市公安局行政拘留。

## 律师分析

### 暗管偷排废水将被移送公安机关处罚

暗管是指为达到规避环境保护部门监管的目的而设置的隐蔽排污管。

事件中，东信公司通过隐蔽的排污管偷排废水，属于有关法律规定的以私设暗管的形式偷排污水的情形，故环境保护部门可对东信公司作出罚款、限制生产或者停产整治的处罚。

如果东信公司的排污行为造成了环境的严重污染，该公司可能会面临停业、关闭的处罚，甚至有可能会构成污染环境罪。

2015 年后，国家加大了对私设暗管偷排废水这一违法行为的处罚力度，对于私设暗管偷排废水的行为只要被发现一次，环境保护部门即可将案件移送公安机关，由公安机关对排污企业的直接责任人员处以行政拘留的处罚。如果被行政处罚后，仍多次通过暗管偷排废水，造成环境严重污染，偷排行为的直接责任人也可能被追究刑事责任。

同理，通过暗管偷排废气也属于法律法规禁止的违法行为，公司通过暗管偷排废气也应承担相应的法律责任。

因此，企业在处理生产过程中产生的废水、废气等污染物时，切勿通过暗管等逃避监管的方式违法排放污染物，而应按照法律法规的规定合法地处置污染物。

## 002

### 风险事件

## 未环评即开工建设，项目被叫停

2016年年初，瀛海市政府为了促进该市旅游业的发展，出台了一系列招商引资政策。

张圆平的哥哥张逸凡手上有1000万元的闲置资金，他希望能利用瀛海市独特的环境优势，在瀛海市富饶新村建设一家温泉度假酒店。

经张圆平介绍，张逸凡结识了瀛海市畅玩旅游开发有限公司（以下简称畅玩开发公司）的总经理李元江。

两人一见面就有点相见恨晚的感觉，并就温泉酒店项目合作问题进行了深入洽谈。几轮深入洽谈下来，两人就项目的合作达成如下约定：1. 张逸凡和畅玩开发公司各出资1000万元，成立江凡温泉酒店有限公司；

2. 温泉酒店项目建设资金为8000万元，项目于2016年6月2日开工建设，施工单位由张逸凡负责联系；

3. 2018年12月15日完成项目建设，并于2019年1月1日投入营业；

4. 酒店营业所得利润按照双方实缴的出资比例进行分配。

2016年4月1日，张逸凡和畅玩开发公司按照合作的约定成立了江凡温泉酒店有限公司（以下简称江凡公司）。

2016年6月2日，温泉酒店项目承建商瀛海市第一建设有限公司（以下简称瀛海一建）进场施工。项目施工前，江凡公司没有向瀛海市环保局提交温泉酒店项目环境影响评价文件。

2016 年 9 月 5 日，赢海市环保局的执法人员在日常巡查时发现该温泉酒店项目未依法进行环境影响评价，遂对江凡公司处以 5 万元罚款，并责令停止项目的建设。

## 律师分析

### 对环境有重要影响的项目开工建设须环评前置

环境影响评价是指对规划或者建设项目实施后可能造成的环境影响进行分析、预测和评估，并在此基础上提出防治措施和对策的制度。

根据我国法律法规的规定，一般情况下，对环境可能造成重要影响的规划或者建设项目均需要进行环境影响评价，没有经过环境影响评价的项目不得开工建设。

事件中，江凡公司未依法进行环境影响评价审批，擅自建设温泉酒店项目，已违反了《环境影响评价法》等法律的规定，故被赢海市环保局处以行政处罚。

项目被叫停后，江凡公司仍然可以重新补办温泉酒店项目的环境影响评价审批手续，待项目的环境影响评价审批通过后继续开工建设。

如果江凡公司没有补办温泉酒店项目的环境影响评价手续，继续开工建设，江凡公司的直接负责人有可能会因涉嫌环境违法被行政拘留。

因此，江凡公司应当委托有资质的环境影响评价机构对温泉酒店项目进行环境影响评价，并向赢海市环保局提交该项目的环境影响评价文件。

为了避免项目未环评带来的法律风险，建议企业在项目开工前可先向当地的环境保护部门咨询项目是否必须要进行环境影响评价。如果项目必须要进行环境影响评价的，企业应当委托有资质的机构制定环境影响评价文件，待建设项目通过环评后再开工建设。

## 003

### 风险事件

# 餐厅无证排污被处罚

2015 年 7 月，大学毕业的王灿打算自己创业。

经过对创业项目的一番考察后，他觉得开餐厅是一个不错的选择。

为了让这一创业项目顺利进行，他找到其好友李富贵、钱泰多，希望能和他们一起开一家有意思的餐厅。

三人一拍即合，并就合作开餐厅的事宜达成如下约定：王灿出资 12 万元，李富贵和钱泰多各出资 24 万元，成立好味道中式餐厅有限公司（以下简称好味道餐厅）；餐厅的选址、菜单以及食材供应商、需要的员工和岗位由三人共同决定；王灿负责餐厅营业执照的办理、餐厅设备器材的购买以及餐厅设备的调试；李富贵负责餐厅的装修和餐厅桌椅的购买；钱泰多负责餐厅员工的招聘、培训以及餐厅宣传品的制作。

2015 年 12 月 3 日，好味道餐厅开业前的准备工作已基本完成，三人邀请了诸多好友到店试菜。

5 日后，好味道餐厅正式营业。

由于餐厅开业前的宣传工作做得好，开业当天就有很多顾客到餐厅光顾，餐厅第一天的营业收入就超过了预期。

好味道餐厅开业一段时间后，赢海市环保局到该餐厅进行检查，发现该餐厅没有对烹饪过程中产生的油烟进行处理即向外排放，并且该餐厅没有取得排污许可证。

于是，赢海市环保局对好味道餐厅作出罚款 10 万元的处罚，并责令该餐厅停止营业，限期补办排污许可证。

## 律师分析

### 经营餐饮，须取得排污许可证

排污许可证是指排污企业向环保部门提出申请后，环保部门经审查发放的允许排污企业排放一定数量污染物的凭证。实践中，企业因没有办理排污许可证而被环保部门处罚的例子并不少见。

排污许可证是排污企业合法排污的前提，所有排污企业都必须依法办理排污许可证。

事件中，好味道餐厅没有依法办理排污许可证，擅自把油烟废气排放到大气中，已违反了我国关于环境保护的相关法律规定。即使好味道餐厅已取得了排污许可证，也并不意味着好味道餐厅可以向大气随意排放油烟废气。

关于餐饮行业大气污染物的排放标准，不同的地方会有不同的标准，餐厅在排污的时候只有遵守当地规定的排污标准排放污染物，才能避免给餐厅的经营带来不必要的麻烦。

## 004

## 风险事件

### 无资质处置危险废物被追究刑事责任

赢海市东升化工有限公司（以下简称东升公司）成立于2009年年初，取得危险废物经营许可资格，是一家专业的化工危险废物处置企业。

自公司成立之初至2014年年底，东升公司共为赢海市60多家化工企业处置危险废物，在赢海市稍有名气。

2015年3月4日，赢海市德隆化工有限公司（以下简称德隆公司）和东升公司签署《危险废物安全处置协议》，以每吨1600元的价格委托东升公司处置其生产过程中产生的危险废物（次级苯系物有机产品）。

合同签订后第三天，东升公司董事长刘海添把危险废物处置的事情交由部门经理田枫负责。此后，刘海添一直未跟进危险废物处置的事情。

一天，王云浩在参与运输德隆公司危险废物的过程中得知，运输和处置危险废物有较高利润。

便与田枫取得联系。

王云浩对田枫说，其好友张添翔、陈曦开了一家公司，名叫银发化工有限公司（以下简称银发公司），具备危险废物的处置资质，处理危险废物的价格实惠，仅需500元/吨。

听闻王云浩的介绍，田枫一阵狂喜。或许是高兴过头，他没对银发公司的资质进行审查，也没到银发公司进行实地考察，便把危险废物交给了银发公司处置。

能处置危险废物，并不意味着有资格处置危险废物。事实上，银发公司并无危险废物处置资质。为了牟取高额利润，银发公司并未对危险废物进行安全处置，而是安排王云浩、张添翔及陈曦三人倾倒危险废物至城市郊外的某一荒坡上。

一天晚上，为了完成危险废物的处置任务，王云浩联系了一辆大卡车，从德隆公司处装载了28吨内含危险废物的工业废水，计划把废水倾倒至赢海市富饶新村里面的一处荒地。当车辆开到富饶新村某路段时，因车宽路窄，卡车无法驶入富饶新村。王云浩临时改变主意，与张添翔、陈曦直接把28吨工业废水倾倒至富饶新村与兴荣村交界的某一荒坡上。

两日后，王云浩又联系三辆卡车在德隆公司装载了三车铁桶状的半固体危险废物，打算从兴荣村进入富饶新村。

车队在张添翔的接应下顺利抵达富饶新村。在富饶新村负责接应的张添翔联系工人把三大车危险废物直接倾倒至富饶新村某一闲置的荒地上。

因危险废物发出让人难以忍受的气味，王云浩等人倾倒的危险废物很快就被富饶新村村民发现。当地村民立即向赢海市环保局反映情况。

赢海市环保局经过调查发现，危险废物已对富饶新村的环境造成严重污染，对富饶新村村民的身体健康造成了一定的影响。

后来，赢海市环保局以案件可能涉嫌刑事犯罪为由，把案件移交给赢海市公安局处理。

经过赢海市公安人员深入调查，很快就掌握了王云浩等人的犯罪事实。

王云浩、张添翔、陈曦及东升公司董事长刘海添被赢海市公安局抓捕归案。

东升公司、田枫、王云浩、张添翔、陈曦、刘海添因涉嫌污染环境罪被嬴海市检察院提起公诉。

## 律师分析

### 非法处置危险废物，可构成污染环境罪

危险废物是指列入国家危险废物名录或者根据国家规定的危险废物鉴定标准和鉴别方法认定的具有危险特性的废物。

为了规范危险废物的处理，国家对危险废物的处理设置行政许可，对危险废物处理的方法、方式等法律作出了明确的规定。

事件中，东升公司违反了我国关于化工危险废物处置的规定，将德隆公司生产过程中产生的废水委托给没有化工危险废物处置资质的王云浩处置，对富饶新村的生态环境造成严重损害，已构成了污染环境罪，属于单位犯罪。

田枫作为危险废物处置的负责人，对王云浩是否具备危险废物的处置资质没有尽到审查义务，就把危险废物交给王云浩处置，导致严重污染环境，同样构成污染环境罪。

王云浩、张添翔、陈曦三人是处置危险废物的实施者，三人非法倾倒废水，使富饶新村的环境造成严重污染，也构成污染环境罪。

东升公司董事长刘海添虽然对田枫等人非法处置危险废物的行为毫不知情，但是其作为东升公司的负责人，对危险废物的处置疏于管理，没有尽到应有的监督管理责任，造成环境污染的严重后果，仍然构成污染环境罪。

## 005

## 风险事件

### 废气处理设备维修不停止生产被行政处罚

2011 年 3 月 4 日，杨焕峰与施晓华在嬴海市投资设立了嬴海市峰华橡塑有

限公司（以下简称峰华公司），该公司的主营业务是生产、加工、销售橡胶制品和塑料制品。

生产、加工橡胶或塑料废品过程中不时有废气产生，为了减少污染，峰华公司专门安装了废气处理设备，并依法取得排污许可证。

峰华公司取得排污许可证以来，一直合法经营，没有从事偷排废气的行为。

2015 年 4 月 9 日，峰华公司的废气处理设施出现故障，无法对生产的废气进行处理。如果对废气处理设施进行维修，需要停止生产两天。而最近又有一批货物必须 4 月 11 日交付，一旦停止生产就会导致峰华公司无法按期交货。

在杨焕峰和施晓华看来，按期交货比维修废气处理设备更重要。

他们认为，废气处理设备坏了继续生产不会有很大影响，即使被环保局的工作人员发现，公司也不会受到处罚。

抱着侥幸心理，杨焕峰和施晓华指示员工继续生产，并要求员工务必于 4 月 10 日完成生产任务。

就在废气处理设备损坏的第二天，嬴海市环保局对峰华公司进行抽查。执法人员发现峰华公司的废气处理设备没有正常运行，废气未经处理直接排到室外，遂责令峰华公司限期整改，并对峰华公司处以 13 万元的罚款。

峰华公司对该行政处罚不服，向法院提起行政诉讼，请求法院撤销嬴海市环保局对其作出的行政处罚决定。

后来，法院判决驳回了峰华公司的诉讼请求。

## 律师分析

### 不正常运行污染物处理设施对外排污也违法

实践中，企业污染处理设施不正常运行被处罚的例子很多。近年来，环保部门已加大了对该违法排污行为的处罚力度。

事件中，峰华公司在污染处理设施出现故障的时候，并没有对设备进行及时的维修，而是仍然继续生产，导致废气未经处理直接排放到空中，造成了环境污染的后果，属于我国法律规定的环境违法行为。

该违法行为属于法律规定的不正常运行大气污染物处理设施排放污染物的

行为，环境保护部门可以依照法律规定责令峰华公司改正违法行为，并作出罚款的处罚；如果峰华公司在整改期内不对污染物设施进行维修，仍然继续生产，向大气排放污染物，峰华公司有可能会面临停业、关闭的处罚。

峰华公司为了货物赶工，不及时维修污染物处理设施继续生产的行为并不属于法定的免责事由，峰华公司仍然要对自己的违法行为承担相应的法律责任。

因此，污染物处理设施出现故障不及时维修所带来的法律风险不容忽视。否则，可能会给企业的生产经营造成损失。

**006**

## 风险事件

### 音乐餐吧噪声扰民被投诉

2014年，音乐餐吧在瀛海市流行起来，冼凯民觉得开音乐餐吧有利可图。于是，他与好友李平安取得联系，希望李平安能够和他合作开一家音乐餐吧。

经过一番洽谈后，李平安也觉得现在正是开音乐餐吧的好时机，表示愿意与冼凯民合作。

餐吧的筹备工作无比顺利，几个月后，“咚咚”音乐餐吧（以下简称咚咚餐吧）在瀛海市瀛江花园小区一楼开始营业，餐吧的营业时间为晚上7点至凌晨1点。

咚咚餐吧试营业的第一天，生意火爆，很多客人在餐吧内尽情歌唱，场面非常热闹。晚上11点，仍有客人在餐吧内唱歌，从餐吧内传出的声音非常大，致使楼上的居民难以入睡。

咚咚餐吧楼上的其中一位居民王恒实在忍受不了音乐噪声的侵扰，便向瀛海市环保局投诉。瀛海市环保局的执法人员接到王恒的投诉后，随即来到咚咚餐吧附近，并对咚咚餐吧附近的噪声进行了检测。

经检测，咚咚餐吧附近的外排噪声值高达63db，已超过国家规定的社会生活环境噪声的排放标准。于是，嬴海市环保局执法人员责令咚咚餐吧立即停止噪声排放。

另外，执法人员还发现，咚咚餐吧并没有安装任何隔音设备，也没有采取其他降低噪声排放的措施。

于是，嬴海市环保局对咚咚餐吧作出了《责令改正违法行为决定书》，并对咚咚餐吧处以一定数额的罚款。

## 律师分析

### 应避免在居民区开设娱乐场所

事件中，咚咚餐吧的选址并不恰当，存在一定的经营风险。根据我国法律的规定，娱乐场所不能在居民区中开设。

违反该规定，娱乐场所可能会被文化主管部门或者公安部门依法取缔。即使咚咚餐吧排放的噪声符合国家标准，仍然存在着可能被依法取缔的潜在风险。

咚咚餐吧在经营中没有采取有效措施降低噪声的排放，导致噪声的排放超过了国家规定的排放标准，并干扰了楼上居民正常的作息，根据法律规定，环保部门有权责令其限期改正违法行为，并处以罚款。

如果咚咚餐吧在嬴海市环保局作出罚款处罚后仍不改正，嬴海市环保局可按照原处罚数额按日连续处罚。若咚咚餐吧在整改期结束后，噪声的排放仍然超过国家规定的排放标准，有可能会被停业、关闭。

因此，尽量不要选择在居民区经营音乐餐吧等涉及娱乐的场所。娱乐场所经营时，应采取措施降低噪声，避免超过国家规定的噪声排放标准。

# 第十二章　职务犯罪

## 001

### 风险事件

#### 拖欠报酬逃逸，直接扭送公安

胡成铭2008年大学本科毕业。

毕业那会儿，有的同学忙于签约，有的忙于找工作，还有的忙于研究生的入学事宜。而胡成铭没有这方面的烦恼，他毕业即创业，家人资助他在瀛海市一国际家具城开一家高端家具专卖店。

经营家具专卖店的头两年，胡成铭很用心，也很努力，当然也很有收获。想想他班上大多数同学还处在温饱线上，而他已实现了财务自由，每每想到此，他的自豪感油然而生。

到了2012年，胡成铭不甘于经营这家小小的家具专卖店了。他认为家具行业门道他了解得差不多了，他应该大干一场，成立一家家具公司，主营高端家具的生产与销售。

2012年年底，瀛海市明檀家居有限公司（以下简称明檀公司）开业了。开业当天很隆重，明檀公司作为承办方，在瀛海市花园酒店举行了瀛海市明檀家居有限公司开业典礼暨瀛海市国际家居发展高峰论坛，胡成铭邀请了行业内诸多大佬及一批有影响力的媒体人共500多人参加。在论坛上，胡成铭抒发了自己的豪情壮志。

明檀公司开业之初，胡成铭兢兢业业，丝毫不敢懈怠，公司在他的带领下风生水起，业绩逐月攀升。

公司业绩上来了，胡成铭就开始思考个人的影响力。他先报读了国内知名的大江商学院的EMBA班，加入这个传说中的名流群。后来，他也陆陆续续加入各个商会团体，而且都担任副会长职务。

经过一系列读书、入会后，胡成铭觉得自己还应该多做一些公益，财富从群众中来，也应回归一部分给群众。

做公益，胡成铭首先想到了自己的母校。自己入读的所有学校，他一一做了捐赠计划。小学捐赠课桌，中学捐赠电脑，大学捐赠实验仪器。

一轮公益活动下来，胡成铭成了大忙人。

不断地有母校领导邀请他给师弟师妹们做励志演讲，胡成铭也乐意前往，师弟师妹们对他也是顶礼膜拜，胡成铭很享受这种感觉。

不知是忙于宣传自己而疏于公司管理，还是受经济环境影响，明檀公司业绩自2016年春节过后就逐月下滑，甚至有些月份零订单，胡成铭着急了。

明檀公司流动资金紧缺的窘状越来越严重，直至后来拖欠厂房租金，拖欠员工工资。

胡成铭从未想过公司会这样，自己会这样，他总觉得自己是那种没经历风雨也能见彩虹的人。

公司说垮就垮，胡成铭也没辙。想到每天面对厂房业主、员工、材料供应商等各路人马催债，胡成铭压力陡增。他想离开瀛海市，离开这个曾经追梦的地方。

一个狂风暴雨的晚上，胡成铭走了，是带着一份伤感与不舍走的。

胡成铭走的那天正好是国庆假期第一天，员工们都沉浸在假期的喜悦中，没想到老板会离他们而去。10月8日，明檀公司员工未联系上老板胡成铭，不是很在意，只是冥冥中有点担心。

可第二天还是联系不上，公司员工觉得应该是老板跑路了，这样一传十，十传百，后来整个公司乱成一团。混乱中，不知是谁打了110报警求助。警方先是派员维护现场，后电话通知瀛海市人力资源社会保障部门派员前来协助处理相关事宜。

瀛海市人力资源社会保障部门工作人员到场稳定工人情绪后，随即进入调查取证工作中。经取证核实，明檀公司尚欠员工工资58.2万元。瀛海市人力资源社会保障部门多次通过电话、短信等方式责令胡成铭前来明檀公司支付员工劳动报酬，并于明檀公司厂区张贴《限期整改指令书》，但均无结果，胡成铭也不知所踪。

随后，瀛海市人力资源社会保障部门以胡成铭涉嫌拒不支付劳动报酬犯罪为由将该案移送公安机关处理。

## 律师分析

### 拒不支付劳动报酬，有受刑事处罚的风险

事件中，胡成铭以逃跑、藏匿的方式逃避支付员工劳动报酬，且数额较大，涉嫌拒不支付劳动报酬罪。

拒不支付劳动报酬罪，是指以转移财产、逃匿等方法逃避支付劳动者的劳动报酬或者有能力支付而不支付劳动者的劳动报酬，数额较大，经政府有关部门责令支付仍不支付的行为。

我国《刑法》规定，以转移财产、逃匿等方法逃避支付劳动者的劳动报酬或者有能力支付而不支付劳动者的劳动报酬，数额较大，经政府有关部门责令支付仍不支付的，处三年以下有期徒刑或者拘役，并处或者单处罚金；造成严重后果的，处三年以上七年以下有期徒刑，并处罚金。单位犯前款罪的，对单位判处罚金，并对其直接负责的主管人员和其他直接责任人员，依照前款的规定处罚。

有前两款行为，尚未造成严重后果，在提起公诉前支付劳动者的劳动报酬，并依法承担相应赔偿责任的，可以减轻或者免除处罚。

另外，相应司法解释认定以下情况为“以转移财产、逃匿等方法逃避支付劳动者的劳动报酬”：

（1）隐匿财产、恶意清偿、虚构债务、虚假破产、虚假倒闭或者以其他方法转移、处分财产的；

（2）逃跑、藏匿的；

（3）隐匿、销毁或者篡改账目、职工名册、工资支付记录、考勤记录等与劳动报酬相关的材料的。

事件中，胡成铭估计居于传统观点认为，欠薪仅仅为欠债，是否支付劳动

报酬是民事行为，不至于那么严重。殊不知，其作为明檀公司的实际控制人，以逃跑、藏匿的方式逃避支付员工的劳动报酬，数额较大，且在赢海市人力资源社会保障部门责令支付后仍不支付，已涉嫌拒不支付劳动报酬罪。

其实，胡成铭大可不必逃跑、藏匿，只要明檀公司合规经营，则明檀公司的债务由明檀公司承担无限责任，而胡成铭仅以其出资为限对明檀公司债务承担有限责任。

## 002

### 风险事件

## 为对付税务核查销毁内账资料

2011年，赢海市科豪医疗器械制造有限公司（以下简称科豪公司）成立，主营业务为一次性输液器材的研发、生产及销售。黄小池任公司执行董事，马大为任公司总经理，并聘请卫茹亦为公司会计。

科豪公司成立一年后，逐渐走上正轨。尽管公司产品性能优越，但因国内生产厂家众多，其中不乏上市公司，他们深耕医疗器械产品多年，科豪公司要进入这一领域实属不易，因此，近一年来的业绩仍不尽如人意。

黄小池在医药市场摸爬滚打多年，对这一行业的人情世故比较了解，特别是逢年过节，有些人、有些部门还是该买些礼品送过去，可这就是一笔不小的开支。

一方面公司业绩不行；另一方面公司费用居高不下，黄小池有点无所适从。后来，他想了想，决定从避税方面想点办法。

一天，黄小池把卫茹亦叫至自己办公室，告诉她公司还是做两套账，一套应对税务、工商部门，一套为公司真实交易记录。另外，再以黄小池的名义在银行开立一个账户，作为公司业务往来中不需开具发票的供应商及客户间的结算账户。

随后，黄小池又召集公司业务经理召开了一次形势分析会。会上，黄小池特别强调，业务经理们要多做做客户工作，尽可能让他们不要求公司开具发票，且他们的货款直接汇入公司专用的私人账户里面。

这样操作一年下来，黄小池动用公司资金确实灵活很多。

2015 年 6 月 5 日，卫茹亦接到赢海市赢城区地方税务局（以下简称赢城税务局）的通知，让科豪公司准备 2012 年 1 月 1 日至 2014 年 12 月 31 日会计凭证、账簿以待检查。

卫茹亦把赢城税务局拟检查科豪公司会计凭证、账簿事宜第一时间告诉了黄小池。黄小池问卫茹亦税务局这种例行检查会不会出现什么问题。卫茹亦思索片刻，告诉黄小池，一般来说不会出现什么问题，因为公司外账做得很完美，应对税务局检查绰绰有余。但有一点，公司内账会计资料不能放在公司，以防万一。

黄小池听后，让卫茹亦赶紧整理好提交给赢城税务局检查的会计凭证及账簿，另外，把内账数据整理一下，列出应付、应收明细及现金余额后把所有内账会计资料搬至会议室。

2015 年 6 月 13 日，星期六，这天晚上，公司没人加班，黄小池将会议室内放置的科豪公司所有内账会计资料搬至小车后备箱，然后在赢海市郊区找到一处荒地，一把火把这些资料化为灰烬。

2015 年 6 月 16 日，赢城税务局正式进驻科豪公司。税务局工作人员在对检查期间科豪公司的各项收入、支出进行比对及检查已使用的发票存根联是否齐全、有无缺号情况时，发现了端倪，认为科豪公司有两套账的可能性很大，遂找来卫茹亦做调查。

卫茹亦惊讶之余也没了头绪，面对赢城税务局工作人员犀利的眼神，她把科豪公司的账目处理情况全盘托出，至于内账会计资料现在何方，她也不知情，她只知道这些会计资料涉及金额 1200 多万元。

第二天，赢城税务局通知黄小池到税务大楼配合调查科豪公司内账会计资料事宜，此时的黄小池预感到事情的严重性，但他也无能为力，因为那些资料已被一阵风“吹至远方”。

再后来，赢城税务局将黄小池涉嫌故意销毁会计凭证、会计账簿罪移送公安机关立案侦查。

## 律师分析

### 销毁内账资料，涉嫌犯罪

事件中黄小池故意销毁科豪公司内账会计资料，涉嫌故意销毁会计凭证、会计账簿罪。

隐匿、故意销毁会计凭证、会计账簿、财务会计报告罪，是指隐匿或者故意销毁依法应当保存的会计凭证、会计账簿、财务会计报告，情节严重的行为。

我国《刑法》第一百六十二条之一规定，隐匿或者故意销毁依法应当保存的会计凭证、会计账簿、财务会计报告，情节严重的，处五年以下有期徒刑或者拘役，并处或者单处二万元以上二十万元以下罚金。单位犯前款罪的，对单位判处罚金，并对其直接负责的主管人员和其他直接责任人员，依照前款的规定处罚。《最高人民检察院、公安部关于公安机关管辖的刑事案件立案追诉标准的规定（二）》还规定，隐匿、故意销毁的会计凭证、会计账簿、财务会计报告涉及金额在五十万元以上或者依法应当向司法机关、行政机关、有关主管部门等提供而隐匿、故意销毁或者拒不交出会计凭证、会计账簿、财务会计报告的都应作为故意销毁会计凭证、会计账簿、财务会计报告案予立案追诉。

事件中科豪公司内账会计资料也是该公司业务的真实记录，反映了该公司的资金往来情况，理应属于应当保存的会计资料。黄小池为了规避赢城税务局的检查，而故意销毁内账会计资料，且涉及金额达1200万元之多，情节严重，已涉嫌故意销毁会计凭证、会计账簿罪，将会受到法律的制裁。

003

## 风险事件

# 如此删帖，删掉了美好人生

莫为之研究生毕业后进入国内知名互联网科技公司工作，一干就是10年，从基层工作人员一直干到部门总经理。

如不是2016年年初发生一件事，估计他还继续就职于这家互联网公司，直至退休，然后和老伴一起享受多姿多彩的退休生活。

2016年3月，莫为之所在的公司有一负面消息在国内另一知名论坛上冒出，而且跟帖非常多。如不积极处理，后果不堪设想。公司公关部在公司内部介绍事件严重性后，并寻求同事资源支持。

莫为之想到自己研究生时的同班同学是这个论坛所在网络公司的副总经理，应该能帮公关部解决这个难题。

常言道，人生最美同学情。果真如此，莫为之出马，其同学亲自跟进处理这一负面消息事宜，把公关部认为将对公司造成巨大负面影响的舆情在短短2小时内扼杀在摇篮中。

公关部总经理对莫为之感激不尽。当然，莫为之也付出了代价，答应同学把那瓶珍藏多年的茅台酒贡献出来。

就是这件事，让莫为之看到了商机。还是这件事，改写了莫为之的人生。

2016年6月，莫为之从公司辞职来到了赢海市，没人知道原因。但莫为之看中的就是赢海市经济发达、政府作风务实、上市公司多、民间资本雄厚的优势。

同年7月，莫为之在赢海市注册成立赢海市海蓝蓝网络资讯有限公司（以下简称海蓝蓝公司），自己作为海蓝蓝公司执行董事，并担任法定代表人。10月，海蓝蓝公司旗下域名“赢海在线”上线，主要板块有“时政要闻”“财经连线”“今日赢海”等栏目，其中“财经连线”“今日赢海”为论坛类栏目。

海蓝蓝公司成立之后，莫为之又立马用其哥哥莫大为的名义成立了赢海市红帆文化传媒有限公司（以下简称红帆公司），莫大为登记为红帆公司执行董事、法定代表人，但不参与红帆公司的经营管理，更不参与红帆公司分红，实际上红帆公司的实际控制人是莫为之。莫为之还邀请了原任职公司下属尤忆担任公司市场部经理。

莫为之认为，戏台已搭好，接下来就看他的激情演绎了。

海蓝蓝公司成立后的一年里，为了使“赢海在线”的“财经连线”“今日赢海”论坛栏目在赢海市乃至全国具有影响力，海蓝蓝公司招聘了一批极富经验的网络写手，专门就“财经连线”“今日赢海”上出现的关于赢海市发生的具有影响力的民生事件、上市公司的经营状况等帖子跟进评论，并让工作人员交叉、持续跟帖，积极转发，这样一番操作下来，本来一些默默无闻的事件就成了各大新闻头条的座上宾。

一天，“今日赢海”上有一帖子，为赢海市三顺房地产有限公司（以下简称三顺公司）开发的楼盘业主吐槽三顺公司销售人员在营销时介绍楼盘为市级名校的学区房，但业主办理小孩入学手续时，却被学校告知该楼盘学区被划至离小区较远的其他学校。莫为之让工作人员抓紧“工作”，不停跟帖评论。

当天晚上，三顺公司的公关人员联系海蓝蓝公司市场部经理秦力，商谈控制舆论事宜。秦力告诉该公关人员，这舆情很难控制，如实在是需要处理，可以和尤总（红帆公司副总经理尤忆）联系，并告知尤忆电话。

事不宜迟，该公关人员又立马与尤忆联系。尤忆了解情况后告诉该公关人员，如三顺公司确需解决问题，也是可以操作的，不过三顺公司需和红帆公司签订一份《资讯服务合同》，合同有效期一年，红帆公司可以为三顺公司提供资讯服务，并负责处理三顺公司在“今日赢海”上的负面信息，红帆公司收费人民币 100 万元。

为了让负面影响降至最低，三顺公司咬咬牙，当晚就与红帆公司签订了《资讯服务合同》，并立即支付了 100 万元资讯费。

钱付出去的一刹那，有关三顺公司虚假宣传的帖子也在“今日赢海”里面消失得无影无踪。

后来，“今日赢海”出现了举报赢海市某主要领导的弟弟违规拿地的帖子，“财经连线”出现了赢海市某上市公司的生产线经常停产的帖子……红帆公司都一一与相关公司签订《资讯服务合同》，并收取几百万元的资讯费。

2018年，随着公安部门对非法经营的从严查处，海蓝蓝公司、红帆公司均被公安机关立案侦查，随之，莫为之、尤忆等也投案自首。

## 律师分析

### 有偿删帖，涉嫌非法经营犯罪

事件中，莫为之、尤忆等违反国家规定，以营利为目的，利用网络有偿提供删帖服务，涉嫌非法经营犯罪。

我国《刑法》规定，非法经营罪是指自然人或单位违反国家规定，从事非法经营活动，扰乱市场秩序，情节严重的行为。情节严重的，处五年以下有期徒刑或者拘役，并处或者单处违法所得一倍以上五倍以下罚金；情节特别严重的，处五年以上有期徒刑，并处违法所得一倍以上五倍以下罚金或者没收财产。单位犯非法经营罪的，对单位判处罚金，并对其直接负责的主管人员和其他直接责任人员，依照非法经营罪的规定处罚。

有关司法解释规定，违反国家规定，以营利为目的，通过信息网络有偿提供删除信息服务，或者明知是虚假信息，通过信息网络有偿提供发布信息等服务，扰乱市场秩序。（1）个人非法经营数额在五万元以上，或者违法所得数额在二万元以上的；（2）单位非法经营数额在十五万元以上，或者违法所得数额在五万元以上的属于非法经营行为“情节严重”，以非法经营罪定罪处罚。实施前述规定的行为，数额达到前述规定的数额五倍以上的，属于非法经营行为的“情节特别严重”。

事件中，莫为之、尤忆等以营利为目的，利用网络提供有偿删除信息服务，扰乱秩序，违法所得数额巨大，且情节特别严重，均已涉嫌非法经营犯罪。

## 004

## 风险事件

# 如此贷款，踏上了不归路

瀛海市亚飞陶瓷有限公司（以下简称亚飞公司）成立于2002年。主营业务为研发、生产、销售陶瓷墙地砖。韩潇为亚飞公司执行董事，担任法定代表人。

亚飞公司投产后的十来年里，公司营业收入、净利润、现金流都非常好，韩潇也成为瀛海市各大银行行长的座上宾，都争相给予亚飞公司贷款，且条件一家比一家优惠。

那时，亚飞公司本身就有那么多资金放在银行不知如何花，可韩潇为了维护这层关系，还是会蜻蜓点水似的每家银行都贷一些款项。为了不让亚飞公司不亏利息，韩潇就把这些从银行贷过来的款项做一些稳健型的投资。这样，既维护了关系，亚飞公司还有少许利润。

时间来到2011年，这时亚飞公司的人力成本不断增加。受国内建筑陶瓷产能过剩影响，亚飞公司销售业绩逐月下滑。

还有，瀛海市正在进行空气污染治理，要求陶瓷厂家必须利用清洁能源。各种不利因素叠加，亚飞公司的真实利润直线下滑。

经营企业这么多年，韩潇首次感觉到企业危机来了。尽管做产品利润不行，但韩潇感觉做投资应该有前景。

接下来，韩潇准备部署他的投资计划。

尽管亚飞公司业绩下降，但韩潇还是让亚飞公司财务把公司营业额做上去，公司利润也保持高峰时期的水平。

另外，他还让工作人员收集一些不同人员的身份证，再用这些收集来的身份信息作为股东注册成立瀛海市福海陶瓷原料销售有限公司（以下简称福海公司）及鲁州市永盈陶瓷销售有限公司（以下简称永盈公司）。

其实这两家公司均为“三无”公司，无资产，无人员，无经营场地。

待这些工作做好以后，韩潇准备实施他的投资计划了。

实施计划过程中，他经常安排亚飞公司与永盈公司签订《陶瓷销售合同》，且永盈公司也会按合同约定支付货款，但亚飞公司不用发货。通过这种操作，亚飞公司的业绩、银行流水、财务报表就符合银行贷款要求了。

待公司各项数据均符合银行贷款要求后，亚飞公司就以需向福海公司购买原材料为由向银行申请了3笔贷款，共计1200万元。其实，亚飞公司向银行提交的那些采购合同均为虚假交易，并无实际履行。福海公司收到银行支付的款项后，韩潇都是当天安排工作人员把款项转出，投至他看好的房地产市场及民间借贷。

后来，韩潇认为仅通过一两家公司来"协助"办理银行贷款规模太小，而且也赶不上资金需求速度。韩潇就安排工作人员大量注册一些陶瓷原材料销售公司为亚飞公司提供"方便"。

直至2015年年初，赢海市民间借贷崩盘，亚飞公司有8000多万元收不回来，且亚飞公司对这个资金窟窿也无能为力。最终，亚飞公司的贷款骗局东窗事发。

随后，公安部门对亚飞公司的系列贷款案件立案侦查。经统计，亚飞公司通过与不同公司签订虚假原材料采购合同向10多家银行贷款，共借入资金达1.5亿元。

## 律师分析

### 提供虚假文件申请贷款涉嫌贷款诈骗罪

事件中，韩潇以非法占有为目的，不断虚构亚飞公司向多家空壳公司采购原材料事实，向银行贷款，数额特别巨大，涉嫌犯贷款诈骗罪。

根据我国《刑法》规定，贷款诈骗罪，是指以非法占有为目的，编造引进资金、项目等虚假理由、使用虚假的经济合同、使用虚假的证明文件、使用虚假的产权证明作担保、超出抵押物价值重复担保或者以其他方法，诈骗银行或者其他金融机构的贷款，数额较大的行为。

另外，在我国司法实践中，行为人具有下列情形之一的，将会被认定为"具有非法占有的目的"：

（1）明知没有归还能力而大量骗取资金的；

（2）非法获取资金后逃跑的；

（3）未将贷款按用途使用而是肆意挥霍致使贷款无法偿还的；

（4）使用贷款进行违法犯罪活动，致使贷款无法偿还的；

（5）改变贷款用途将贷款用于高风险经济活动，造成重大经济损失，致使贷款无法偿还的；

（6）为谋取不正当利益，改变贷款用途，造成重大经济损失，致使贷款无法偿还的；

（7）抽逃、转移资金、隐匿财产，以逃避返还资金的；

（8）隐匿、销毁账目，或者搞假破产、假倒闭，以逃避返还资金的；

事件中，韩潇采用虚假的购销合同、虚假的亚飞公司财务报表及银行流水等证明文件，向银行贷款，数额特别巨大，并为谋取不正当利益，将贷款用于民间借贷，致使贷款无法偿还，造成重大经济损失，已涉嫌犯贷款诈骗罪。

## 005

### 风险事件

## 为情人挪用公款的财务人员

张婼是嬴海市商盈商务有限公司（以下简称商盈公司）桥东分公司的财务部主管。

商盈公司桥东分公司的人员组织结构简单，公司主要以纸质银行承兑汇票结算，财务方面的大部分工作都是通过系统由商盈公司总部进行远程处理，因此只设了张婼一名财务主要负责收款事宜。

张婼从桥东分公司成立以来，在财务部主管这个岗位工作了近5年。

作为桥东分公司的老员工，张婼与公司所有员工都相处得非常融洽，因为工作任务较少，每到月末收款的时候，张婼便主动帮助销售部门的工作人员在缴款系统中做缴款创建，由此张婼便获得了系统中从创建到审核再到流转的所有权限。

2013年的春天，张婼在同学聚会上遇到了自己高中时期的暗恋对象马海威，两人一见面相谈甚欢。

马海威主要从事期货方面的生意，赚钱容易来钱快。在同学聚会上，开着豪车前来的马海威出手阔绰，成为同学们眼中混得最成功的人，更成为张婼心中的完美男人。

同学聚会后，张婼与马海威便时常约着见面，两人之间感情愈见深厚，发展成为情人关系。

2014年年初，马海威对张婼说自己手上的资金有点周转不过来，希望张婼能够借钱给他，并承诺几天后便会归还且将给予张婼极高的报酬。张婼知道自己也就是个工薪阶层，并没有很多钱，但却没有马上回绝。

当时正值月底，在帮销售部门录入当月收款数额时，张婼突然想到挪用公司的货款。她在缴款系统中，将当月的所有收款全部录入，以保证收款数额与业务部门统计的数额一致。次月1号，她便以票据存在问题为由在系统中冲销了几笔收款，并将冲销出来的款项挪用。等到月底，她再从市场购买同等金额的票据补充进来。

刚开始，马海威向张婼借的钱都能按时归还，张婼也能很快将挪用的窟窿堵上。但从2014年年底开始，马海威便逐渐亏钱，张婼挪用的钱也开始无法填补，但为了让马海威能够哪天翻本把亏的钱赚回来，张婼并没有就此住手，她挪用资金的窟窿也越来越大。

随着在挪用资金的泥潭越陷越深，张婼每天都过得胆战心惊，每天都在害怕事情会败露。

2016年春节过后，商盈公司总部空降了一名财务经理到桥头分公司任职，张婼此时已经累计挪用了数百万元的资金无法归还。

## 律师分析

### 挪用公司资金数额较大超期未还涉嫌犯罪

由于公司对资金的监管不严，财务人员利用监管漏洞监守自盗的现象时有发生。上述风险事件中，张婼已经构成了挪用资金罪。

我国《刑法》规定，挪用资金是指公司、企业或者其他单位的工作人员利用职务上的便利，挪用本单位资金归个人使用或者借贷给他人，数额较大、超过三个月未还的，或者虽未超过三个月，但数额较大、进行营利活动的，或者进行非法活动的行为。

根据《最高人民法院关于办理违反公司法受贿、侵占、挪用等刑事案件适用法律若干问题的解释》的相关规定，挪用本单位资金1万元至3万元以上的，即为数额较大；为进行非法活动，挪用本单位资金5000元至2万元以上的，应追究刑事责任。

上述风险事件中，商盈公司对公司的财务系统的权限监管不严，且对公司的货款冲销没有规定审批流程，给张婼挪用资金提供了空间和可能。

**建议：**

1. 公司应定期查看财务系统的相关权限，对于与岗位不相容的权限应一律清除。

2. 针对货款的冲销，公司应制定严格审批程序。

## 006

### 风险事件

## 采购经理收受回扣被公安机关立案侦查

2013年5月，赢海市格尔乐电器有限公司（以下简称格尔乐公司）采购部经理申明义被举报有收受商业贿赂的嫌疑。

自2011年3月申明义在入职格尔乐公司担任采购部经理后，便有针对性地给他认为有利可图的供应商打电话或发邮件，邮件的大概内容是表明自己是新上任的采购部经理，在做采购方面有丰富的经验，希望以后能多多关照。

2012年5月，格尔乐需要采购一批五金配件，申明义便再次给这些供应商发了一封邮件，表示公司需要采购一批货物，请货源充足的供应商提前与他联系。

赢海市鑫耀五金制品有限公司（以下简称鑫耀公司）总经理林皓明收到邮件后，立刻与申明义取得了联系，表示鑫耀公司有充足的货源。

申明义则表示已经有好几个供应商都回复说有货，虽然鑫耀公司已经与格尔乐公司合作多年，但是有一两家供应商的报价比鑫耀公司更低，所以还需要再考虑一下。

接下这一笔大单，意味着林皓明2012年的业绩指标将完成1/3，因此收到申明义的回复后，林皓明有些苦恼。

晚上回家后，林皓明将此事告诉妻子陈花，常年在另一家公司做采购的陈花一听便对申明义回复中的暗示了然于心。她告诉林皓明，申明义说是要考虑一下，其实话外之音就是想要一些好处费。林皓明听后恍然大悟。

第二天，林皓民将申明义约出来一起吃饭，饭席上林皓明表示如果格尔乐公司将这批货交由鑫耀公司供应的话，林皓明将私下给申明义10万元的好处费。

申明义对此没有作出任何回应。一个星期后，鑫耀公司收到了格尔乐公司发出的订单。

在业务完成收到货款后，林皓明便按照申明义的要求先后两次将共计10万元现金汇入申明义的个人账户中。

因此，申明义被公安机关立案侦查。

## 律师分析

### 收回扣涉嫌商业贿赂

在商业活动中，收受回扣的现象普遍存在。上述风险事件中，林皓明给申明义的行为其实就是商业贿赂，是违反法律规定的行为。

回扣是指卖方在商品或者劳务买卖中，按照一定的比例给买方或者买方经办人支付价款的行为。

商业贿赂是指在经济活动中，为了获得交易机会，经营者通过暗中给予交易对象相关人员和能够影响交易的其他相关人员财务或者其他好处的不正当竞争行为。

司法实践中，并不是所有的回扣都构成商业贿赂。回扣以商业贿赂论处的前提是有没有入账，因此如果收受回扣后，能够将财物按时交给单位，并如实入账，则不构成商业贿赂。

上述风险实践中，行贿人林皓明构成非国家工作人员行贿罪，受贿人申明义构成非国家工作人员受贿罪。

非国家工作人员受贿罪是指，公司、企业或其他单位的工作人员利用职务上的便利，索取他人的财物或者非法收受他人财物为他人谋取利益的行为。

这种行为最常见的方式表现为公司、企业或者其他用人单位的工作人员在经济往来中，利用职务上的便利，违反国家规定收受各种名义的回扣、手续费归个人所有。非国家工作人员行贿罪则是指为谋取不正当利益，给予公司、企业或者其他单位的工作人员以财务，数额较大的行为。

因此，收回扣是商业贿赂的一种表现形式，这种行为只要数额达到法律规定的“数额较大”的标准时将很可能触犯刑法。

**建议：**

1. 用人单位对雇用和聘请的财务人员、业务人员等工作人员应有针对性地签订书面劳动合同，并详细阐明权利义务。

2. 企业应建立严格的监管制约机制，充分调动企业员工参与到监督工作中，互相监督。

**007**

## 风险事件

### 知名演员神经大条，经纪人中饱私囊

朱奎大学毕业后幸运地进入国内知名的娱乐公司星芒传媒股份有限公司实习。

实习期间，一次偶然的机会朱奎结识了当时已经小有名气的明星汪宛玉并成为她的经纪人。汪宛玉虽是草根出身，但凭借自己的努力和运气经过几年的

努力便成为国内知名的演员。

2012 年，汪宛玉宣布成立个人工作室，并宣布由其经纪人朱奎担任工作室总经理。

随着汪宛玉的演艺事业越来越红火，汪宛玉工作室的收入也越来越多，眼见自己为汪宛玉辛苦奔波，到处洽谈工作所得的收入全都装进了汪宛玉的腰包，朱奎的眼睛也越来越红。

2014 年 8 月，朱奎在与某家公司洽谈广告代言业务时，要求该公司将约定的广告代言款项支付到自己的银行账户上。收到款项后，朱奎等了许久都不敢使用这笔钱，但随着时间的推移，朱奎发现汪宛玉是个神经非常大条的人，她对自己的收入完全没有概念，并且与朱奎愉快地合作了近十年，她对朱奎给予了几乎百分百的信任，所以从来没有对朱奎产生过怀疑。

一次侵吞后没有被发现，朱奎便无法再控制自己贪婪的欲望。在 2015 年到 2017 年，朱奎利用担任汪宛玉工作室总经理和经纪人职务的便利，采用虚报演出、广告代言等手段，侵吞了汪宛玉工作室演出、广告代言等各项业务款共计 250 万余元。

## 律师分析

### 职务侵占数额较大可入刑

上述风险事件中，朱奎的行为很显然构成了职务侵占罪。

职务侵占是指公司、企业或者其他单位的人员，利用职务上的便利，将本单位的财产非法占为己有的行为。而职务侵占罪其实可以理解为公司、企业或者其他单位工作人员的“贪污罪”。

职务侵占数额较大的，就构成职务侵占罪，将处五年以下有期徒刑或者拘役；数额巨大的，则处五年以上有期徒刑，可以并处没收财产。

构成职务侵占罪行为人的主观方面应具有直接的故意，具有非法占有公司、企业或者其他单位的目的，客观方面则表现为利用职务上的便利，侵占本单位财产，数额较大的行为。

最高人民法院的有关司法解释性文件（《全国法院审理经济犯罪案件工作

座谈会纪要》）认为“利用职务上的便利”指的是既包括利用本人职务上主管、负责、承办某项公共事务的职权，也包括利用职务上有隶属、制约关系的其他国家工作人员的职权。担任单位领导职务的国家工作人员通过不属自己主管的下级部门的国家工作人员的职务为他人谋取利益的，也应当被认定为“利用职务上的便利”为他人谋取利益。

目前，《最高人民法院、最高人民检察院关于办理贪污贿赂刑事案件适用法律若干问题的解释》第十一条规定，职务侵占罪“数额较大”的起点为6万元，侵占数额在100万元以上的，则被认定为“数额巨大”。

虽然每个人贪婪的欲望是用人单位无法遏制的，但是在实践中，通过完善财务制度，建立健全财务系统和监督机制，也能从一定程度上防止公司资产被侵占。

上述风险事件中的汪宛玉，但凡有一丝警惕之心，朱奎都不敢纵容自己的欲望泛滥。

# 第十三章 决 策

001

## 风险事件

### 董事会决策，董事赔监事“陪”

嬴海嗨嗨KTV娱乐有限责任公司（以下简称嗨嗨公司）于2006年10月成立，主要经营量贩式KTV、卡拉OK。嗨嗨公司共有股东14人，均为自然人股东，郝龙、李泱溢、刘永彰、于启英、沈强等均是嗨嗨公司的股东。

嗨嗨公司设董事会，董事每届任期三年；设监事一名，监事每届任期三年。嗨嗨公司成立时，全体股东一致选举郝龙、李泱溢、刘永彰三位股东分别担任董事，组成董事会，董事长由郝龙担任，选举于启英任监事。

嗨嗨公司全体股东一致通过的公司章程规定，股东会决定公司的经营方针、投资计划；董事会提议的公司经营方针、投资计划应由董事会多数通过并交股东会表决；股东会对经营方针、投资计划等需由股东会表决的事项必须经代表2/3以上表决权的股东通过；监事可以列席董事会会议，对董事履行职责进行监督，对董事会决议事项提出质询或者建议，发现公司经营情况异常，应及时向股东报告，必要时可以提议召开临时股东会。

2008年3月，郝龙经朋友介绍认识江口市的冯昌槐，冯昌槐邀请郝龙到A市考察市场，并极力鼓动郝龙到江口市合作投资经营KTV。郝龙应邀考察江口市的市场后，认为江口市尚无装修高档、服务管理到位的量贩式KTV，江口市具有消费升级的市场，冯昌槐在江口市的人脉资源广，有一定经济实力，是理想的合作伙伴。

于是，郝龙召开董事会，并邀请监事于启英列席。郝龙在董事会上介绍了到江口市考察的情况，并提议与冯昌槐合作在江口市投资经营一家量贩式KTV，共投资人民币1000万元，双方各占50%的股份，嗨嗨公司负责输出管理模式、员工培训、财务管理、物品采购等；总经理由冯昌槐担任，负责公共关系、日常经营工作等。与会董事一致通过了郝龙的提议。

2008年12月，嗨嗨公司与冯昌槐共同在江口市投资人民币1000万元的红玫瑰KTV正式营业。2009年4月，红玫瑰KTV因涉嫌容留他人吸毒被公安机关查封停业，冯昌槐因涉嫌犯罪被羁押。嗨嗨公司对红玫瑰KTV项目人民币500万元的投资损失殆尽。

2009年9月，沈强等六名嗨嗨公司的小股东共同委托律师向嗨嗨公司出具权利请求书，认为郝龙等董事违反公司章程的规定，不经公司股东会决议，擅自决定投资红玫瑰KTV项目，致使公司损失人民币500万元，对此，郝龙等董事应共同赔偿嗨嗨公司的投资损失，于启英作为监事未能尽到监督的职责，也应对嗨嗨公司的投资损失承担赔偿责任，因此，沈强等六名股东要求嗨嗨公司起诉公司董事郝龙、李泱溢、刘永彰及监事于启英，主张相关人员共同赔偿嗨嗨公司在红玫瑰KTV项目上的投资损失。

郝龙等人认为投资红玫瑰KTV项目是董事会的集体决策，是公司的投资行为，投资失败的损失不应由其等人个人承担。于是，操纵嗨嗨公司对沈强等六名股东的要求不置可否。

2009年11月，沈强等六名股东向法院提起诉讼，要求嗨嗨公司董事郝龙、李泱溢、刘永彰及监事于启英，连带赔偿嗨嗨公司在红玫瑰KTV项目上的投资损失人民币500万元。

## 律师分析

### 董事、监事过错，造成公司损失均担责

公司的董事、监事及高级管理人员应当遵守法律、行政法规和公司章程，对公司负有忠实义务和勤勉义务。

公司董事会对股东会负责，公司董事会的决议内容违反法律、行政法规的

无效，决议内容违反公司章程的，股东可以自决议作出之日起六十日内，请求人民法院撤销。

董事、监事、高级管理人员执行公司职务时违反法律、行政法规或者公司章程的规定，给公司造成损失的，应当承担赔偿责任。

董事、高级管理人员违反法律、行政法规或者公司章程的规定，损害股东利益的，股东可以向人民法院提起诉讼。

事件中，嗨嗨公司的章程规定，股东会决定公司的经营方针、投资计划；董事会提议的公司经营方针、投资计划应由董事会多数通过并交股东会表决；监事应对董事履行职责进行监督，发现公司经营情况异常，应及时向股东报告，必要时可以提议召开临时股东会。

根据嗨嗨公司章程的上述规定，董事会并无权决定嗨嗨公司对外的投资事项，董事会不经股东会表决，擅自决定对外投资事项，违反了公司章程的规定，因此造成嗨嗨公司的投资损失，参与决策的董事要承担相应的赔偿责任。监事于启英对董事会的违规决策未尽到监督的职责，因此对给嗨嗨公司造成的损失，也应当承担赔偿责任。

## 002

### 风险事件

## 董事会任免董事引发诉讼

瀛海明利科技有限责任公司（以下简称明利公司）是中外合资企业，其中香港明利有限公司（以下简称香港明利）持股51%，瀛海前进实业有限责任公司（以下简称前进公司）持股29%，高人仁个人持股20%。

明利公司设董事会，公司章程规定：明利公司董事会由五名董事组成，董事由股东委派，其中香港明利委派三名董事；前进公司委派一名董事，高人仁委派一名董事；各方在委派和更换董事人选时，应书面通知董事会，并由董事会作出董事任免决议；董事会依公司章程规定，讨论决定公司的一切重大问题。

2000 年 6 月，明利公司成立之初，香港明利委派马宏斌等三人出任董事。

2017 年 7 月初，香港明利向明利公司出具《撤换董事委派函》，撤销委派马宏斌出任明利公司董事，并改委派何国彰出任明利公司董事。

2017 年 7 月 26 日，明利公司在马宏斌缺席的情况下召开董事会，并作出决议：免去马宏斌明利公司董事之职，确认何国彰明利公司董事之职。

马宏斌对此不服，认为明利公司董事会免去其公司董事之职的决议无效。

于是，马宏斌将明利公司列为被告，将何国彰列为第三人，诉至人民法院，要求撤销明利公司董事会免去其公司董事之职的决议。

人民法院以马宏斌与案涉董事会决议间不具有直接的利害关系、并非该案适格原告为由，裁定驳回马宏斌的起诉。

## 律师分析

### 中外合资企业的董事由合营各方委派和撤换

中外合资企业董事会的产生、更换程序与《公司法》规定的公司的董事会的产生、更换程序迥异。

中外合资企业设董事会，其人数组成由合营各方协商，在合同、章程中确定，并由合营各方委派和撤换。董事长和副董事长由合营各方协商确定或由董事会选举产生。中外合营者的一方担任董事长的，由他方担任副董事长。

中外合资企业的董事会根据平等互利的原则，决定合营企业的重大问题。董事会的职权是按合营企业章程规定，讨论决定合营企业的一切重大问题：企业发展规划、生产经营活动方案、收支预算、利润分配、劳动工资计划、停业，以及总经理、副总经理、总工程师、总会计师、审计师的任命或聘请及其职权和待遇等。

《公司法》规定的有限责任公司的董事会产生、更换的办法是：股东会选举和更换非由职工代表担任的董事，决定有关董事的报酬事项；审议批准董事会的报告，董事会对股东会负责。

《公司法》规定的股份有限公司的董事会产生、更换的办法是：股份有限公司设董事会，其成员为五人至十九人。股份有限公司创立时由创立大会选举董事会成员；之后，董事由股东大会选举产生，股东大会选举董事，依照公司章程的规定或者股东大会的决议，实行累积投票制。董事人数不足《公司法》规定人数或者公司章程所定人数的2/3时，在两个月内召开临时股东大会选举产生。

《公司法》规定的有限责任公司及股份有限公司的股东、董事、监事等认为董事会的决议无效或不成立，可以请求人民法院确认无效或者不成立。请求确认董事会决议不成立、无效或者撤销决议，应当列公司为被告。对决议涉及的其他利害关系人，可以依法列为第三人。

但对于中外合资企业法律并没有规定中外合资企业的董事有相关的诉权。

事件中，明利公司的董事会决议免去马宏斌明利公司董事之职，确认何国彰为明利公司董事之职是依据股东香港明利关于撤销委派马宏斌出任明利公司董事，并改委派何国彰出任明利公司董事的指令作出的。该董事会决议所体现的只是合资公司股东的意志，并非明利公司董事会的意志，该决议仅系明利公司董事会对既有法律事实的记载。

并且，明利公司章程规定董事会由五名董事组成，董事由股东委派，其中香港明利委派三名董事；前进公司委派一名董事，高人仁委派一名董事；各方在委派和更换董事人选时，应书面通知董事会，并由董事会作出董事任免决议。

因此，马宏斌不是事件所涉案件的适格原告，人民法院裁定驳回马宏斌的起诉是正确的。

## 003

### 风险事件

## 子公司违规担保，控股股东承诺补偿

山煤国际能源集团股份有限公司（以下简称山煤国际）成立于2000年11月，注册资本19.82亿元，是一家在国内A股上市的国有控股公司（股票代码：600546），“中国500强”企业之一，2017年位列《财富》中国500强排行榜第141位。公司在册员工14400人。

2015年4月21日，山煤国际关于子公司未履行审批决策程序提供担保情况的提示性公告称：山煤国际在编制2014年度报告临近尾声时发现，公司的二级全资子公司有一笔对外担保没有履行审批决策程序。该子公司是山煤国际的全资子公司，其于2014年6月，为该子公司的业务合作伙伴约2亿元的银行借款提供连带保证责任担保，目前银行已将该债权转让给一家国有金融资产管理公司。该担保未履行担保审批程序。

2015年5月28日，山煤国际关于收到上海证券交易所监管工作函的公告称，因山煤国际下属全资子公司山煤国际能源集团华南有限公司（以下简称华南公司）为其供应商广州大优煤炭销售有限公司（以下简称大优公司）向光大银行广州分行的金额为219552625.84元借款提供了连带保证责任担保。该笔对外担保金额占山煤国际2013年度净资产的2.8%，占山煤国际2013年度净利润的31%。此后，大优公司因经营业绩为亏损状态，其相关债务被银行要求提前清偿，山煤国际可能因此承担担保责任。山煤国际未披露前述事项，也未按规定履行董事会决策程序。

上海证券交易所认为山煤国际的董事长郭海、总经理王松涛、财务工作负责人王瑞增和公司董事会秘书马凌云未能勤勉尽责，对违规行为负有主要责任。

为此，上海证券交易所对山煤国际和时任董事长郭海、时任总经理王松涛、时任财务工作负责人王瑞增、时任董事会秘书马凌云予以监管关注。

事件发生后，山煤国际称，制定并执行了以下整改措施：

（1）依据山煤国际绩效考核管理办法以及人事管理制度，对华南公司主要责任人进行了责任追究。

（2）开展了下属公司重大事项的摸底工作，对下属企业的投资、融资、担保事项进行了摸底调查。调查结果显示，目前除华南公司外并无其他公司存在同类问题。

（3）开展了内控制度的梳理工作，在现有内控制度的基础上查找漏洞。

（4）针对山煤国际的禁止性规定下发了强调重申通知，要求下属各公司班子成员、中层干部以及相关重点岗位人员深入学习并严格遵守山煤国际关于“十九条红线”的禁止性规定，树立“底线”思维，强化“红线”意识。

（5）要求下属各公司视自身实际情况进一步完善内控制度，尤其是公章管理，明确规定了各公司涉及融资、担保、投资等行为的相关文件在使用公章时必须提交山煤国际内部决策依据以及母公司审批依据。

（6）修订了《山煤国际能源集团股份有限公司对外担保管理制度》，收回了控股子公司对外担保权限，对山煤国际所有对外担保实行统一管理，山煤国际对外担保必须经公司董事会或股东大会批准，未经公司董事会或股东大会批准，任何单位或个人无权以山煤国际名义签署对外担保的合同、协议或其他类似的法律文件。

（7）山煤国际控股股东山西煤炭进出口集团有限公司为该事项出具了承诺函，承诺如果山煤国际因华南公司违规对外担保一事遭受了实际经济损失，同意对山煤国际所遭受的实际经济损失进行补偿，减免了山煤国际可能承担的潜在损失。

## 律师分析

### 擅自决策，违规担保，违反上市公司监管规则

公司，特别是上市公司对外担保有明确而严格的法律规定。

公司向外提供担保，应依公司章程的规定，由董事会或者股东会、股东大会决议；公司章程对投资或者担保的总额及单项投资或者担保的数额有限额规定的，不得超过规定的限额。

公司为公司股东或者实际控制人提供担保的，必须经股东会或者股东大会决议，相关股东或者受实际控制人支配的股东，不得参加表决，并且该项表决应由出席会议的其他股东所持表决权的过半数通过。

上市公司发生的“提供担保”交易事项，应当提交董事会或者股东大会进行审议，并及时披露。

上市公司下述担保事项应当在董事会审议通过后提交股东大会审议：

（1）单笔担保额超过公司最近一期经审计净资产 10% 的担保；

（2）公司及其控股子公司的对外担保总额，超过公司最近一期经审计净资产 50% 以后提供的任何担保；

（3）为资产负债率超过70%的担保对象提供的担保；

（4）按照担保金额连续12个月内累计计算原则，超过公司最近一期经审计总资产30%的担保；

（5）按照担保金额连续12个月内累计计算原则，超过公司最近一期经审计净资产的50%，且绝对金额超过5000万元以上；

（6）公司章程规定的其他担保等。

对于上市公司董事会权限范围内的担保事项，除应当经全体董事的过半数通过外，还应当经出席董事会会议的2/3以上董事同意；前款第（4）项担保，应当经出席会议的股东所持表决权的2/3以上通过。

公司股东应当遵守法律、行政法规和公司章程，依法行使股东权利，不得滥用股东权利损害公司或者其他股东的利益；不得滥用公司法人独立地位和股东有限责任损害公司债权人的利益。

公司股东滥用股东权利给公司或者其他股东造成损失的，应当依法承担赔偿责任。

公司的控股股东、实际控制人、董事、监事、高级管理人员不得利用其关联关系损害公司利益，给公司造成损失的，应当承担赔偿责任。

公司的董事、监事、高级管理人员对公司负有忠实义务和勤勉义务，不得违反公司章程的规定，未经股东会、股东大会或者董事会同意，将公司资金借贷给他人或者以公司财产为他人提供担保，给公司造成损失的，应当承担赔偿责任。

上市公司董事、监事、高级管理人员应当保证公司及时、公平地披露信息，以及信息披露内容的真实、准确、完整，没有虚假记载、误导性陈述或者重大遗漏。

上市公司应当关注子公司管理的风险：子公司超越业务范围或审批权限从事相关交易或事项，可能给企业造成投资失败、法律诉讼和资产损失。对上市公司的子公司业务权限应当合理授权，重大业务应当经母公司严格审批。未经母公司董事会或经理批准，子公司不得对外提供担保或互保。经批准的担保事项，子公司应当建立备查账簿，逐笔登记贷款企业、贷款银行等信息，母公司负责组织专人定期检查。

事件中，山煤国际的子公司——华南公司为大优公司借款担保的金额达2

亿元，未向山煤国际提出申请或备案，未按规定履行董事会决策程序，擅自决策，属违规对外担保。

山煤国际对子公司的管控存在漏洞，信息披露不及时。

上海证券交易所对此采取的监管措施得当。

## 004

### 风险事件

# 擅自“承诺”，刑拘“前任”

西藏银河科技发展股份有限公司是一家在深圳证券交易所上市的公司（股票代码：000752，股票简称：西藏发展），西藏发展主要业务为啤酒生产与销售。注册资本 2.64 亿元，2018 年三季报显示：总资产 13.77 亿元，净资产 11.25 亿元。

西藏发展股权较为分散，第一大股东持股比例仅为 10.65%；第三大股东为西藏自治区国有资产经营公司，持股比例为 7.30%。

2016 年 6 月 1 日，西藏发展关于第一大股东股权转让提示性公告称，西藏发展收到控股股东西藏光大金联实业有限公司（以下简称光大金联）通知，光大金联已于 2016 年 6 月 1 日与西藏天易隆兴投资有限公司（以下简称天易隆兴）签署了《西藏光大金联实业有限公司与西藏天易隆兴投资有限公司关于西藏银河科技发展股份有限公司之股份转让协议》，光大金联向天易隆兴转让其持有的西藏发展 28099562 股股份，占西藏发展总股本的 10.65%。

通过本次股份转让，天易隆兴成为西藏发展的第一大股东。王承波为西藏发展第一大股东天易隆兴的执行董事、经理，任天易隆兴的法定代表人。

2017 年 5 月 22 日，西藏发展股东大会选举王承波、吴刚等担任第七届董事会董事。

2017 年 6 月 30 日，西藏发展第七届董事会第十八次会议选举王承波为西藏发展第七届董事会董事长。

2018 年 6 月 19 日，西藏发展发布关于控股股东及公司涉及诉讼事项的公告，披露：

（1）原告国投泰康信托有限公司（以下简称国投泰康）诉天易隆兴、西藏发展等被告金融借款合同纠纷案（32号案件）。

原告国投泰康诉称，2016年5月国投泰康与天易隆兴签署《信托贷款合同》，向其发放贷款4.5亿元，天易隆兴未如期偿还；国投泰康与天易隆兴签署《股票质押合同》，约定天易隆兴以其持有的西藏发展28099562股限售股（股票代码：000752）及其孳息向国投泰康提供质押担保；2017年9月18日，西藏发展向国投泰康出具承诺函，承诺对天易隆兴在《信托贷款合同》项下的全部债务承担连带保证责任。

为此，原告诉讼请求判令天易隆兴偿还国投泰康信托贷款本金、利息及违约金合计450280025元；请求判令西藏发展等相关方对涉及天易隆兴的上述债务承担连带清偿责任；请求判令对天易隆兴质押的西藏发展28099562股股票及其孳息的拍卖变卖价款优先受偿。

（2）国投泰康诉深圳隆徽新能源投资合伙企业（有限合伙）（以下简称深圳隆徽）、西藏发展、天易隆兴等被告金融借款合同纠纷案件（33号案件）。

原告国投泰康诉称：2017年3月国投泰康与深圳隆徽新能源签署《信托贷款合同》，向其贷款3.2亿元，深圳隆徽新能源未如期偿还；2017年6月天易隆兴向国投泰康出具《承诺函》，承诺对深圳隆徽在《信托贷款合同》项下的全部债务承担连带保证责任；2017年9月18日，西藏发展向国投泰康出具《承诺函》，承诺对深圳隆徽在《信托贷款合同》项下的全部债务承担连带保证责任。

为此，原告诉讼请求判令深圳隆徽偿还贷款本金及截至2018年3月16日的利息合计320073126.5元；西藏发展、天易隆兴等承担连带清偿责任等偿。

西藏发展在该公告中称：经核实，公司董事会、股东大会从未审议批准对外提供担保的任何承诺函。

2018年6月21日，西藏发展发布关于控股股东及公司涉及诉讼事项的进展公告，称：诉讼涉及的为控股股东天易隆兴和深圳隆徽提供的《承诺函》上加盖有上市公司的公章、法人章。经核实，公司董事会、股东大会从未审议批准上市公司对外提供担保的任何承诺函。公司已向拉萨市公安局刑警支队报案，2018年6月20日拉萨市公安局刑警支队已受理“西藏银河科技发展股份有限公司印章被伪造”一案并出具受案回执［拉公刑受案字2018（1201）号］。针对本次诉讼对外担保，董事会目前正积极按照相关法律法规和公司应急处置措施，聘请律师就本案相关事项进行核实和处置；上述承诺函的真实性及有效性董事会将于核实查证后，向法院提出该承诺函为无效法律文件，并保留采取其他法律措施的权利。

2018年7月4日，西藏发展公告称，王承波辞去公司董事、董事长、董事会专门委员会委员及总经理职务，不再担任公司任何职务。

2018年7月31日，西藏发展发布关于涉及诉讼事项的公告，披露：

原告国投泰康诉北京星恒动影文化传播有限公司（以下简称星恒动影）、西藏发展、天易隆兴、深圳隆徽等被告。原告国投泰康诉称：2016年11月29日国投泰康与星恒动影签署《信托贷款合同》，国投泰康向星恒动影发放了2.5亿元贷款；2016年11月29日国投泰康与星恒动影签署《股票质押合同》，约定星恒动影以其持有的广东群兴玩具股份有限公司（以下简称群兴玩具）2000万股流通股股票及其孳息向国投泰康提供质押担保；2016年11月29日天易隆兴、深圳隆徽新分别与国投泰康签订《保证合同》，分别承诺对星恒动影《信托贷款合同》项下的全部债务承担连带保证责任；2017年6月27日西藏发展向国投泰康出具承诺函，承诺对星恒动影《信托贷款合同》项下的全部债务及《股票质押合同》约定的质押物补足义务承担清偿责任；贷款期届满，星恒动影未能偿还贷款本息。

为此，原告诉讼请求判令星恒动影偿还国投泰康贷款本金、利息、违约金及补仓违约金合计368455808.77元；请求判令西藏发展、天易隆兴等相关方对涉及星恒动影的上述债务承担连带清偿责任等。

西藏发展在该公告中称：经核实，公司董事会、股东大会从未审议批准对外提供担保的任何承诺函。鉴于公司对上述案件中出现的承诺函的真实性存疑，公司已向拉萨市公安局刑警支队报案，2018年6月20日拉萨市公安局刑警支队已受理“西藏银河科技发展股份有限公司印章被伪造”一案并出具受案回执，有关情况正在调查当中。

2018年12月13日西藏发展发布公告称：分别收到公司前任董事长、总经理王承波家属提供的拉萨市公安局《拘留通知书》；收到拉萨市公安局关于公司前任董事、公司子公司西藏银河商贸有限公司法定代表人吴刚的《拘留通知书》。公司前任董事长、总经理王承波，公司前任董事、公司子公司西藏银河商贸有限公司法定代表人吴刚因涉嫌合同诈骗罪于2018年12月10日被拉萨市公安局刑事拘留。

至此，西藏发展因大股东易主，新控股股东天易隆兴滥用股东权利，凌驾于上市公司内控制度之上，擅自以上市公司的名义出具数份《承诺函》，承诺对控股股东或控股股东的关联方的债务承担连带保证责任，令西藏发展卷入数起被要求承担连带保证责任的诉讼案件，担保金额共达十亿元。两前任董事因涉嫌刑事犯罪，被公安机关刑拘。

## 律师分析

### 冒用上市公司名义出具担保函，涉嫌犯罪

上市公司对外出具承诺函，承诺为他方的借款行为承担保证责任，实际上是一种对外担保行为。上市公司对外作出承诺，特别是对外担保的承诺，应当提交董事会或者股东大会进行审议，并及时披露。

上市公司董事、监事、高级管理人员对公司负有忠实义务和勤勉义务，未经股东会、股东大会或者董事会同意，为他人提供担保，给公司造成损失的，应当承担赔偿责任。

公司股东应当遵守法律、行政法规和公司章程，依法行使股东权利，不得滥用股东权利损害公司或者其他股东的利益；不得滥用公司法人独立地位和股东有限责任损害公司债权人的利益。

公司股东滥用股东权利给公司或者其他股东造成损失的，应当依法承担赔偿责任。

如果公司股东冒用上市公司名义与他人签订合同，或对外担保，数额较大，涉嫌犯罪。

上述事件中，如查明的事实是西藏发展的控股股东天易隆兴冒用上市公司的名义出具数份《承诺函》，让西藏发展为控股股东或控股股东的关联方共达十亿元的债务承担连带保证责任，相关责任人将受到刑事处罚。

**005**

## 风险事件

### 如何对重大投资项目进行合规审核

赢海赢鑫投资管理有限公司（以下简称赢鑫投资）是海鑫控股集团有限公司的一级子公司（海鑫集团），在海鑫集团内承担着海鑫集团对外投资项目的前期考察、谈判、实施与管理的功能。

2016年年底，赢鑫投资与香港永利源实业有限公司（以下简称永利源）接受平海市投资促进局的邀请，共同考察平海市近高铁站的平海新城的投资环境。

经初步了解，平海新城给赢鑫投资与永利源双方留下了轨道交通便利、区域位置优越、新城定位高端、规划科学超前、产业布局合理等良好印象。事后，赢鑫投资与永利源双方经沟通、洽谈，达成了合作投资平海新城的合作投资意向。

经过近二年的考察、沟通、策划，赢鑫投资与永利源双方参与项目前期工作的团队拿出了《“平海香港城”项目商业计划书》，“平海香港城”项目策划在平新海城投资建设“平海香港城”。

“平海香港城”策划占地13万平方米，建筑面积29万平方米，总投资人民币36亿元；其中，赢鑫投资方投入51%，占项目51%的股份；永利源方投入49%，占项目49%的股份。“平海香港城”拟采用香港传统的骑楼式街道建筑风貌，引入香港的现代商业及高端服务产业，配套平海新城三创产业园区，打造五星级的创意、创新、创业服务。

虽然赢鑫投资极力推进“平海香港城”，但由于项目投资巨大，需要海鑫集团董事会审议通过。赢鑫投资将项目材料报到海鑫集团董事会秘书处，请求安排上会审议。

董事会秘书处反馈意见给赢鑫投资，要求补充对“平海香港城”项目的合规审核意见，之后，才能安排项目海鑫集团董事会审议决策。

赢鑫投资以往的投资项目都没有做过合规审核，报海鑫集团批准的项目也没有要求提交合规审核意见的要求。这次海鑫集团在“平海香港城”项目上提出了新要求：提交董事会对投资项目审议，要有对投资项目的合规审核意见。

该如何对“平海香港城”项目进行合规审核呢？

## 律师分析

### 投资项目合规审核的要求、内容与方法

合规是指企业的经营活动与现行有效实施的法律、法规、政策、监管要求、行业规则、企业规章、市场公约，甚至社会公序良秩等相一致性要求。

合规审核是指通过对企业经营活动事项与合规要求是否相符进行审核，并提出审核意见，从而规避企业因未能遵循法律法规、监管要求、规则、自律性组织等相关规则，而可能遭受法律制裁、监管处罚、重大财务损失或声誉损失等合规风险。

合规审核是合规管理的重要内容。

**建议：**

1. 投资项目合规审核的要求

全面、有效、实时审核，识别包括不限于法律风险、政策风险、监管风险等合规风险，确保投资项目内容合法，决策程序合法，合规风险可控。

2. 投资项目合规审核的内容

（1）投资环境的审核

重点关注项目所在地政府信用、财政能力、是否受到国家有关投资政策的限制、依法行政水平及行政效率、风俗习惯、宗教信仰等。

（2）项目资料完整性、真实性的审核包括但不限于：

①项目可行性研究报告、项目招标文件；

②项目立项、环评、预算等相关审批文件；

③合作方对参与项目投资相关的决策性文件；

④项目及项目合作方的尽职调查报告、项目相关资产评估报告等；

⑤项目相关合作协议、合资成立公司协议、联合体协议、担保协议、贷款

协议等文件资料；

⑥外部法律机构出具的法律意见书。

（3）项目合规性审核

重点关注：项目实施程序、项目取得方式、项目参与主体、项目运作模式、公司参与方式等。

重点审核：

①项目是否符合国资委、发改委、商务部、政府交通运输、规划、土地、环保主管部门、关于投资行政审批、核准和备案的相关规定。

②项目是否已按要求纳入城市总体规划和各类专项规划，新建项目是否已按规定程序完成可行性研究、环境评价、立项等项目前期工作。

③项目是通过哪种方式取得？取得程序是否符合《招标投标法》《招标投标法实施条例》《政府采购法》《政府采购实施条例》等相关法律法规及企业内部相关规章制度的规定。

④项目参与方的主体资格、财务实力、融资能力、债权债务状况、资信情况、过往案例、履约能力等。

⑤项目运作模式、项目投资模式、项目运作期限，是否存在保底承诺、明股实债等不合规的情形。

⑥项目资产权利完整性、转让限制、产权清晰、查封、担保等。

⑦我方参与项目的方式：全资运作？参股？担保？社会资金？以参股方式参与项目的，通过股东协议、公司章程等安排股东间的权利义务分配，各方在项目中应承担的责任和面临的风险，保证各方在项目公司中的责权利对等；以担保方式参与项目的，应重点审核被担保方的还款能力、反担保能力、担保的主体资格、决策程序、担保范围、担保责任期间、担保效力等；以社会资金包括不限于信托、产业基金、保险基金、购买金融产品等参与项目的方式、模式与交易结构，关注是股权投资还是借贷关系（包括明股实债），并根据情况通过股权结构及法人治理结构安排，分别设计各方的权利、义务和责任。

⑧项目公司的股权结构、股东的主体资格、股东的权利义务、设立方式、议事规则、组织形式、治理结构，决策与运营管理等关键环节的话语权，重点审核项目公司章程、股东间的合作协议、合资设立项目公司协议等。

⑨融资安排的合规审核：融资方案、融资责任、风险分担、配套方案、融

资主体、融资担保、违约责任等，重点关注项目本身是否存在可能影响融资方案实施的权利瑕疵；融资方案是否合法合规、合理、科学；融资方案能否覆盖投资人的全部投资及回报、项目贷款本息和项目运营亏损；融资方案是否能与项目运营期相匹配等。

⑩项目投资回收保障的合规审核，关注投资退出的合规性，包括投资回收资金来源是否合法、有保障，资金使用有无限制；投资回收方案是否合法合规、合理、科学；应建立合理的收益分配机制和有效的风险分担机制，明确投资项目各参与主体之间的利益分配和风险分担方式；对于使用者付费的经营类投资项目及由政府财政缺口补贴的半经营类投资项目，应重点关注是否建立了价格调整机制；对于风险较大的投资项目，对方是否针对集团公司及各单位的投资成本及收益回收提供了相应担保，担保主体、担保方式是否符合《担保法》及司法解释的相关规定，对于第三方担保人的担保能力是否进行了尽职调查等。

⑪项目投资退出机制的合规审核，投资项目的退出分为投资项目实际实施前退出、项目实施过程中退出和项目结束后退出，重点审核项目参与主体特别是公司在投资项目中是否享有退出权；是否根据项目实际情况，设置相应的退出条件；根据项目特点选择股权退出、资产证券化、资产移交等多种退出方式，确定该种退出方式是否符合《国有产权转让管理办法》等法律法规的规定；投资退出后，项目参与主体之间权利义务分担原则和方式。

3. 投资项目合规审核的方法

(1) 形式审核

投资项目资料的完整性、规范性、程序合规性。

(2) 实质审核

①审核是否符合法律法规的规定。

②审核是否符合政策规定、监管要求。

③审核是否与行业规则、企业规章相左。

④审核是否违背市场公约、社会公序良秩。

(3) 重大专项集中讨论论证，必要时委托律师事务所发表法律意见

# 第十四章　投　资

001

## 风险事件

### 大股东能否拒绝小股东的查账要求

赢海海鑫房地产有限公司（以下简称海鑫公司）经过十几年的快速发展，已经达到净资产拥有百亿元的规模。

冼慰民、张圆平、黄家辉三位股东考虑到房地产行业已经过十几年的高速增长，未来的增长速度必然会降下来。目前，市场拍地的价格越来越高，开发成本也节节攀升，为了对抗未来的市场风险，股东们经充分协商，决定适度参与资本市场，拿出部分资金进行股权投资。

2015 年年初，海鑫公司成立全资子公司赢海赢鑫投资管理有限公司（以下简称赢鑫公司）负责海鑫公司体系除房地产外的投资业务。赢鑫公司注册资本 3 亿元，由冼慰民任董事长，担任法定代表人，黄家辉任总经理。

2015 年 3 月，赢鑫公司参与江南高越科技有限公司（以下简称高越公司）的增资，赢鑫公司向高越公司增资 1000 万元，持有高越公司 10% 的股份。

高越公司是由杨文松、郭庆海、全学祖三名大学同学，理科高材生组成的核心创业团队创立的，高越公司主要从事 3D 打印、扫描、装备、软件、材料技术的研发、设计、制造、转让、销售与售后服务等。杨文松、郭庆海、全学祖三人充分体现了创业团队的技术优势，高越公司在国内 3D 增材打印相关领域处于领先地位。

赢鑫公司参与增资后，高越公司由杨文松、郭庆海、全学祖三人各占 30%

的股份并分别担任董事，组成董事会，由杨文松任董事长，担任法定代表人，郭庆海任总经理，全学祖分管财务工作。

赢鑫公司未安排人员在高越公司担任职务，也不参与高越公司的经营管理工作，这也是高越公司的创业团队愿意让赢鑫公司参与增资的条件之一。赢鑫公司仅持有高越公司10%的股份，高越公司仍由创业团队完全掌控。

自2016年6月起开始，赢鑫公司与高越公司的创业团队之间矛盾初显。自赢鑫公司入股高越公司后，高越公司一直未召开过股东会，赢鑫公司对高越公司的经营情况不甚了解，对高越公司的了解仅止于与创业团队的口头沟通。

2016年7月，赢鑫公司向高越公司发函，要求查阅、复制高越公司包括会计账簿及原始凭证在内的财务资料，以便了解高越公司的经营情况。杨文松、郭庆海、全学祖三人协商后，认为让赢鑫公司查阅、复制会计账簿、原始凭证等财会资料对保护公司的商业秘密不利，便以高越公司名义复函表示赢鑫公司要求查阅、复制会计账簿及原始凭证的要求不合理，不予同意。

对此，赢鑫公司委托律师与高越公司进行交涉。

## 律师分析

### 股东有权查阅财务资料

高越公司拒绝赢鑫公司查阅包括会计账簿及原始凭证在内的财务资料是对股东行使知情权设置的阻碍。

股东有权查阅、复制公司章程、股东会会议记录、董事会会议决议、监事会会议决议和财务会计报告，对此并无限制性条件或前置程序。

股东可以要求查阅公司会计账簿。股东要求查阅公司会计账簿的，应当向公司提出书面请求，说明目的。

公司有合理根据认为股东查阅会计账簿有不正当目的，可能损害公司合法利益的，可以拒绝提供查阅，并应当自股东提出书面请求之日起十五日内书面答复股东并说明理由。

公司拒绝提供查阅的，股东可以请求人民法院要求公司提供查阅。

事件中赢鑫公司要求查阅高越公司包括会计账簿及原始凭证在内的财务资

料已明确表明目的是了解高越公司的经营情况，鉴于高越公司又较长时间未召开股东会，应当认为赢鑫公司已完成查阅财务资料目的正当性的一般性说明义务。

在此情形下，高越公司除非有理由证明赢鑫公司查阅财务资料有不正当目的，否则就不应拒绝查阅。但赢鑫公司要求复制高越公司的会计账簿、原始会计凭证的要求，缺乏法律依据，高越公司可以拒绝。

法律规定：会计账簿、原始会计凭证与章程、股东会会议记录、财务会计报告等公司文件材料不同，对于会计账簿、原始会计凭证，股东仅能查阅，无权复制。

**建议：**

1. 股东知情权是进行股权投资时参股方以股东身份了解公司经营状况、监督管理层的重要方式，是股东行使其他股东权利的重要基础。投资方应充分、合理利用股东知情权来进行项目投后管理。

2. 股东知情权由查阅权、质询权等多种权利组成，其中查阅权是股东行使最多的权利，在设计投资时签订的《投资入股合同》的条款时应对此有专门的可操作性的约定，以便让项目的创业团队或管理团队对此有足够的认识。

3. 投资方应建立项目档案，及时索取项目公司的章程、股东会会议记录、董事会会议决议、监事会会议决议和财务会计报告并归档。投资方因了解经营情况的目的可以要求查阅项目公司会计账簿，查阅时应安排相关专业人员参与，可以一并查阅会计凭证并做好查阅记录，查阅记录应及时归档。

**002**

**风险事件**

## 为保障投资安全，小股东委托律师查账

赢海赢鑫投资管理有限公司（以下简称赢鑫公司）要求查阅其参股的江南高越科技有限公司（以下简称高越公司）的财务资料被高越公司拒绝后，赢鑫公

司委托赢鑫集团公司聘请的法律顾问赢诚律师事务所的诚律师跟高越公司交涉。

赢诚律师事务所向高越公司发出律师函，函告高越公司：依据《公司法》第三十三条的规定，赢鑫公司作为高越公司的股东，有权查阅、复制高越公司章程、股东会会议记录、董事会会议决议、监事会会议决议和财务会计报告，为了解高越公司经营情况之目的，赢鑫公司也可以查阅公司会计账簿。对此，高越公司应当给予配合。

诚律师与高越公司三位创始人杨文松、郭庆海、全学祖充分沟通。同时，诚律师又与赢鑫公司总经理黄家辉沟通，指出赢鑫公司要求复制高越公司会计账簿、原始凭证等财务资料的做法不可取，劝说赢鑫公司放弃复制，只保留查阅高越公司会计账簿、原始凭证等财务资料的要求。双方经过充分沟通，互相取得谅解，高越公司同意赢鑫公司查阅其会计账簿、原始凭证等财务资料。

于是，赢鑫公司向高越公司出具书面委托书，委托赢鑫集团公司审计部的张会计与诚律师一起查阅高越公司的会计账簿、原始凭证等财务资料。

高越公司见赢鑫公司委托查阅公司财务资料的人员并不是赢鑫公司员工，便对此提出异议，认为让外部人员查阅公司财务资料不妥，从保护公司的商业秘密角度，要求赢鑫公司更换为赢鑫公司内部员工查阅高越公司财务资料。

## 律师分析

### 股东可委托专业人员辅助行使知情权

赢鑫公司委托张会计与诚律师一起查阅高越公司的财务资料的做法是可取的。

法律并没有对股东行使知情权，查阅、复制公司章程、股东会会议记录、董事会会议决议、监事会会议决议和财务会计报告，或查阅公司财务资料作限制性规定，也没有对股东委托专业人员行使知情权作禁止规定。

财务会计报告、会计账簿等文件专业性较强，没有专业人员的帮助，普通人通常难以独立解读。如果公司章程没有对股东行使知情权作具体的限制性规定，股东要求委托具有专业知识的第三人协助查阅公司的财务资料具有合理性，股东委托专业人员参与辅助行使股东知情权，既保障了股东合法权益，又未损害公司利益，应予准许。

当然，公司出于保护商业秘密的考虑，可要求参与查阅的人员签具保密协议，或出具保密承诺。因行使股东知情权参与查阅公司资料的人员应遵守保密义务，如泄露公司商业秘密，造成公司合法利益受到损害的，应承担相应的法律责任。

事件中，高越公司可通过要求赢鑫公司及其委托查阅公司财务资料的人员作出保密承诺的做法，达到其保护公司商业秘密的目的，在此前提下安排赢鑫公司委托的专业人员查阅高越公司财务资料，从而解决公司与股东之间行使知情权在操作上的分歧。

**建议：**

1. 投资方应适当聘请律师、会计师、审计、技术专家等专业人员辅助行使股东知情权，来进行项目投后管理。

2. 股东知情权由查阅权、质询权等多种权利组成，其中查阅权是股东行使最多的权利，在设计投资时签订的《投资入股合同》的条款时应对此有专门的可操作性的约定，以便让项目的创业团队或管理团队对此有足够的认识。

3. 投资方争取在项目公司的《公司章程》中设置操作性强的股东行使知情权的条款。

4. 投资方对专业人员辅助行使股东知情权的情况、分析与建议进行研究、讨论，增强投资方内部投后管理的措施，并形成对项目公司的合理化建议、意见，对发现的问题敦促其整改。

5. 投资方应建立项目档案，专业人员辅助行使股东知情权的情况、分析与建议应及时归档。

## 003

### 风险事件

## 大股东绕过小股东向公司借款

杨文松、郭庆海、全学祖三人作为江南高越科技有限公司（以下简称高越公司）的创始团队，创业数年，每人除正常在高越公司领取年薪约20万元的工资外，高越公司一直没有进行过分红，高越公司每年经营的收益都投入公司的生产与研发。三人都是外地人，毕业后就来到赢海市创业，三人一直合租高越公司附近的村民自建房，条件比较艰苦。

转眼间，七年过去了，三位一起创业的同学都快30岁了，每人身后都有一位理解、支持他们创业的女朋友，三人都曾与女朋友相约在高越公司成功上市时他们一起举行集体婚礼。

但上市之路漫长，高越公司的财务指标尚不够创业板IPO的要求，三人也都恋爱数年，女朋友家里都时不时催促他们尽快买房结婚。近两年，赢海市商品房的价格一直在上涨，特别是2015年上半年，楼市更是跳涨，赢海市海鑫房地产有限公司（以下简称海鑫公司）在高越公司所在高新区开发的恒鑫花园的房价从开盘的每平方米9000元涨到了现在的每平方米16000元。

杨文松、郭庆海、全学祖三人看着房价一路上涨，加之女朋友家里的催促，越看心越慌，觉得还是尽早把房买了比较踏实。

杨文松、郭庆海、全学祖三人一起看中了附近的恒鑫花园，都领着女朋友及女朋友的母亲看过数次，大家对户型、朝向、楼层、小区环境都比较满意，于是大家一起决定购买恒鑫花园的商品房。

每套房的房价要近260万元，如果一次性付款，每人的购房款都有将近200万元的缺口，按揭又觉得压力太大，目前从高越公司领取的薪水扣除日常生活开支尚不能支持支付按揭款。

三人商量：高越公司今年经营业绩很好，公司账上尚有资金700万元，每人向公司借款150万元用于购房，不会对公司的经营产生太大的影响，大家好好努力，争取年终分红，用分红款把借款补上，余下的购房款让父母、女朋友及女朋友父母等“六个钱包”一起帮忙解决。

杨文松跟高越公司财务王会计交代三位创始人每人向公司借款150万元的事情，并让王会计到时候直接把款汇到恒鑫花园的开发商海鑫公司账户上。

王会计表示股东向公司借款应有股东会的决议，否则财务不好做账。杨文松、郭庆海、全学祖三人一致认为，三人共持有高越公司90%的股份，不需要持股10%的赢海赢鑫投资管理有限公司（以下简称赢鑫公司）参与就可以通过股东会决议。

于是，杨文松便让王会计起草了一份股东会决议，股东会决议的内容为：

杨文松、郭庆海、全学祖合计持有高越公司90%的股份，代表高越公司超过2/3的多数股份，一致同意高越公司分别借给杨文松、郭庆海、全学祖三人每人人民币150万元，借款在分红款中优先扣除。杨文松、郭庆海、全学祖三人在此股东会决议上签名。

杨文松告诉赢鑫公司总经理黄家辉，高越公司三位创始人有意购买恒鑫花园商品房的事情，希望黄家辉能帮助跟海鑫公司沟通，在房价上给予一些优惠，并通报了高越公司给予三人借款的事情。

黄家辉为三人购房向海鑫公司申请了房价折后再九折的最大优惠，同时觉得高越公司经予三位创始股东借款的做法不妥，感觉高越公司包括三位创始股东在高越公司的经营管理中尚有许多不规范的地方。

黄家辉打算找合适的机会帮助高越公司规范经营管理，为日后走向资本市场减少障碍。

## 律师分析

### 控股股东不应滥用资本多数决原则

股东会议要依法定程序召开，股东会决议要依法定程序形成，股东对关联交易的表决应回避，控股股东不应滥用资本多数决。

股东会是股东行使股东权的平台，股东通过行使表决权对待议事项作出自己的意思决定，股东的意思决定通过表决权形成股东会决议，转化为公司意思。

不通过股东会这一平台，任何一个股东的意志均无法上升为公司意志。而且，股东会不仅是单纯的表决平台，亦是聚合股东智慧的沟通平台，通过股东会上的辩论、沟通，完全可能出现小股东说服大股东改变其原有议题的情形。

公司只有在全体股东对股东会所议事项以书面形式一致表示同意的情形下，才可以不召开股东会会议，直接作出决定，并由全体股东在决定文件上签名、盖章，否则，就必须依法召开股东会。

应由股东会所议事项控股股东不召开股东会会议就作出决定，违反法律规定，控股股东不通过股东会这一平台依法行使股东权，其意志仍无法上升为公司的意志，其直接签署的股东会决议不成立，对其他股东没有约束力。

股东会议要依法定程序召开，除公司章程另有规定或者全体股东另有约定外，召开股东会会议应当于会议召开十五日前通知全体股东，公司的控股股东不得利用关联关系损害公司利益，否则给公司造成损失的，应当承担赔偿责任，公司股东会的决议内容违反法律、行政法规的无效。

资本多数决是指在股东大会上或者股东会上，股东按照其所持股份或者出资比例对公司重大事项行使表决权，经代表多数表决权的股东通过，方能形成决议。

根据《公司法》的规定，股东享有的表决权的大小与其所持有的股份多少或者出资比例大小成正比，股东持有的股份越多，出资比例越大，所享有的表决权就越大。

资本多数决原则使得控股股东天然地对公司具有更大的影响力，一旦持股比例达到决议通过要求，这种影响便具有决定性。这也使得控股股东常常基于自身的优势而对小股东的权利不重视甚至漠视。

股东会会议中绝对地否定、忽视小股东的观点，甚至不再召开股东会即签署股东会决议的情况并不罕见。控股股东不召开股东会即签署股东会决议的做法，超越了资本多数决原则的合法适用范围，属于滥用资本多数决的行为。

上述事件中，高越公司未召开股东会表决，由三位创始股东直接签署股东会决议就给予三位创始股东借款的做法是违法的，三位创始股东签署的股东会决议应当认定为不成立。三位创始股东及高越公司的违规行为如不及时整改将会为日后走向资本市场增加障碍。

**建议：**

1. 召开股东会应提前十五天通知全体股东，除非公司章程另有规定或者全体股东另有约定。

2. 公司章程应对关联交易的表决及回避作出规定。

3. 应审核公司股东会决议内容，不可损害公司或者其他股东的利益；不得损害公司债权人的利益；不能违反法律、行政法规的规定；不要违反公司章程的规定。

**004**

## 风险事件

# 引入新股东助力上市

赢海赢鑫投资管理有限公司（以下简称赢鑫公司）就江南高越科技有限公司（以下简称高越公司）未召开股东会仅通过杨文松、郭庆海、全学祖三位股东在股东会决议上签名的方式给予三位股东每人借款150万元的事情，委托诚律师与杨文松、郭庆海、全学祖三位股东沟通。

诚律师沟通中向杨文松、郭庆海、全学祖三位股东指出，不召开股东会，仅有占资本多数份额的股东在股东会决议上签名所作出的“股东会决议”程序不合法，是可以被撤销的，三位股东借用高越公司的资金购房的行为，侵害了公司、其他股东或债权人的利益，如超过三个月未还，涉嫌构成挪用资金罪，有可能会被追究刑事责任，对高越公司日后走向资本市场也构成了实质性障碍，并详尽地给三位创始人股东解释了法律的相关规定。

杨文松、郭庆海、全学祖三人听了诚律师的解释，倒吸一口凉气，大家都意识到当初决定向公司借款买房的草率，幸好公司现在还没有把借给股东的购房款汇出，三人撤回了给王会计的股东会决议，决定不再考虑向公司借款付购房款了。

但是，三人都分别与海鑫公司签订了《商品房认购书》，已支付了10万元定金，而且黄家辉也已为三人购房申请折后再九折的优惠，很快就要签订《商品房买卖合同》了，支付购房购已是迫在眉睫的事了。

杨文松、郭庆海、全学祖三人想到了已数次来高越公司沟通，表示要投资入股高越公司的南方红玫瑰投资管理有限公司（以下简称红玫瑰公司），便让全学祖与红玫瑰公司的投资总监陆梅娜联系，三人分别愿意按150万元的价格各转让1.2%的股份给红玫瑰公司。

陆梅娜跟踪高越公司的项目已有两年，接到全学祖愿意转让部分高越公司股份的消息，欣然表示马上向红玫瑰公司投委会报告，马上申请过会讨论。

数天后，陆梅娜回复全学祖：红玫瑰公司同意按杨文松、郭庆海、全学祖三位股东的报价受让高越公司共计3.6%的股份。

杨文松向黄家辉通报并向诚律师咨询三位创始股东拟向红玫瑰公司转让高越公司部分股份的事情，并向诚律师咨询办理相关股权转让手续的流程。

诚律师表示，赢鑫公司对三位股东拟转让的高越公司的股权在同等条件下有优先购买权，三位创始股东应将转让股权的事由、价格、数量及其他交易条件以书面方式通知赢鑫公司，并询问赢鑫公司是否行使优先购买权。

杨文松接受诚律师的建议，就股权转让事宜向赢鑫公司发出了书面通知。

赢鑫公司内部讨论，一致认为高越公司经过数年的技术积累、市场培养与管理提升，正处于快速发展起步期，三位创始股东本次转让股权的价格非常有吸引力，从投资价值角度来看，公司无疑应行使优先购买权。

但是，黄家辉提出红玫瑰公司是一家优质的PE投资公司，有良好的投后管理能力，鉴于高越公司的治理目前尚有许多急待提升的地方，红玫瑰公司的加入有助于高越公司的规范，有助于进一步整合资源推动高越公司的上市进程。

经慎重考虑，赢鑫公司书面通知三位创始股东，同意三位创始股东向红玫瑰公司转让部分股权，并放弃优先购买权。

当年年底，高越公司进行了股改，更名为：江南高越科技股份有限公司。

## 律师分析

### 转让有限公司股权，股东有优先购买权

有限责任公司的股东转让股权，其他股东享有在同等条件下有优先购买权。

优先购买权是有限责任公司股东特有的一种法定权利，主要目的是保证有限责任公司的老股东可以通过行使优先购买权实现对公司的控制权，在一定程度上体现了对有限责任公司“人合性”的维护和对老股东对公司贡献的承认。

有限责任公司的股东之间可以相互转让其全部或者部分股权，股东向股东以外的人转让股权时，应当经其他股东过半数同意。

股东应就其股权转让事项书面通知其他股东征求同意，其他股东自接到书

面通知之日起满三十日未答复的，视为同意转让。其他股东半数以上不同意转让的，不同意的股东应当购买该转让的股权；不购买的，视为同意转让。

经股东同意转让的股权，在同等条件下，其他股东有优先购买权，此处的同等条件主要指转让股权的数量、价格、支付方式及期限等因素。

两个以上股东主张行使优先购买权的，协商确定各自的购买比例；协商不成的，按照转让时各自的出资比例行使优先购买权。

自然人股东因继承发生股权转移时，其他股东无优先购买权。但如果公司章程对股权转让另有规定的，从其规定。

有限责任公司的股东向股东以外的人转让股权，未就其股权转让事项征求其他股东意见，或者以欺诈、恶意串通等手段，损害其他股东优先购买权，其他股东可以主张按照同等条件购买该转让股权，但其他股东应当在自知道或者应当知道行使优先购买权的同等条件之日起三十日内主张，或者自股权变更登记之日起一年内主张。

事件中，赢鑫公司适时放弃优先购买权引进优质的 PE 投资机构，协助高越公司规范管理，提升公司治理结构，进一步整合资源推动高越公司的上市进程是非常明智的做法。

**建议：**

1. 有限公司股东转让股权应书面通知其他股东征求同意。

2. 其他股东自接到股东转让股权的书面通知之日起满三十日未答复的，视为同意转让。

3. 股东向股东以外的人转让股权，应当经其他股东过半数同意。其他股东半数以上不同意转让的，不同意的股东应当购买该转让的股权；不购买的，视为同意转让。

4. 在同等条件下，其他股东有优先购买权。两个以上股东主张行使优先购买权的，协商确定各自的购买比例；协商不成的，按照转让时各自的出资比例行使优先购买权。

5. 公司章程对股权转让另有规定的，按公司章程的规定办理。

005

## 风险事件

### 无效的对赌条款

2015年年初赢海赢鑫投资管理有限公司（以下简称赢鑫公司）总经理黄家辉在一次会议上认识了江南益智教育培训有限公司（以下简称益智公司）的董事长何益智。

经过数次接触，黄家辉觉得益智公司所从事的中小学生文化教育培训在当今家长越来越重视子女教育的大环境下需求旺盛，益智公司在小区开设分支机构的商业模式也能令其业务快速拓展。

何益智向黄家辉透露：益智公司正在市场快速布点，增设培训机构分点，由于所有培训机构分点都是直营，目前需要资金，希望赢鑫公司投资入股益智公司，作为益智公司第一轮融资引入的投资者。

黄家辉也有意让赢鑫公司投资入股益智公司，但苦于赢鑫公司刚成立不久，投研团队尚未完全建立，不能有效地组织对益智公司进行尽职调查，无法对益智公司的整体情况作出准确判断。

何益智表示益智公司2015年、2016年、2017年三年的利润分别有望达到800万元、1200万元、2000万元，如果赢鑫公司现在入股益智公司，益智公司按1亿元估值，三年后益智公司的估值至少能达到3亿元。

黄家辉让赢鑫公司的投资总监汪乐翔跟进并评估益智公司项目，汪乐翔考察后，向赢鑫公司建言：益智公司市场发展前景看好，以何益智为核心的团队均是教育领域的科班出身，有技术、激情、敬业，有学习能力，如益智公司未来三年的利润能达到预期，公司现在入股是非常好的投资时机。

汪乐翔并向赢鑫公司建议，赢鑫公司可以与益智公司签订对赌协议，要求益智公司承诺未来三年的业绩，如果业绩未达标，可要求益智公司给予赢鑫公司补偿。汪乐翔还把其他投资机构的有关对赌协议提供赢鑫公司参考。

赢鑫公司董事会讨论后，同意赢鑫公司向益智公司增资1000万元，持有益智公司10%的股权，但前提是益智公司必须与赢鑫公司签订对赌协议，作出业绩承诺。

何益智乐观地认为益智公司未来三年共实现4000万元利润是不难达到的，为让赢鑫公司投资入股，益智公司答应了赢鑫公司的对赌条件。

在赢鑫公司签订的投资入股协议中，益智公司承诺如三年利润总额未达到4000万元，益智公司向赢鑫公司支付的补偿金 =（1 - 三年实际净利润总额/4000万元）×本次投资金额。

## 律师分析

### 与目标公司签订的对赌协议是无效的

赢鑫公司让益智公司作出承诺如三年利润总额未达到4000万元，益智公司向赢鑫公司支付补偿金，这样的对赌条款是无效的。

对赌协议又称估价调整协议（Valuation Adjustment Mechanism，VAM）是投资领域常见的一种以企业未来的实际经营业绩来调整企业的估值，从而调整投资方与其他方的持股比例，或对投资方作出补偿，或安排回购投资者持有的股份的约定，是股权融资中投资方保护自身权益的一种重要手段。

对赌协议的类型有股权补偿对赌、现金补偿对赌、股权回购对赌等。

在股权投资中，由于信息的不对称，融资方为了提高目标公司的估值，获得更多资金，可能会过高描述目标公司的盈利能力、升值空间、发展前景等，使投资方难以获得目标公司的真实情况，令投资处于更大的目标公司未来业绩不确定性风险中，投资方为了保护自身利益，激励融资方，防范道德风险，在许多非上市公司股权融资中都设有对赌协议的安排。

但是，对赌协议的约定不能违反法律的规定。

股权投融资中的对赌协议是参与各方对风险分担的一种安排，更多地体现了当事人的意思自治，对此没有法律禁止性规定，但对赌协议约定的内容不能违反法律规定。

在此特别要注意是，在公司正常存续情况下，股东只能通过利润分配、股份回购从公司取得财产，除此之外，股东没有在法定条件之外从公司取得财产的权利，因此，投资方作为股东与目标公司之间的对赌协议往往是无效的。

上述事件中，赢鑫公司与益智公司之间的对赌协议约定，作为股东的投资方赢鑫公司在益智公司盈利不达标时可以从益智公司取得相对固定的收益违背了《公司法》相关规定，侵犯了公司的独立法人财产权及其债权人的利益，这样的对赌协议是无效的。

**建议：**

1. 选择适当的对象签订对赌协议，既关系到对赌协议是否有效，也关系到对赌协议未来的履行能力，一般可以选择与控股股东或管理团队签订对赌协议，忌将目标公司作为签订对赌协议的相对人。

2. 制定适当的对赌协议条款，选择合理的对赌方式。

**006**

## 风险事件

### 防控投资风险，与大股东“对赌”

2015年5月赢海赢鑫投资管理有限公司（以下简称赢鑫公司）在确定投资入股江南益智教育培训有限公司（以下简称益智公司）后组建了投资决策委员会，并外聘诚律师作为投资决策委员会成员之一。

赢鑫公司总经理黄家辉为慎重起见，在支付投资款前还是将益智公司项目的资料及所签订的协议提交给投资决策委员会讨论。投资决策委员会对该项目的商业价值没有异议，但诚律师认为赢鑫公司与益智公司签订的有关业绩的对赌条款是无效的，赢鑫公司不应与益智公司直接对赌。

鉴于这种情况，黄家辉便让赢鑫公司的投资总监汪乐翔与益智公司的董事长何益智沟通协商，并委托诚律师全程参与重新签订相关投资入股合同及对赌协议。

经积极沟通，何益智及益智公司接受了赢鑫公司方的意见，解除了原来的投资入股合同，重新签订了投资入股合同。

何益智与赢鑫公司签订了股份回购合同，何益智承诺：益智公司在2015年、2016年、2017年三年的利润应分别达到800万元、1200万元、2000万元，如有任何一年的实际利润未达到承诺的80%，赢鑫公司均有权要求何益智回购赢鑫公司持有的益智公司的全部或部分股份，股份回购的价格为赢鑫公司投资入股的成本加按年利率8%计付的持股期间的利息，何益智应在赢鑫公司提出回购要求之日起一个月内付清股份回购款。

## 律师分析

### 与大股东签订"对赌"协议没有法律的禁止性规定

投资方与目标公司的股东签订的对赌协议，实质上是投资方和目标公司的股东之间权利义务的约定，目标公司不是对赌协议的一方当事人，并无关于其义务的规定，只要不损害目标公司及目标公司债权人的利益，不违反法律法规的禁止性规定，就是有效的。

事件中，赢鑫公司与益智公司的股东何益智签订的股份回购协议是一种对赌协议，是有效的。

**建议：**

1. 选择适当的对象签订对赌协议，既关系到对赌协议是否有效，也关系到对赌协议未来的履行能力，一般可以选择与控股股东或管理团队签订对赌协议，忌将目标公司作为签订对赌协议的相对人。

2. 制定适当的对赌协议条款，选择合理的对赌方式，一般包括三部分：资本进入条款、资本调整条款和资本退出条款。

## 007

## 风险事件

### 尽职调查中被泄露的商业秘密

江南益智教育培训有限公司（以下简称益智公司）在中小学生文化教育培

训领域很有口碑，其中对初中数学的课外补习特别得到家长与学生们的认可，这主要得益于益智公司董事长何益智带领公司的几位非常有教学经验的数学老师编写的一套初中数学课外培训教程。

益智公司采用这套教程对参与补习的学生通过每周测试，了解学生在校所学知识的掌握程度，然后有针对性地补习、加强，参与补习的学生的数学成绩提高很快。

益智公司借此机会在属下各网点进行招生宣传，取得很好的业绩。益智公司把这套数学教程视为公司的核心技术，与所有的数学老师及相关员工除签有劳动合同外，还签有保密协议，要求对这套教程的测试试卷、课堂教学、分类练习、作业评讲等内容进行保密。

益智公司在数学公开课堂时，要求参与家长、学生不得录音、拍照、录像；在学生参与补习时，益智公司与学生家长也签订保密协议，要求学生与家长不可将益智公司的所有教学资料、学习内容等透露给任何第三方。

益智公司在发给学生的测试试卷、练习题等教学资料上都注明了“属益智公司专有，不可复制，不可外传”，并要求老师在学生使用完毕后，及时收回相关教学资料，不留存给学生。

2015年4月何益智引入赢海赢鑫投资管理有限公司（以下简称赢鑫公司）投资入股益智公司，赢鑫公司安排投资总监汪乐翔跟进并评估益智公司项目。

汪乐翔以要对益智公司进行尽职调查为由，要求益智公司提供近三年的财务报表、组织结构、业务模式、核心竞争力等。

益智公司为了说明在数学补习领域的优势，特别向汪乐翔提供了这套数学教程。益智公司在向汪乐翔提供相关资料时，列了提交的资料清单，资料清单注明相关资料是提供给意向投资者作尽职调查用，不可作为其他用途，不可复制，不可外传，汪乐翔作为资料接受方赢鑫公司的代表在资料清单上签名。

一年后，汪乐翔从赢鑫公司离职，加入江南卓龙投资管理有限公司（以下简称卓龙公司），从事项目投后管理工作。

卓龙公司投资参股了江南恒慧教育科技有限公司（以下简称恒慧公司），恒慧公司主要从事出国留学培训，也有开展中小学文化教育培训，但中小学文化教育培训这一块业务一直做得不温不火，没有起色。

汪乐翔加入卓龙公司后接手管理恒慧公司项目。汪乐翔了解了恒慧公司的情况后，便将益智公司在中小学生文化教育培训领域的情况介绍给恒慧公司，并将原来做尽职调查时保留的益智公司的数学教程提供给恒慧公司。

恒慧公司非常重视益智公司的数学教程，立即组织教学人员进行消化，并让市场部着手准备宣传招生。之后，恒慧公司全面升级了中小学生数学教育培训教程，并通过微信、公众号、宣传单、电梯广告、公开课程等进行招生宣传。

益智公司发现关于恒慧公司的数学补习宣传广告一夜之间在中小学生文化教育培训市场铺天盖地，恒慧公司宣称的数学教学补习方法与益智公司的数学教程完全一样。

益智公司又了解到汪乐翔从赢鑫公司离职加入了卓龙公司，卓龙公司投资入股了恒慧公司。

益智公司明白了其中的蹊跷了，于是联系诚律师，准备通过法律途径维护自己的合法权益。

## 律师分析

### 尽职调查各方对接触的商业秘密有保密义务

尽职调查是投资过程中投资者对目标公司的资产、经营、财务、负债、法律关系、市场机遇与风险等情况进行的一系列调查，是投资活动中对目标公司进行评价的最重要方式，也是防范投资风险的重要工具。

尽职调查不仅审查目标公司的历史情况，并合理地预期未来，通常利用管理、财务、法律、税务等方面的专业经验与专家资源，形成独立意见，用以评价项目公司的优劣，并通常被作为投资决策的重要依据。

尽职调查的流程是：

1. 签订投资意向书；
2. 由投资、律师、财务、技术等方面的专家组成尽职调查小组；
3. 签订保密协议；
4. 向目标公司提供尽职调查所需资料清单；
5. 目标公司所需资料集中在一间办公室，专人保管并提供给尽职调查小组查阅；

6. 尽职调查小组进场尽调；

7. 修正调查提纲，补充提供资料，问卷调查，访谈等；

8. 依调查的内容出具尽职调查报告。

由上述流程可见，投资方不可避免地会接触到目标公司的商业、技术等信息，其中可能就有属于目标公司的商业秘密或技术秘密的资料，对此，投资方的接触人员有保密的义务。

本事件中，益智公司的数学教程是益智公司独立编写的教学流程与方法，在初中数学课外辅导中效果显著，益智公司对此采取了保密措施，该套数学教程也给益智公司带来了商业利益，属于益智公司的商业秘密。

汪乐翔在尽职调查中接触到该数学教程，本应保守秘密，但汪乐翔不仅没有保守秘密，反而还将该数学教程提供给恒慧公司用于商业目的。

对此，汪乐翔与恒慧公司都应承担侵犯益智公司商业秘密的法律责任，赢鑫公司也要为汪乐翔的侵权行为承担连带赔偿责任。

**建议：**

1. 选择合适的人员组成尽职调查小组，尽职调查小组应包括投资、律师、财务、技术等专业人员。

2. 规范尽职调查的流程，外部与目标公司签订保密协议，内部参与接触尽职调查人员作出保密承诺。

3. 编写客观、合理的尽职调查报告。

4. 目标公司在尽职调查时涉及提供资料时尽可能集中存放，事后及时收回，能提供纸质的资料尽可能不提供电子版，事后可收回的资料集中收回。

# 第十五章　融　资

001

## 风险事件

### 公司能否向公司借款

2012 年 1 月 20 日，赢海市永富不锈钢有限公司（以下简称永富公司）成立。经营范围为：不锈钢制品的加工、制造及批发。曾有才担任公司的法定代表人，职务为执行董事。

2016 年以来，随着钢材市场的回暖，钢材产品需求量扩大。但永富公司前期因购买土地、建设厂房等投入大量资金，且因与政府部门签订的国有工业用地出让合同有约定，永富公司领取国有土地使用证后，在办理土地登记之日起 10 年内不得抵押和转让该土地的国有建设使用权，这使得永富公司难以通过银行渠道融资支持公司的发展。

永富公司的自有资金及股东筹措的资金亦不能满足公司经营需要，这时，曾有才想到了民间借贷。再者，赢海市民间资金非常雄厚，企业以民间借贷方式融资相当普遍，而且手续简单，资金到账快。

在诸多民间借贷主体中，曾有才与赢海市友前投资有限公司（以下简称友前投资公司）董事长甄富交情深厚，于是曾有才将永富公司的困难和甄富进行了一番沟通，这位甄董事长也有意帮老友一把，因此当即决定友前投资公司借给永富公司 2000 万元用于生产经营，年利率为 10%，借期二年。

甄富这一决定对永富公司来说可谓雪中送炭，曾有才将这 2000 万元分别用于钢材采购、购置设备、补充流动资金。

2017年5月初，赢海市金福不锈钢有限公司（以下简称金福公司）执行董事陈一秀前来永富公司拜访曾有才时聊到了融资难问题。陈一秀介绍金福公司受2012年钢贸危机影响，融资一直很难，即使是有民间借贷可以渡过危机，但借期短、利率高，很难从根本上解决问题。

鉴于金福公司在行业内口碑、实力都不错，陈一秀也是诚信之人，曾有才就说可以帮金福公司融资。随后两人就融资思路、金额及成本进行了沟通。首先，永富公司以自己名义向友前投资公司借款；然后永富公司将所借来款项再借给金福公司。

双方确认借款金额为2000万元。至于借款利率，曾有才告诉陈一秀，永富公司从友前投资公司借款的年利率为10%，但考虑到有些中间费用，因此永富公司给予金福公司的借款年利率为15%。

同年5月底，曾有才找到甄富，与他沟通永富公司拟扩大一条生产线，并对原有设备进行技术升级，需从友前投资公司再借2000万元，甄富爽快地答应了。

6月2日，友前投资公司与永富公司办理好借款手续后，甄富当天就安排财务人员将2000万元转至永富公司的账户。在永富公司收到2000万元的第二天，曾有才通知陈一秀当天来办理永富公司与金福公司间的借款手续。

6月3日下午，两公司办好借款手续后，曾有才随即安排财务人员将2000万元转至金福公司的账户。

## 律师分析

### 法人之间用于生产经营的民间借贷合法有效

事件中永富公司两次向友前投资公司借款均属于民间借贷，它们间第一次签订的借款合同合法有效，第二次签订的借款合同无效，且永富公司与金福公司间签订的借款合同亦属无效合同。

民间借贷，是指自然人、法人、其他组织之间及其相互之间进行资金融通的行为。民间借贷客观上拓宽了中小企业的融资渠道，一定程度上解决了部分社会融资需求，增强了经济运行的自我调整和适应能力，促进了多层次信贷市场的形成和发展。公司之间为生产、经营需要订立的民间借贷合同，排除有关法律及司法解释禁止性规定外，一般合法有效。但是公司以向其他公司借贷取得的资金又转贷给其他借款人牟利，且借款人事先知道或者应当知道前述借贷及牟利事实的，该当事人之间签订的借贷合同均无效。无效的合同自始没有法律约束力。合同无效，因该合同取得的财产，应当予以返还；不能返还或者没有必要返还的，应当折价补偿。有过错的一方应当赔偿对方因此所受到的损失，双方都有过错的，应当各自承担相应的责任。

事件中永富公司第一次向友前投资公司借款，是用于永富公司的生产经营，且没有违反有关法律及司法解释禁止性规定，他们间该次签订的借款合同合法有效；永富公司第二次向友前投资公司借款，是为了转贷给金福公司牟利，且金福公司亦知道永富公司的转贷行为及牟利事实，因此永富公司第二次与友前投资公司签订的借款合同及永富公司与金福公司间签订的借款合同均无效。

金福公司应向永富公司返还借款本金及占用款项期间的利息，该利息按银行同期贷款利率计算；永富公司应向友前投资公司返还借款本金及占用款项期间的利息，该利息按银行同期贷款利率计算。

**002**

## 风险事件

### 民间借贷与非法集资

2012 年 1 月 20 日，曾有才组建成立瀛海市永富不锈钢有限公司（以下简称永富公司），其本人为公司法定代表人，并担任执行董事。

2016 年以来，随着钢材市场的回暖，钢材产品需求量扩大，永富公司业务量不断增加，资金需求也不断扩大。因永富公司与政府部门当年签订的国有工业用地出让合同约定：“永富公司领取国有土地使用证后，在办理土地登记之日起 10 年内不得抵押和转让该土地的国有建设使用权。”这使得永富公司难以通过银行渠道融资支持公司的发展。

永富公司一直与政府部门沟通，申请政府解除上述国有土地使用权办理抵押的限制，但政府一直没有回复。

2017年上旬，永富公司向嬴海市友前投资有限公司（以下简称友前投资公司）共借款4000万元，其实公司只用了2000万元，另外的转借给了他人。

当永富公司再次向友前投资公司借款时，友前投资公司回复因目前公司资金回笼不理想，可借出去的资金已不多了。永富公司只好作罢。不能通过银行融资，又没有合适的民间借贷渠道，公司又急着用钱，曾有才为此苦恼不已，某日看到公司高管及一些员工，他突然想到，这些高管和员工跟随自己多年，手中也有不少余钱。

2017年9月初，曾有才召集公司高管开了一次座谈会，回忆了大家在一起打拼的点点滴滴，分析了国际国内环境，最后，曾有才把公司目前面临的机遇与困难一一摆了出来。

说到困难，曾有才特别强调目前公司资金不足，又没有合适的融资渠道，现在唯一的解决办法，就是公司向在座的各位借款。与会的高管及员工们认为永富公司盈利能力强，目前国内经济形势对公司冲击不大，公司前景还是不错的。

另外，公司老板曾有才是一位有激情、言而有信、稳重的老板，大家一起共事这么多年，对他也知根知底，况且，目前国内也没有合适的投资途径，P2P、私募基金暴雷，股票跌跌不休，银行利率也低，因此大家一致同意借款给公司，并一起决定借款数额由大家与家人商量决定，借款期限暂定一年，借款年利率为12%，按季度支付利息，本金到期还清。

2017年9月15日，永富公司分别与22名高管及其他员工签了借款合同，共聚集资金800万元。永富公司将这些款项分别用于设备技术改造、产品研发及原材料采购。

随着永富公司业绩一天比一天好，且按期支付利息，这些尝到了甜头的员工们心里更是喜不自胜，于是他们就时常在亲朋好友面前炫耀自己的理财方式。嬴海市本身就是一座藏富于民的城市，民间资金实力强，但这些富豪们又没有稳健的、适当收益的投资渠道。

既然借款给永富公司这么稳健，而且又有不错的回报，这些尝到了甜头的员工们的亲朋好友也想借款给永富公司，使自己的财富增值。一天，一位员工特意找曾有才，把自己的一帮亲戚想借款给永富公司的想法告诉了他，曾有才听后思考片刻觉得也行，反正公司业务还处在上升期，正缺资金，就答应了，顺便交代这位员工转告其他同事，如他们也有亲朋好友想借款给永富公司，都可以介绍过来，并按借款金额的2%给予奖励。

永富公司员工们听闻介绍资金方借款给公司还有奖励，大家都非常积极，纷纷通过自己的手机通信录、微信朋友圈发信息宣传永富公司的借款政策。

2018 年 3 月 6 日，永富公司迎来了一批特殊客人，这批客人都是带着无比喜悦的心情来借款给永富公司的。当天，永富公司与一批非员工出借人签订借款合同，这次永富公司共聚集资金 3000 万元。

## 律师分析

### 民间借贷合法有效，非法集资受法律制裁

事件中永富公司向公司员工们借款，所借款项亦是用于公司经营，这次借款合法有效；但随后向社会大众借款，则会被认定为非法集资，面临刑事处罚的风险。

民间借贷，是指自然人、法人、其他组织之间及其相互之间进行资金融通的行为。

民间借贷客观上拓宽了中小企业的融资渠道，一定程度上解决了部分社会融资需求，增强了经济运行的自我调整和适应能力，促进了多层次信贷市场的形成和发展。

公司在本单位内部通过借款形式向职工筹集资金，用于本单位生产、经营的活动受到法律保护。而非法集资，是指未经中国人民银行批准，向社会不特定对象吸收资金，出具凭证，承诺在一定期限内还本付息的活动。

非法集资是政府明文取缔的非法金融业务活动，并涉嫌非法吸收公众存款罪。

根据我国《刑法》及相关司法解释的规定，个人涉嫌非法吸收公众存款罪，会被处三年以下有期徒刑或者拘役，并处或者单处 2 万元以上 20 万元以下罚金；数额巨大或者有其他严重情节的，会被处三年以上十年以下有期徒

刑，并处5万元以上50万元以下罚金。如果单位涉嫌非法吸收公众存款罪，对单位会判处罚金，且对单位直接负责的主管人员和其他直接责任人员，依照上述个人涉嫌非法吸收公众存款罪的规定处罚。

事件中永富公司向公司高管及其他员工们借款的活动为公司在本单位内部通过借款形式向职工筹集资金，也没有违反有关法律及司法解释的禁止性规定，而且所借款项亦是用于公司正常经营，因此受到法律保护。

而永富公司通过公司员工的大力宣传而吸引社会公众前来给其借款，则是未经中国人民银行批准，向社会不特定对象吸收资金的活动，且金额巨大，会被认定为涉嫌非法吸收公众存款罪而受到处罚。

## 003

### 风险事件

## 投资还是借贷，傻傻分不清

2012年1月20日，曾有才组建成立瀛海市永富不锈钢有限公司（以下简称永富公司），其本人为公司法定代表人，并担任执行董事。

2014年以来，随着钢材市场的回暖，钢材产品需求量扩大，永富公司业务量不断增加，资金需求也不断扩大。至2014年10月，永富公司共以民间借贷方式借款人民币近3000万元，但仍不能满足公司生产需要。

尽管2015年年初，在公司员工们的极力宣传下，公司迎来了很多金主，也与他们签订了借款合同并筹到了3000万元，但公司顾问律师给其出具了专业法律意见，指出这种借贷行为涉嫌吸收公众存款罪，面临受到刑事处罚的风险。因而永富公司只好遗憾地与各位金主解除借款合同，将借款退回给他们。

一方面，公司营业额的不断攀升需要资金支持；另一方面，市场上出现一种新型管材——复合不锈钢管，这种不锈钢钢管具有外表美观、强度高、价格低廉等优点，用途广泛，如不引进该产品生产线，公司的后续发展会受到很大影响。但该产品对技术、设备，工艺均要求很高，引进该产品生产线需投入大量资金。

对于引进复合不锈钢管生产线，曾有才想到了公司北方区域总代理韩友璐。韩友璐这几年对不锈钢管市场把握不错，各方面关系也做得到位，生意做得顺风顺水，他经常询问曾有才什么时候引进复合不锈钢管生产线。

2015 年 4 月初，曾有才将公司拟引进复合不锈钢管生产线及面临的资金困难与韩友璐做了沟通。

2015 年 4 月 20 日，韩友璐与永富公司签订投资合同。合同约定：永富公司现在生产的是纯不锈钢管，根据市场需要，急需生产复合不锈钢管；生产复合不锈钢管可以利用永富公司现有的场地，但需引进技术、购买高精密生产设备及全自动化生产线，韩友璐愿意投资 2000 万元用于复合不锈钢管生产线的技术引进及购买高精密生产设备、全自动化生产线；合同有效期为 2015 年 4 月 20 日起至 2018 年 4 月 19 日止；合同有效期内，永富公司负责复合不锈钢管的生产及销售，韩友璐监督复合不锈钢管的生产与销售；永富公司按复合不锈钢管销售数量给予韩友璐 15 元/根提成，永富公司承诺自 2015 年 10 月 20 日起，每一年期内销售的复合不锈钢管不低于 20 万根，也即韩友璐每一年期最低收益不少于 300 万元，提成每月结算一次。合同期届满后 10 天内，永富公司偿还韩友璐 2000 万元投资款。

2015 年 4 月 21 日，韩友璐将 2000 万元汇入永富公司的账户。

永富公司收到韩友璐的投资款项后，就着手招聘技术人员，引进复合不锈钢管技术，购买高精密生产设备及全自动化生产线。但因复合不锈钢管是一种新产品，国内懂得该技术的人员并不多，导致后续生产出来的产品质量很不稳定，市场反应非常差，直至上述投资合同期满，也没有生产出质量合格的产品。

投资合同期满后，韩友璐多次找曾有才交涉，要求永富公司返还 2000 万元投资款及支付相应的保底收益。

但永富公司答复，双方签订的合同为投资合同，双方应共享收益、共担风险，永富公司在投资合同有效期内复合不锈钢管项目一直处于亏损状态，且除购买的设备及生产线外，其余资金均亏损完毕，更无任何收益，永富公司不应返还韩友璐 2000 万元投资款，更不用支付相应的收益。

## 律师分析

### 投资与借贷区别之一为双方是否共负盈亏、共担风险

事件中永富公司与韩友璐间的关系名为投资实为借贷。

投资合作，是指合作双方共同投资、共同经营、共负盈亏和共担风险；而借贷，是指出借方向借款方提供一笔资金，当一定期限届满或者约定条件成就时，收回借款本金及利息。

事件中永富公司与韩友璐签订的合作合同，从表面上看双方为合作关系，但该合同同时又约定了保底条款，而且韩友璐又不参与复合不锈钢管项目的管理事宜，这与投资合作关系中“共同投资、共同经营、共负盈亏和共担风险”并不相符。相反，永富公司与韩友璐签订的合作合同不仅约定了保底条款及每年的相应收益，而且还约定该合同期满后永富公司应偿还韩友璐2000万元投资款，这符合借贷关系的法律特征。

因此，永富公司与韩友璐间的关系名为投资实为借贷，永富公司应在合作合同到期后偿还韩友璐本金2000万元及相应收益。

## 004

## 风险事件

### 老公举债经营公司累及老婆

2008年2月10日，嬴海市飞翔陶瓷有限公司（以下简称飞翔公司）成立。该公司主要销售陶瓷及陶瓷制品、卫生洁具。郝仁占公司80%股权，担任公司的法定代表人，职务为执行董事；曾可可（郝仁妻子）占公司20%股权，负责公司的财务工作。

2016年6月，飞翔公司急需补充流动资金，但飞翔公司相应财务数据及可提供的增信措施均不符合银行贷款要求，于是郝仁找到了嬴海市友前投资有限

公司（以下简称友前公司），友前公司工作人员告诉郝仁，飞翔公司目前的情况不符友前公司的贷款政策，但郝仁可以用个人名义向友前公司借款用于飞翔公司的经营。

2016年6月10日，郝仁以个人名义与友前公司签订了《借款合同》，约定：郝仁向友前公司借款400万元，借款期限一年，借款年利率为15%。

次日，友前公司按郝仁的要求将400万元汇入郝仁为飞翔公司用于资金往来开设的个人银行账户，郝仁亦向友前公司出具了借据。

但因国内建筑陶瓷产能过剩影响，飞翔公司销售业绩一直不理想。借款到期后，飞翔公司未能按合同约定偿还借款。

2018年2月，友前公司向赢海市赢城区人民法院提起诉讼，请求：（1）判令郝仁、曾可可立即向友前公司偿还所欠借款400万元及相应利息；（2）判令飞翔公司对上述债务承担共同清偿责任。

法院庭审过程中，郝仁、曾可可均承认郝仁向友前公司借款发生在他们婚姻关系存续期间，且他们亦未对夫妻双方财产进行约定。后赢海市赢城区人民法院出具判决支持了友前公司的诉讼请求。

## 律师分析

### 夫妻一方以个人名义所负用于夫妻共同经营的债务为夫妻共同债务

事件中郝仁、曾可可（郝仁妻子）、飞翔公司应共同向友前公司偿还借款本金400万元及其相应利息。

《最高人民法院关于审理民间借贷案件适用法律若干问题的规定》规定，企业法定代表人以个人名义借款，用于企业经营的，出借人可请求企业和个人共同承担责任。

《婚姻法》及其相关司法解释规定，婚姻关系存续期间一方的股权及经营性收入系夫妻共同财产。夫妻一方在婚姻关系存续期间以个人名义所负债务用于夫妻共同经营的，该债务为夫妻共同债务。

事件中，郝仁作为飞翔公司的法定代表人，其以个人名义向友前公司借款，且借款用于飞翔公司的经营，郝仁应与飞翔公司共同承担还款责任。

另外，其向友前公司借款也处于与曾可可的婚姻关系存续期间，飞翔公司股东为郝仁及曾可可，且郝仁担任公司执行董事，曾可可负责公司财务，也即飞翔公司为郝仁与曾可可共同经营。

夫妻一方在婚姻关系存续期间以个人名义所负债务用于夫妻共同经营的，该债务为夫妻共同债务。

因此，曾可可应与郝仁共同承担还款责任。

## 005

### 风险事件

# 已过户的担保房产不可直接抵债

2008 年 2 月 10 日，瀛海市飞翔陶瓷有限公司（以下简称飞翔公司）成立。经营范围为：销售陶瓷及陶瓷制品、卫生洁具。郝仁担任公司的法定代表人，职务为执行董事。

2014 年 12 月，飞翔公司中标一大型楼盘精装修的瓷砖供应项目，飞翔公司采购瓷砖急需 600 万元瓷砖采购预付款，但飞翔公司相应财务数据不符合银行贷款要求。

于是，郝仁找到了瀛海市兴隆小额贷款有限公司（以下简称兴隆小贷公司）寻求帮助，并告诉了兴隆小贷公司工作人员飞翔公司目前的财务状况及财产情况。

兴隆小贷公司工作人员经过内部讨论后同意给飞翔公司借款，但飞翔公司需提供物业进行担保。郝仁同意了兴隆小贷的要求，并告诉兴隆小贷公司工作人员，飞翔公司现在使用的位于瀛海市华亿国际广场 406 室可以提供担保。

兴隆小贷公司工作人员要求飞翔公司将该物业过户给兴隆小贷公司的方式提供担保，但不影响飞翔公司的使用，郝仁也同意了该要求。

2014 年 12 月 16 日，飞翔公司与兴隆小贷公司签订《借款合同》，约定：

飞翔公司向兴隆小贷公司借款800万元，借款期限1年，借款年利率为15%，自2014年12月16日起至2015年12月15日止。

同日，飞翔公司与兴隆小贷公司签订《商品房买卖合同》，约定：兴隆小贷公司购买飞翔公司名下的位于赢海市华亿国际广场406室，建筑面积400平方米，房屋总价款920万元，合同签订后三天内，飞翔公司配合兴隆小贷公司到房地产主管部门办理过户手续，办理过户手续应当缴纳的税费由飞翔公司承担。

2014年12月19日，兴隆小贷公司按双方签订的《借款合同》的约定将800万元汇入飞翔公司的银行账户。同日，飞翔公司亦配合兴隆小贷公司向房地产主管部门提交了办理华亿国际广场406室过户登记所需材料。

后来，受国内陶瓷产能过剩影响，飞翔公司业绩一直未有很大增长，再者，陶瓷行业竞争激烈，利润率也是每况愈下，遇到大型项目，还得垫资，飞翔公司现金流一直紧张。再有，赢海市写字楼也是严重过剩，房价下降厉害，华亿国际广场的房屋单价跌至1.2万元/平方米。

直至2016年1月15日，飞翔公司仍没有偿还兴隆小贷公司借款，当天，兴隆小贷公司委托顾问律师向飞翔公司发了《律师函》，要求飞翔公司偿还借款本金及相应利息。飞翔公司收到上述《律师函》后向兴隆小贷公司回函称，飞翔公司已将华亿国际广场406室卖给兴隆小贷公司，且已过户至兴隆小贷公司名下，飞翔公司同意将房屋出让款抵销所欠兴隆小贷公司的借款本金及利息。

后来，兴隆小贷公司向飞翔公司回函称不同意飞翔公司“抵债”的主张。

## 律师分析

### 不动产让与担保中的担保物不能直接归债权人所有

事件中飞翔公司的主张不符合我国相关法律规定，但现实生活中的民间借贷有很多这种提供担保的情形。

当事人间以签订房屋买卖合同形式为借款合同提供担保的担保关系属于不动产让与担保。

所谓不动产让与担保，是指为担保债务履行，债务人或第三人将不动产所有权转移给债权人，于债务清偿后，债权人返还不动产，债务人不履行债务，债权人就该不动产受偿。

不动产让与担保是一种非典型担保方式，尽管在我国现行法律中未有明文规定，但我国相关司法解释对这种不动产让与担保有相应处理方式，即当事人以签订买卖合同作为民间借贷合同的担保，借款到期后借款人不能还款，人民法院按照民间借贷法律关系审理；按照民间借贷法律关系审理作出的判决生效后，借款人不履行生效判决确定的金钱债务，出借人可以申请拍卖买卖合同标的物，以偿还债务。就拍卖所得的价款少于应偿还借款本息的，出借人有权主张借款人补偿。

事件中飞翔公司与兴隆小贷公司间尽管签订了《商品房买卖合同》，但双方间的真实意思表示并不是进行商品房买卖交易，而是不动产让与担保关系。如飞翔公司不能偿还兴隆小贷公司借款本金及利息，兴隆小贷公司可以向人民法院诉请判决飞翔公司向其偿还借款本金及利息。

如法院作出的判决生效后，飞翔公司还不履行生效判决确定的给付内容，兴隆小贷公司可以申请法院拍卖华亿国际广场406室房产偿还债务。

## 006

### 风险事件

## 互保带来的烦恼

赢海市永富不锈钢有限公司（以下简称永富公司）成立于2012年年初。主营业务为不锈钢制品的加工、制造及批发。曾有才担任公司的法定代表人，职务为执行董事。

永富公司成立之初，曾有才意气风发，购买土地、建设厂房等都是大手笔。甚至政府苛刻的国有工业用地出让条件曾有才也是爽快地答应了。这个“爽快”后来给永富公司的后续经营埋下了隐患。

至2013年年底，永富公司投产刚刚一年。受渠道布局、产品性能、研发滞后等多方面影响，永富公司一年来的利润很低，但成本居高不下，公司流动资金已捉襟见肘。

曾有才想到了赢海市最具影响力的金主——银行，但均因财务数据、信用评级、经营效益、品牌等因素影响，永富公司被金主拒之门外。

诸多金主中，赢海市农商银行最让曾有才感动，因为他的工作人员让永富公司找一个比较有实力的担保方，赢海市农商银行也能给予永富公司发放相应额度的贷款。一语惊醒梦中人，曾有才马上想到了传说中的互保贷款模式。

现阶段曾有才的工作重点是找到一位互保对象。

思来想去，曾有才想到了赢海市创富机械制造有限公司（以下简称创富公司）。创富公司的执行董事吴须乾与曾有才是多年的老友兼合作伙伴，他认为创富公司应该和永富公司一样需要资金。

2014 年 3 月的一天，曾有才专程去了创富公司，与吴须乾分析了国际国内环境，介绍了永富公司目前的状况，絮絮叨叨了一番企业有钱的好处，顺带吐槽了银行只会锦上添花、不会雪中送炭的行径。

最后，曾有才告诉吴须乾，如果永富公司能和创富公司抱在一起，还是有一家良心银行愿意雪中送炭的。

吴须乾听着听着，心动了！

其实，在住房价格突飞猛进的今天，吴须乾对经营创富公司早已失去了信心，全公司上下 100 来号人辛辛苦苦一年创造的利润还不如买一套房挣得多。如不是因为还有这么多跟着自己打拼多年的弟兄们，他早就把创富公司关门大吉了。既然有银行“主动”贷款给公司，那得配合。

对曾有才来说，互保贷款模式确实是一个传说。

曾有才只想到这种模式下公司贷款会更加容易，而忽视了担保要负的责任。他没有了解借款方财务及经营状况、借款用途、还款来源的意识，更没有对外担保的科学评估机制。

吴须乾这边，自从曾有才与他促膝长谈之后，兴奋不已，觉得如果创富公司贷款成功，那这幸福也来得太突然了。

双方决定 2014 年 4 月 1 日一同前往赢海市农商银行洽谈互保贷款事宜。当天的洽谈神奇地顺利，银行信贷人员同意了他们抱团贷款的模式，届时视他们提交的材料来确定贷款额度及利率事宜。

2014 年 5 月 18 日，永富公司与创富公司之间互相为对方在赢海市农商银行的借款提供连带责任保证，分别与赢海市农商银行签订了《借款合同》及

《担保合同》，双方分别向嬴海市农商银行借款600万元，借期一年。次日，两公司就收到了嬴海市农商银行转过来的600万元。

永富公司收到600万元贷款后，曾有才把它用到了刀刃上，且每个月按期付息，丝毫不敢延期。

而创富公司收到600万元贷款后，吴须乾在高人的指点下，经过一番神操作，把那整整600万元转到了自己名下，并投入轰轰烈烈的房地产市场中。

创富公司前几个月还能按时支付贷款利息，可从第七个月起，就不正常了，开始是延期，再后来就干脆不还了。

后来，嬴海市农商银行一纸诉状将创富公司、永富公司告上了法庭，请求判决解除与创富公司间的借款合同、创富公司偿还借款本金及相应利息、永富公司对创富公司的债务承担连带清偿责任。

当永富公司收到法院传票时，曾有才还不以为然，觉得谁借款应该谁偿还，当时签订《担保合同》只不过是为了更好地贷款。

但是后来的判决书告诉他，他错了，永富公司应该对创富公司的债务承担连带清偿责任。这下，曾有才傻眼了，彻底地傻眼了。他后悔当初没请个法律顾问，后悔当初没有咨询一下他的好友诚律师。

## 律师分析

### 为他人提供连带保证责任须谨慎

事件中永富公司应对创富公司的债务承担连带清偿责任。

保证是指保证人与债权人约定，当债务人不履行债务时，保证人按约定履行债务或承担责任的行为。

保证分为一般保证和连带责任保证。一般保证是指保证人与债权人约定，当债务人不能履行债务时，由保证人承担保证责任的行为。其主要特点是保证人在主合同纠纷未经审判或仲裁，并就债务人财产依法强制执行仍不能履行债务前，对债权人可以拒绝承担保证责任。

连带责任保证是指保证人与债权人约定，保证人与债务人对债务承担连带责任的行为。其主要特点是在主合同规定的债务履行期届满债务人未履行债务，债权人可以要求债务人履行债务，也可以要求保证人在其保证范围内承担保证责任。

银行贷款实务中的“互保”是两主体相互提供贷款担保的简称，其本身就是一方从银行借款，另一方为其借款行为提供保证担保。

事件中永富公司就是为创富公司在嬴海市农商银行的借款提供连带责任保证担保，创富公司未按《借款合同》约定履行还款义务，永富公司就应该对创富公司的债务承担连带清偿责任。

实务中，很多公司寻找互保对象时意识不强，没有认识到对外担保作为公司的或有债务存在一定的损失可能性，每笔对外担保都构成公司的潜在成本。仅仅因为有了互保就容易贷款，而没有详细了解其提供担保的借款方的财务及经营状况、借款用途、还款来源等情况，这将会为公司的后续经营埋下隐患，甚至是灭顶之灾。

## 007

### 风险事件

## 融资租赁解流动资金燃眉之急

嬴海市浩佳电业制品有限公司（以下简称浩佳公司）成立于2010年4月，主要生产小家电专用电缆、绝缘材料、工业胶带，秦大江任公司执行董事。

嬴海市是国内乃至国际家电重镇，拥有诸多小家电生产龙头企业，全国50%的家电产品均出自该市。秦大江早年毕业于国内知名大学的电气专业，在小家电专用电缆、绝缘材料领域拥有多项专利，其公司产品质量处在国际前列，正是由于浩佳公司产品物美、价格合适，因此受到嬴海市乃至全国小家电龙头企业的青睐。

尽管这几年浩佳公司业绩不断攀升，但国内中小企业面临的困境也逐步在浩佳公司体现出来，原材料上涨、人工成本增加，致公司利润逐月下滑。

中小企业融资难，更是使得浩佳公司向前发展的“瓶颈”难以突破。2016年8月10日，浩佳公司向嬴海市农商银行借款1000万元，借款期限一年，浩佳公司提供了价值2000万元的设备作为抵押担保。

该笔贷款到期前两个月，秦大江一直与赢海市农商银行的工作人员协商贷款的续贷事宜，该行工作人员告诉秦大江，可以续贷，前提是浩佳公司必须还清借款再重新办理贷款事宜。

听到该工作人员的回复，秦大江心里那根绷紧的弦终于松了些，但事情没有办妥，始终不敢怠慢。可到了2017年8月10日，待浩佳公司将上述借款还清后，秦大江找赢海市农商银行工作人员协商办理贷款事宜时，该工作人员表情僵硬地告诉秦大江，在等待领导审批，让他再等等。

可这一等就是半年，还遥遥无期，秦大江急了。

有着前一次融资的经验，这次秦大江直接找到了擅于设计并指导实施融资方案的诚律师，介绍了目前浩佳公司的困境及财产状况。

诚律师了解到浩佳公司尚有价值近3000万元的设备没有为任何借款提供抵押担保，购买手续齐全。告诉秦大江，浩佳公司可以通过融资租赁中的售后回租模式融资。

融资租赁的融资方式灵活，融资期限比一般银行贷款要长。企业还可以选择适合自己的还款分期，这样就大大减轻了企业的短期资金压力，以防企业本就脆弱的资金链断裂。

## 律师分析

### 融资租赁，企业有效融资途径之一

融资租赁，是指出租人根据承租人对出卖人、租赁物的选择，向出卖人购买租赁物，提供给承租人使用，承租人支付租金。

在国内实际运用最多的、最为适合中小企业的融资租赁业务操作方式有简单融资租赁及售后回租。

所谓简单融资租赁，是指由承租人指定出卖人及所需产品型号，委托出租人购买该产品，由承租人使用并支付租金，租赁期满后根据约定由出租人向承租人转移产品所有权。租赁期届满前，出租人保留租赁物所有权并按约定收取租金，承租人对租赁物取得占有、使用及收益的权利。

而售后回租，是指承租人将其所有的设备转让给出租人，取得资金。然后，承租人再与出租人签订《售后回租合同》，将该设备租回。承租人按《售后回租合同》约定支付租金，使用租赁物，并于支付完毕设备残值后，重新取得设备的所有权。

事件中，浩佳公司所有的价值近3000万元的设备产权清晰，且未设定权利负担，正好适用售后回租模式。

这样，浩佳公司既可以使用该设备，又能获得一笔资金。

## 008

### 风险事件

## 股权众筹还是非法集资

2011年12月，嬴海市嬴山养生谷旅游开发有限公司（以下简称嬴山公司）成立，注册资金1亿元，经营范围为：项目投资、旅游产品的开发与经营、旅游酒店投资、房地产开发。嬴海市三喜房地产投资有限公司占56%股权，秦少嬴占44%股权，任嬴山公司执行董事。

2013年5月，嬴山公司取得嬴海市嬴山南麓部分区域的开发权（以下简称嬴山养生谷项目）。

根据嬴海市发展和改革委员会的立项批复，嬴山养生谷项目规划用地面积约2250亩，建设用地面积1950亩。空间布局功能区为游客接待区、特色产品商贸区、度假养生区、民俗风情区。项目规划总投资18亿元，资金来源为企业自筹。

嬴山公司取得嬴山养生谷项目，秦少嬴一阵暗喜，它是各路资本及地产商必争项目，也是自己未来15年好好施展才华的地方。但面对巨额开发资金，秦少嬴还是心里没底。

其实，嬴山公司取得嬴山养生谷项目前的一年内，秦少嬴一直在寻找合作方或资金方，但都因为资金量需求庞大或合作条件难以谈妥而最终没有结果。

2014年，深港市传来一种新的融资模式——股权众筹进入了秦少嬴的视野，但赢海市缺乏成熟的操作模式，秦少赢咨询过圈子内不少投融资界的朋友，但都没有一个成熟的解决方案。

后来，秦少赢决定自学成才，只要是关于股权众筹的高峰论坛、培训，他都亲自参加，经过大半年的学习、取经，秦少赢对股权众筹有了自己的理解。

2014 年 8 月，秦少赢开始了赢山养生谷项目的股权众筹融资工作，并委托当地一家会销公司策划宣传方案。在后来的推广期间，赢山公司及会销公司均通过不同的媒介向客户推介赢山养生谷项目及大众入股可以带来的收益。

经过近两个月的筹备及宣传，秦少赢决定 2014 年 10 月 10 日在赢山大酒店举行赢山养生谷项目现场推介会暨赢山公司股权认购众筹签约仪式，会议邀请了近 200 名优质客户、法律工作者、赢海市有关部门负责人，并准备了 400 份股权众筹协议书。

《股权众筹协议》主要内容为：甲方（赢山公司）决定众筹 6000 万元作为赢山养生谷项目的起动资金，甲方出让 10% 股权，分成 1000 股，每股 6 万元；乙方（投资者）取得的甲方股权无表决权、转让权和继承权，只有分红权；乙方取得的甲方股权不在工商部门登记；乙方不参与公司的日常经营管理；乙方股权封闭期为五年，该期间内乙方可以参与分红，但不必承担亏损，五年封闭期满，经双方协商同意可选择继续保有股权或原价退还认购本金。

2014 年 10 月 10 日，赢山大酒店宴会厅人山人海，首先，由秦少赢致欢迎词；其次，国内某知名证券公司研究员致辞，介绍我国旅游产业未来发展前景；随后，由会销公司工作人员介绍赢山养生谷项目及未来投资前景；会议最后一项，也是最重要一项，即赢山公司股权认购众筹签约仪式。

当天，赢山公司共与 180 位投资者签署《股权众筹协议》，共筹集了 6000 万元资金。

## 律师分析

### 以公开宣传的方式向社会不特定对象吸收资金涉嫌非法集资

事件中赢山公司及秦少赢的股权众筹行为涉嫌非法集资，面临刑事处罚的风险。

股权众筹是指公司面向普通投资者出让一定比例的股份，普通投资者通过出资入股公司，获得未来收益。非法吸收公众存款，是指未经中国人民银行批准，向社会不特定对象吸收资金，出具凭证，承诺在一定期限内还本付息的活动。

另外，违反国家金融管理法律规定，通过媒体、推介会、传单、手机短信等途径向社会公开宣传，未经有关部门依法批准或者借用合法经营的形式向社会不特定对象（包括单位和个人）吸收资金，承诺在一定期限内以货币、实物、股权等方式还本付息或者给付回报的行为，也被认定为非法吸收公众存款。

根据我国《刑法》及相关司法解释规定，非法吸收公众存款具备以下情形之一即可定罪入刑：

（1）个人非法吸收或者变相吸收公众存款，数额在20万元以上，单位非法吸收或者变相吸收公众存款，数额在100万元以上；

（2）个人非法吸收或者变相吸收公众存款对象30人以上，单位非法吸收或者变相吸收公众存款对象150人以上；

（3）个人非法吸收或者变相吸收公众存款，给存款人造成直接经济损失数额在10万元以上，单位非法吸收或者变相吸收公众存款，给存款人造成直接经济损失数额在50万元以上；

（4）造成恶劣社会影响或者其他严重后果。个人涉嫌非法吸收公众存款罪，会被处三年以下有期徒刑或者拘役，并处或者单处2万元以上20万元以下罚金；数额巨大或者有其他严重情节的，会被处三年以上十年以下有期徒刑，并处5万元以上50万元以下罚金。

（5）如果单位涉嫌非法吸收公众存款罪，对单位会判处罚金，且对单位直接负责的主管人员和其他直接责任人员，依照上述个人涉嫌非法吸收公众存款罪的规定处罚。

事件中赢山公司及其委托的会销公司通过不同的媒介向社会不特定对象推介赢山养生谷项目吸引社会公众投资，且于2014年10月10日在赢山大酒店以现场推介会形式向社会不特定对象推介赢山养生谷项目吸引社会公众投资，这些行为符合非法吸收公众存款的要素，且赢山公司最终与180位投资者签署《股权众筹协议》，共筹集了6000万元资金。

因此，赢山公司将会被认定为涉嫌非法吸收公众存款罪而受到处罚。

009

## 风险事件

### 应收账款如何用于融资

赢海市浩佳电业制品有限公司（以下简称浩佳公司）成立于2010年4月，主要生产小家电专用电缆、绝缘材料、工业胶带，秦大江任公司执行董事。

赢海市是国内乃至国际家电重镇，全国50%的家电产品均出自该市，拥有诸多小家电生产龙头企业。

秦大江早年毕业于国内知名大学的电气专业，在小家电专用电缆、绝缘材料领域拥有多项专利，其公司产品质量处在国际前列，正是由于浩佳公司产品物美、价格合适，因此受到赢海市诸多小家电龙头企业的青睐。

尽管这几年浩佳公司业绩不断攀升，且有稳定的客户及营收。但因浩佳公司前期购买土地、建设厂房等投入大量资金，赢海市当年招商引资的优惠政策中对企业购买的国有工业用地设定抵押有限制性规定使得浩佳公司难以通过银行渠道融资，这些巨无霸家电企业强大的市场地位给予浩佳公司的较长期间的付款周期，这些因素对浩佳公司形成很大的资金压力。

秦大江就如何获得有效融资咨询了很多金融界的朋友，朋友们给了其很多建议，但这些“建议”一直停留在建议阶段，很难落地。

经朋友引荐，秦大江找到了擅于设计并指导实施融资方案的诚律师，诚律师了解了浩佳公司基本情况，特别是了解到浩佳公司拥有几家巨无霸家电企业大量的应收账款后，告诉秦大江，浩佳公司可以通过应收账款保理模式融资。

应收账款保理融资成本要低于其他非金融渠道融资成本，运用得当，可以明显加快企业资金周转；如果确实利用好了保理融资工具，有时企业又可以对其客户的付款期作出进一步的让步，这往往会拓宽企业的销售渠道；应收账款保理还可以改善企业的财务报表。尽管应收账款保理这一融资模式具有这么多优势，又非常适合浩佳公司，但不当实施也会给企业及高管带来莫大隐患。

## 律师分析

### 保理融资是企业的融资途径之一

应收账款保理是债权人（卖方）将赊销形成的未到期应收账款转让给保理商（银行或保理公司），以获得保理商的资金支持。

在实际操作中，保理又有多种业务操作模式，如有追索权保理及无追索权保理，明保理及暗保理等。

有追索权的保理，是指债权人将应收账款的债权转让给保理商，债权人在得到款项之后，如果债务人（买方）拒绝付款或没能力付款，保理商有权向债权人进行追索，要求偿还预付的款项及相应费用；无追索权的保理则为债权人将应收账款的债权转让给保理商，债权人在得到款项之后，如果债务人（买方）拒绝付款或没能力付款，保理商无权向债权人进行追索，由保理商独自承担债务人（买方）拒绝付款或没能力付款的风险。

明保理，是指债权人在债权转让的时候应立即将保理情况告知债务人，并要求债务人将应收账款直接付给保理商；暗保理则为保理商与债权人单独进行保理业务，在应收账款到期后由债权人负责款项的催收，收回之后再交给保理商。

在国内实际运用最多的应收账款保理业务操作方式为有追索权的保理及明保理。

债权人与债务人之间真实的基础合同（双方间签署的买卖合同或服务合同）及债权人转让其应收账款是办理应收账款保理业务的前提。另外，基础合同中还应没有限制应收账款债权转让的约定，如有，买卖双方需就上述约定作出变更。

我国《合同法》明确规定应收账款转让对债务人发生效力的前提是向债务人有效通知。该通知应明确就哪一部分应收账款进行转让办理了保理业务，应收账款转让后的结算账户信息。债权人还应确认债务人已收到该应收账款转让通知并取得债务人的确认回执。

事件中，诚律师建议浩佳公司采取应收账款保理的融资模式，充分盘活了浩佳公司的应收账款，减轻了浩佳公司的资金周转负担，改善了浩佳公司的财务报表。

# 第十六章　股权激励

001

## 风险事件

### 骨干员工流失，董事长求妙招

2010年年初，江南益智教育培训有限公司（以下简称益智公司）刚刚开完三周年年会，公司数学部的三位骨干老师就一起辞职了。接着语文部的二位老师提交了辞职报告，英语部的几位老师也人心思变。

益智公司董事长何益智深感流年不顺，何益智深知教育培训机构的核心竞争力是优秀的人才。如果公司的教师都以这样的速度流失，要不了多久公司的日常经营就会难以正常开展，更谈不上完成今年的经营计划了。

何益智就如何留住公司的人才咨询了很多企业界的朋友，朋友们给了很多建议，有的建议适当加薪；有的建议搞好员工福利，营造良好工作环境；有的建议搞好企业文化，用感情留人；还有的朋友认为有恒产者有恒心，要留住好的人才就应该让他持股，成为公司的股东。

何益智反复权衡：公司的薪资水平已经是处于行业高位，通过加薪来留人空间不大；公司福利、工作环境良好，可以进一步改善，但目前老师们的辞职好像不是因为这方面的原因；建立良好的企业文化，用感情留人不是一朝一夕能完成的，解不了眼前的燃眉之急。

对比之下，何益智认为立即实施股权激励让优秀的人才持股，跟随公司一起成长，共同分享公司的发展成果是良策。

何益智就如何做股权激励咨询擅于设计并指导实施股权激励的诚律师，诚律师告诉何益智，制定股权激励方案前要对公司进行尽职调查，全面了解公司的现况，综合考虑公司所处的行业、经营、人员结构、股权结构、发展战略等情况来制定具体的股权激励方案，其中根据公司所处于的发展阶段及其他情况，选择适当的激励模式很重要。鉴于益智公司处于初创期，规模小、利润少，目前留住人才的紧迫性，诚律师建议何益智采取的股权激励模式是限制性股权，在制定具体的股权激励方案前益智公司可以通过股权激励动员会来鼓舞人心，让有离职念头的员工留下来。

## 律师分析

### 股权激励是初创企业合适的激励模式

股权激励是企业附条件给予员工部分股东权益，希望通过此举使员工具有主人翁意识，从而与企业形成利益共同体，促进企业与员工共同成长，从而帮助企业实现稳定发展的长期目标，是企业为了激励和留住核心人才而推行的一种长期激励机制，是目前最常用、最重要的激励员工的方法之一。

股权激励模式主要有限制性股权、股权期权、虚拟股权三种。

（1）限制性股权是指附条件（如经营业绩、工作年限、不侵害企业利益等）授予激励对象一定数量的股权，对其所持股权的来源、转让、回购等有一些特殊限制，激励对象在所附条件成就后才可自由转让限制性股权并从中获益。

限制性股权的转让等权利受到限制的期限称为锁定期，在锁定期内也可以分别设置禁售期和限售期。禁售期可以是从获得股权之日起计算，要求激励对象在该期限内不得转让股权。禁售期之后为限售期，限售期内若激励对象达到考核条件，所持股权部分解除锁定，通过逐步解除，最后全部成为无转让限制性的普通股权。

如限售期内激励对象未达到考核条件，企业有权回购，激励对象丧失股权，或向企业支付赔偿金，继续持有股票。

限制性股权可有效防止激励对象在获得股权后辞职或有其他与公司利益不一致的行为。限制性股权的激励模式适合初创企业、中小微企业。

（2）股权期权是企业附条件（如经营业绩、工作年限、不侵害企业利益等）授予激励对象的一种权利，激励对象可以在约定的时期内以事先确定的价格购买一定数量的本企业股权，也可以放弃这种权利。

激励对象行权时，如果该预先确定的价格比公司股权的市值低，激励对象就可能会选择购买，反之，就可能放弃行权。

股权期权分行权等待期与兑现期，行权等待期内设考核条件，期满且符合考核条件的可以行权；所授予的股权一般分批次转给激励对象，此期间为兑现期，在兑现期内通常设持续考核条件。

股权期权能激发激励对象的工作积极性，也能增加激励对象工作的持续性和稳定性，令激励对象既关注企业的短期利益，也关注企业的长远利益。股权期权的激励模式适合成熟企业。

（3）虚拟股权是指企业授予激励对象一种虚拟的股权，激励对象可以据此享受一定数量的分红权和股价升值收益，但没有所有权，没有表决权，不能转让和出售，在离开企业时自动失效。虚拟股权可以附条件（如经营业绩、工作年限、不侵害企业利益等）授予。

虚拟股权的激励模式适合盈利能力较强的企业（如华为公司采取的“虚拟受限股”），否则，由于分红过少达不到激励的效果。这种激励方式适合于创始股东希望控制公司的经营决策的情况。

如果是通过股东转让方式授予，就相当于是股东将其财产权益让渡给激励对象。华为公司的“虚拟受限股”就采用了这种激励模式，任正非持股仅为1.42%，其余98.58%股权均由员工持有，但是员工持股并不享有表决权，仅是分红权，而且流通受到限制，不能转让，员工在退出公司时，股权只能由公司回购。所以称其为虚拟受限股。

事件中，诚律师建议益智公司采取限制性股权的激励模式。通过股权激励动员会来预热股权激励的效果是很好的。

**建议：**

企业拟采取股权激励应聘请专业人员做尽职调查，并充分考虑企业各种因素选择合适的激励模式，制定适合企业的股权激励方案，并让股权激励领域的律师参与相关法律文书起草和审核。

002

## 风险事件

### 股权该激励给哪些员工

江南益智教育培训有限公司（以下简称益智公司）现有六家培训分部，共有员工60人，其中管理人员5名，数学老师20名（其中兼职10名），语文老师15名（其中兼职9名），英语老师9名（其中兼职3名），市场部6人，其余为勤杂人员。

益智公司已经召开了全体员工大会，热烈而高调地告诉员工，公司将实施股权激励计划。

益智公司正式聘请诚律师团队为益智公司制定股权激励方案，诚律师团队经过对益智公司进行尽职调查后，给出了《江南益智教育培训有限公司股权激励初步方案》供益智公司及公司创始人何益智参考。

这份初步方案建议的股权激励对象为：2名核心管理人员，22名全职教师，1名市场部核心人员，共25人，其中包括了全部全职教师。

## 律师分析

### 选择对实现企业战略具有价值的人员进行激励

股权激励对象是指股权激励时授予股权的对象，是激励的受益人。

股权激励对象获得股权其实含有不同程度的人力资本入股，股权激励对象是要能够给企业发展带来一定动力或资源，因此，合理确定股权激励对象是成功达到股权激励的目的和效果的重要因素之一。

确定股权激励对象，必须平衡企业经营的长期目标和短期目标，特别关注企业的长期发展和战略目标的实现，以企业战略目标为导向，选择对实现企业战略最具有价值的人员进行激励。

股权激励对象多数情况下是企业内部员工，一般包括公司董事、高级管理人员、核心技术人员、核心营销人员、关键岗位人员等；也有把企业外部合作伙伴纳为股权激励对象的，包括企业的技术顾问、核心供应商、代理商、重要客户、行业精英、投资伙伴等。

益智公司目前急需留住教师，公司的核心竞争力在于优秀的师资团队，诚律师团队制定的益智公司股权激励初步方案中，将激励对象重点放在教师团队符合益智公司的实际情况，有利于益智公司的长远发展。

## 003

### 风险事件

#### 实施股权激励的良机

目前江南益智教育培训有限公司（以下简称益智公司）的股权结构是：何益智持股90%，何益智的妹妹代何益智持股10%。

益智公司处于起步快速发展期，教育培训市场也处于快速增长期。

师资团队是益智公司的核心竞争力，但在当下，教师自主创业，同行互相挖人的情况非常普遍，益智公司近期面临师资团队严重流失的窘况。

鉴于上述情况，诚律师团队在《江南益智教育培训有限公司股权激励初步方案》中认为当下是益智公司制定、实施股权激励的良好时机。

### 律师分析

#### 初创期、成长期、成熟期的企业都适合进行股权激励

选择适当的时机进行股权激励对实现股权激励所希望达到的目的和效果也是非常重要的，企业处于初创期、成长期、成熟期都适合进行股权激励。

初创期的企业，需要聚集一起干事的人共同创业。企业刚刚成立，资金实

力还不够，没能力给予高额的薪酬，股权激励是凝聚创业团队的好方法，也是留住技术人员、核心团队的有效办法。

成长期的企业已经迈过初创期的生存阶段，处于快速发展阶段，企业股权升值较快，吸引力强，是实施股权激励最好的阶段。

成熟期的企业已经发展到一定规模，企业经营平稳发展，确立了企业在行业中靠前的地位，往往会有进入资本市场的计划，股权有良好的增值预期，上市前的股权激励有明显的吸引力，是实施股权激励良机。

处于衰退期的企业的股权吸引力不够，企业对员工的激励应以薪酬为主，不适合进行股权激励。

对于事件中益智公司的情况而言，创始人何益智拥有公司100%的股权，股权过于集中，所处教育培训行业面临市场快速增长，自主创业，同行挖人的情形，益智公司本身面临严重的人才流失危机，这个时候放开股权，进行股权激励是恰当的时机。

## 004

### 风险事件

## 员工增资，持有股权

江南益智教育培训有限公司（以下简称益智公司）的注册资本是300万元，公司总资产1200万元，净资产900万元。

诚律师团队在《江南益智教育培训有限公司股权激励初步方案》中给出的建议是：益智公司按净资产估值900万元，激励对象共向益智公司增资180万元，占20%的股权，激励对象的增资款分三年缴清，激励对象应自股权激励实施时签订增资合同之日起在益智公司工作满五年，工作未满五年的，自离职之日起失去股东身份，所持股权由何益智按增资时原价收购，其间的分红款不作扣减。

## 律师分析

### 股权激励的股权来源：转让、回购、增资

股权激励时用于激励的股权来源有原股东转让或赠与、公司回购、增资扩股三种。

企业原股东拿出一部分股权，有偿转让或赠予激励对象，这种模式由原股东与激励对象签订股权转让合同。

由于激励对象是受到企业的激励，但企业并不持有自己的股权，无法直接向激励对象授予股权，通过原股东将其部分股权转让给激励对象，实际原股东代表企业完成股权授予行为，以实现企业与激励对象的激励约定。

因此，企业与激励对象还应就股权激励条件进行约定并签订协议，把股权激励约定的工作年限、锁定期限、勤勉尽职、年绩目标、回购等，作为激励对象获得企业原股东转让股份的条件。

公司回购本公司股权授予给激励对象一般发生在股份公司，对于有限公司来说回购本公司的股权不好操作。

现行法律规定股份有限公司可以回购本公司的股份用于员工持股计划或者股权激励，公司合计持有的本公司股份数不得超过本公司已发行股份总额的百分之十，并应当在三年内转让给员工持股计划或者股权激励对象。

增资扩股是企业向激励对象增资，增资的价格往往低于市场价格，原股东放弃优先认购权，激励对象因此获得企业的股权。

用于激励的股权来源于原股东转让、公司回购的方式均属于用存量老股激励，公司股本总额不发生变化，增资扩股是增加公司的股本总额，用于激励的股权来源于新增股份。

上述风险事件中益智公司是处于初创期的有限公司，增资扩股能适当增加公司经营资本，有助于公司的发展，以净资产估值向激励对象增资扩股既能起到公司与创始人激励的诚意，达到激励的效果，扩股融入的资金也能适当增加公司经营的资本，有益于公司的发展。

**005**

## 风险事件

### 该选择怎样的方式持有激励股份

诚律师团队在《江南益智教育培训有限公司股权激励初步方案》中介绍了三种股权激励持股方式：

第一种，激励对象直接持有益智公司股权；

第二种，新成立一家有限公司作为持股平台，激励对象持有该有限公司的股权，该有限公司持有益智公司的股权；

第三种，成立一家有限合伙企业作为持股平台，何益智为该有限合伙企业的普通合伙人，激励对象为该有限合伙企业的有限合伙人，该有限合伙企业持有益智公司的股权。

针对益智公司的情况，初步方案中建议本次股权激励考虑第三种持股方式，成立一家有限合伙企业持有用于激励的股份。

## 律师分析

### 有限合伙企业是常见的股权激励持股方式

股权激励的持股方式分直接持股与间接持股两大类。

直接持股是指由激励对象个人直接持有授予给激励对象的股权，激励对象个人成为实施股权激励的主体公司的股东。

间接持股是指激励对象通过成立的有限公司、合伙企业、信托计划、资管计划、契约式基金等持股平台间接持有主体公司授予给激励对象的股权，持股平台成为主体公司的股东，激励对象不是主体公司的股东。

股权激励不同持股方式的特点如下：

（1）激励对象个人直接持股，激励对象个人成为主体公司的股东，拥有所有股东的权力，股权由激励对象个人支配，归属感强，当前激励力度大，操作简单，有限责任公司的股东人数不可超过 50 人的上限。

税负低，激励对象从主体公司得到分红，如果主体公司是非上市公司按所得税率 20% 缴纳个人所得税；如果主体公司是上市公司持股期限在 1 个月以内（含一个月）的按所得税率 20%，持股期限在一个月以上至一年（含一年）的按所得税率 10%，持股期限超过一年的按所得税率为 5% 缴纳个人所得税。激励对象转让股权时，以股权转让收入减除股权取得成本以及合理费用后的差额为应纳税所得额，按“财产转让所得”缴纳个人所得税，税率为 20%。

激励对象个人直接持股不利于主体公司的治理：

①会导致主体公司股权过于分散，管理难度大，决策效率慢，实际控制人的控制权下降；

②股权固化，对于上市公司而言，限制期过激励对象随时可套现走人，不利于公司市值管理，持续激励效果差；

③股权的转让变更受制于激励对象，手续复杂，不利于操作，容易引起法律纠纷。

（2）有限公司作为持股平台持股，激励对象持有该平台公司股权，该平台公司持有主体公司的股权成为其的股东，激励对象间接持有主体公司的股权，该平台公司须按《公司法》的相关规定管理，操作相对复杂。

税负重，平台公司从主体公司取得股权分红时不需要缴纳企业所得税，平台公司对外转让主体公司股权时，平台公司按 25% 税率缴纳企业所得税，平台公司向激励对象分红时，激励对象个人需要按所得税率 20% 缴纳个人所得税。无税收优惠及税务筹划的情况下，激励对象个人实际综合税率约为：1 －（1 － 25%）×（1 － 20%）＝40%。

平台公司持股对于主体公司治理的影响有：

①平台公司本身须按《公司法》的相关规定治理，修改章程、增资、减资、合并、分立、解散等重大事项的表决需经代表 2/3 以上表决权的股东通过，一般事项需经代表 1/2 以上表决权的股东通过，为此，主体公司实际控制人要掌控平台公司的控制权亦有持股比例的要求；

②平台公司须按《公司法》《税收征管法》等市场主体法的相关规定进行管理，管理相对复杂；

③平台公司股权的转让变更依然受制于激励对象，手续复杂，不利于操作，亦容易引起法律纠纷。

（3）有限合伙企业作为持股平台持股，激励对象持有有限合伙企业的出资份额成为有限合伙企业的有限合伙人，不执行合伙事务，对有限合伙企业以出资额为限承担有限责任，有限合伙企业持有主体公司的股权成为其的股东，激励对象间接持有主体公司的股权，有限合伙企业一般由主体公司的实际控制人或其安排的人担任普通合伙人，执行合伙事务。

税负轻。有限合伙企业不须缴纳企业所得税，以每一个合伙人为纳税义务人，合伙企业所得利润先在合伙人中分配，再按由合伙人以自己的名义申报纳税，合伙人是自然人的，缴纳个人所得税；合伙人是法人和其他组织的，缴纳企业所得税。有限合伙企业从主体公司取得股权分红不并入有限合伙企业的收入，单独作为投资者个人取得的股息、红利所得，按个人所得税率为20%缴纳个人所得税。有限合伙企业对外转让主体公司股权时减除成本、费用或亏损后的余额，作为投资者个人的生产经营所得，适用5%—35%的五级超额累进税率，计算征收个人所得税。上海、深圳等地为鼓励股权投资，在有限合伙企业转让股权时，对有限合伙人按“财产转让所得”征收20%的个人所得税；对执行合伙事务的个人合伙人，则比照“个体工商户的生产经营所得”征收5%—35%的累进所得税；天津、北京、青岛等地有更优惠的政策，对股权投资类合伙企业自然人合伙人统一按20%的税率征收个人所得税。

有限合伙企业持股有利于主体公司治理：

①有限合伙企业按合伙企业法的相关规定登记、管理，不须按公司法的相关规定治理，相比有限责任公司而言，从设立、运营、管理、变更、清算等都较为简易，多数事务可通过合伙协议来约定管理规则，利润分配及出资份额的转让操作简单、灵活；

②便于股权管理，主体公司的实际控制人或其安排的人通过担任普通合伙人，主体公司的实际控制人通过少量的出资就可以掌控有限合伙企业的控制权，可以做到分利不分权，激励对象进入退出都只要通过转让有限合伙企业的出资份额来实现，非常灵活简单，利于股权集中管理；

③有限合伙企业出资份额的转让规则可以通过合伙协议预先约定，与股权激励方案制订就能够规则呼应，可以做到手续简单、灵活，利于操作，不容易

引起法律纠纷。

激励对象个人直接持股一般只适合激励对象品质可靠、能力突出，属于创业伙伴，对主体公司非常重要的，人数在5人以下的情况。有限合伙企业持股比有限责任公司持股在税负、公司治理及操作层面上都有明显的优势，更便于股权的控制、管理和流转，是目前股权激励中最常见的持股方式。

事件中，益智公司股权激励的对象有25人，成立一家有限合伙企业持有用于激励的股份是比较合适的。

006

## 风险事件

### 能否让辞职的员工留下激励的股权

2010年5月江南益智教育培训有限公司（以下简称益智公司）实行股权激励方案，除原三位创始股东外，让全体在岗教师均通过增资成为股东，持有益智公司的股份。

益智公司的股权激励办法中规定：全体在岗教师均为激励对象，都可通过本次增资成为公司股东，若持股员工持股不满十年时离开公司，其离开公司时持有的股份由益智公司按原入股时的价格购回，留做公司的预留股份用于激励后加入公司所需激励的员工。

此次增资时，益智公司还修订了公司章程，其中规定：2010年5月及以后因股权激励成为公司股东的员工离开公司，不再为本公司服务时，其不再具有持股资格，由公司按原入股时的价格购回，留做公司的预留股份用于激励后加入公司所需激励的员工，在岗是员工成为公司股东的必要条件，公司内部实行股随岗变原则。

益智公司数学部曾铭老师因股权激励持有益智公司2%的股份。

2012年7月初，曾铭申请辞职。2012年7月底，益智公司与曾铭解除劳动合同关系。2012年8月曾铭入职江南恒慧教育科技有限公司。

之后，益智公司数次通知曾铭办理退股手续，因双方未能就股权转让价格达成一致意见，曾铭一直拒绝办理股权转让手续。

益智公司的工商登记资料显示曾铭自股权激励时持有的益智公司的股份一直登记在曾铭名下。

自曾铭离职后，益智公司发出通知，对其股东身份作出除名处理，不再通知其召开股东会，也没再向其支付过分红款。

2016年8月，曾铭起诉益智公司，主张其是益智公司工商登记备案的股东，享有股东分红权，益智公司应向其支付2012年至2015年三年的分红款153467.61元。

益智公司对此提出反诉，要求法院判令曾铭自2012年7月从益智公司离职时起就不再具有股东资格，曾铭享有的分红权截至2012年7月。

## 律师分析

### 合理安排，可以达到“股随岗变，人走股留”的要求

股随岗变是指将公司股东身份与公司员工身份挂勾，员工在岗就拥有公司股东身份，员工离职就失去公司股东身份，这是绝大多数公司在实行股权激励时通常采取的原则。

股随岗变原则对于保障公司人合性、内部治理等具有现实意义，股权激励时可以与被激励员工约定股随岗变的持股条件。

公司章程可以规定股随岗变的股东身份资格原则，将与公司有劳动合同关系作为成为公司股东的必要条件，与公司终止劳动合同关系的股东必须转让其持有的公司股权。

公司章程这样的有关股随岗变、离职股东须转让股权的规定，体现了全体股东的共同意志，是公司、股东的行为准则，对全体股东均有约束力，这也是公司法内外有别的理念在处理公司内部事务时尊重公司及其股东意思自治的表现。

但是，股权以财产权为基本内容，股东投资的根本目的是从公司获取收益，公司可以对股东转让股权进行限制，但这种限制不能直接剥夺股东自身应享有的收益权，除非得到股东本人的同意。

然而，现实中存在许多员工离职了但因种种原因而实际未转让股权的情

形，并因此引起纠纷。

上述事件中，益智公司在股权激励中确定的股随岗变原则可以被确认为有效，但其制定的操作方法有需要改进的地方：

（1）离职员工持有的股权由公司回购操作相对复杂；

（2）按原入股时的价格购回对原持股股东有失公平，容易产生纠纷。

曾铭自2012年7月离职时已失去股东身份，其要求益智公司分配2012年7月其离职之后益智公司产生的利润的要求难以得到支持。

**建议：**

制定股权激励方案时充分考虑企业实际情况，选择适当的激励对象、入股方案、持股方式、退出机制等，企业应对激励对象的股东资格、回购方式、回购价格、违约责任等作出明确规定。

**007**

**风险事件**

## 股权激励能否限制员工辞职

在曾铭辞职后，其与江南益智教育培训有限公司（以下简称益智公司）因股权激励引起的股东资格确认纠纷中，曾铭认为：益智公司在股权激励办法中规定“当持股员工持股不满十年，且不再是公司在职员工时，其离开公司时持有的股份由公司按原入股时的价格购回”，以及益智公司章程规定“2010年5月及以后因股权激励成为公司股东的员工离开公司，不再为本公司服务时，其不再具有持股资格，由公司按原入股时的价格购回，留做公司的预留股份用于激励后加入公司所需激励的员工，在岗是员工成为公司股东的必要条件，公司内部实行股随岗变原则”都侵犯了员工的辞职权，是无效的。

曾铭认为，辞职是其依法拥有的劳动者自主择业的权利，股权激励不应限制劳动者辞职，不能强制要求工作年限，否则就是违反《劳动合同法》，其从益智公司辞职不影响其作为益智公司的股东身份。

对此，益智公司明确表示反对，益智公司认为因股权激励产生的争议不属于劳动争议，不适用《劳动合同法》，应适用《合同法》及《公司法》的相关规定，曾铭从益智公司离职时起就失去了作为益智公司股东的资格。

## 律师分析

### 在岗可以作为股权激励的必要条件

员工因股权激励形成的持有公司股权的法律关系独立于员工与公司之间的法律关系，不应适用《劳动合同法》的相关规定。

在股权激励中，被激励对象既是公司的员工，又同时因股权激励成为公司的股东，激励对象与公司之间既存在劳动合同法律关系，也存在股权法律关系，两种法律关系适用的法律是不一致的。

劳动合同法律关系适用《劳动合同法》及相关法规、司法解释，其中《劳动合同法》第三十七条规定："劳动者提前三十日以书面形式通知用人单位，可以解除劳动合同。劳动者在试用期内提前三日通知用人单位，可以解除劳动合同。"在此，法律赋予了劳动者辞职权，这是对劳动者的倾向性保护，有利于劳动者根据自己的能力、兴趣来选择适合的工作。

股权法律关系适用《合同法》《公司法》及相关法规、司法解释，公司在股权激励中把激励对象在岗作为其成为股东的必要条件并非公司与激励对象之间的劳动合同的补充，而是激励对象获得以一定价格购买公司股份成为公司股东的资格的条件，激励对象因此选择成为公司的股东，也意味着接受了公司对股东资格要求的适当限制，公司与激励对象因此形成股权法律关系。

因此，股权激励中把激励对象在岗作为其持股的条件不构成侵犯激励对象的自主择业权。

事件中，曾铭的主张不能得到人民法院的支持，曾铭自从益智公司离职时起就失去了作为益智公司股东的资格。

**建议：**

制定股权激励方案时充分考虑企业的实际情况，选择适当的激励对象、入股方案、持股方式、退出机制等，企业应对激励对象的股东资格、在岗要求、回购方式、回购价格和违约责任等作出明确规定。

## 008

### 风险事件

## 年会上奖励给店长的股份能否收回

2011年年初，蒋究先生在赢海市万大广场开了一家名为“味道”的火锅店，“味道”火锅店装修时尚、食材新鲜、价格合理、服务热情，并且出品快。

“味道”火锅店的生意非常火爆，每到就餐时间，店门口常常有排着队的顾客等叫号入座。对此，蒋究聘请的店长杨红梅作出较大贡献。

2011年年底，蒋究总结“味道”火锅店的经营管理经验，决定开设分店，复制并优化“味道”火锅店的管理模式，并定下2012年开设三家分店的经营目标。

为了便于对分店的管理，蒋究投资人民币500万元成立了赢海味道餐饮管理有限公司（以下简称味道公司），味道公司是蒋究持有100%股份的一人有限公司。

蒋究让杨红梅参与味道公司的管理，并兼任味道公司人力资源部的总经理，负责对新开分店的店长、员工进行招聘及培训工作。

在杨红梅大力配合下，2012年味道公司完成年度经营目标：新开“味道”火锅店三家，每家分店都延续了“味道”火锅店装修时尚，食材新鲜，价格合理，服务热情、出品快的经营管理特点，每家分店都赢得了顾客好的口碑，食客的回头率很高，生意兴隆。

鉴于杨红梅对味道公司的贡献，味道公司老板蒋究决定对杨红梅给予奖励。

蒋究以味道公司名义向全体员工发出一份奖励决定，决定内容为：鉴于杨红梅为本公司作出的优异成绩，综合考虑本公司未来的职工激励机制与发展战略，经本公司与本公司股东蒋究先生研究、讨论决定授予杨红梅10%的本公司股份作为奖励，自2013年1月1日起杨红梅享有本公司10%股份的所有权、分红权及股价升值收益，但未经蒋究先生同意不能转让和出售。

蒋究在味道公司年会上的表彰大会上热情洋溢地宣读了这份奖励决定，并由味道公司盖章，蒋究个人签字一式三份，一份交总经理办公室存档，一份交财务办理股权确定及分红备案手续，一份交杨红梅本人。

2014 年 3 月，杨红梅因个人创业开设餐馆的原因从味道公司离职。

2014 年 5 月，杨红梅与蒋究沟通，要求确认其在味道公司 10% 的股份，参与分配味道公司 2013 年度的红利，并要求办理股权工商登记手续。

蒋究以杨红梅已离职，赠与股份被撤销为由给予拒绝。

2014 年 7 月，杨红梅起诉至法院，要求判令确认杨红梅为味道公司股东，持有味道公司 10% 的股份。

## 律师分析

### 赠与的激励股份不能任意收回

赠与是赠与人将自己的财产无偿给予受赠人，受赠人表示接受赠与的法律行为。

关于赠与《合同法》有如下规定：

（1）赠与人在赠与财产的权利转移之前可以撤销赠与。赠与的财产依法需要办理登记等手续的，应当办理有关手续。

（2）赠与可以附义务，赠与附义务的，受赠人应当按照约定履行义务。受赠人不履行赠与合同约定的义务，赠与人可以撤销赠与。

（3）赠与人的撤销权，自知道或者应当知道撤销原因之日起一年内行使。

（4）撤销权人撤销赠与的，可以向受赠人要求返还赠与的财产。

（5）赠与人的经济状况显著恶化，严重影响其生产经营或者家庭生活的，可以不再履行赠与义务。

然而，股权激励中赠与给激励对象的股份具有股权激励性质，授予的原因往往是基于激励对象在为主体公司工作中作出了一定的成绩或贡献，激励对象在获赠股份时也履行了一定义务，并非无对价的赠与行为。

因此，股权激励中赠与给激励对象股份的行为不能任意撤销，随意收回。

但是，假如股权激励中赠与给激励对象股份时，明确约定了激励对象为主体公司工作期限需满一定年限、不得侵犯主体公司合法权益等条件。如果激励对象在服务期届满之前提前辞职，或有故意侵犯主体公司合法权益等违反约定条件的行为，赠与给其股份的行为是可以撤销，可以无偿收回或者有偿回购所授予的股权的。现实中，因激励对象违约而有偿回购的价款多数不考虑股权溢价，以限制违约的激励对象的股份收益。

事件中，杨红梅是因在味道公司良好的工作业绩获得蒋究赠与股份，不是无偿赠与，蒋究不能撤销赠与给杨红梅味道公司10%股份的行为。

杨红梅要求确认其为味道公司股东，并持有味道公司10%的股份的请求可以得到法院支持。

## 009

### 风险事件

## 获得激励的股权，该如何纳税

瀛海味道餐饮管理股份有限公司（以下简称味道公司）旗下有十五家门店，生意红火，2015年味道公司大股东蒋究拟拿出150万股股票对旗下十五家门店的十五名店长进行股权激励。

味道公司的股权激励方案是：蒋究以人民币3元/股的价格向每位店长转让味道公司股票10万股，自相关股票登记到该激励对象个人名下之日起，该激励对象应当在公司工作满五年，未满五年离开公司的，其持有的股票由味道公司按人民币3元/股的价格回购。除此之外，自相关股票登记到该激励对象个人名下之起五年不能转让，五年后解除限期，由相关股票持有人自由转让。

目前，味道公司的每股净资产达到人民币3.6元，最新一轮向私募股权基金定增的价格是人民币9.3元/股，此次味道公司的老板蒋究先生向十五名店长以人民币3元/股的价格转让味道公司的股票进行股权激励可谓大幅让利，诚意十足。

可是，店长们以如此低的价格取得公司的股票，店长们需要按股票的实际价值缴交税款吗？蒋究先生又该如何缴纳个人所得税呢？

## 律师分析

### 股权激励有递延纳税的优惠政策

为支持国家大众创业、万众创新战略的实施，促进我国经济结构转型升级，经国务院批准，财政部、国家税务总局于2016年9月20日下发了财税〔2016〕101号文《关于完善股权激励和技术入股有关所得税政策的通知》（以下简称101号文）。

该101号文针对符合条件的公司的股权激励缴纳所得税实行了新的优惠政策：

1. 非上市公司股票期权、股权期权、限制性股票和股权奖励实行递延纳税政策

（1）非上市公司授予本公司员工的股票期权、股权期权、限制性股票和股权奖励，符合规定条件的，经向主管税务机关备案，可实行递延纳税政策，即员工在取得股权激励时可暂不纳税，递延至转让该股权时纳税；股权转让时，按照股权转让收入减除股权取得成本以及合理税费后的差额，适用“财产转让所得”项目，按照20%的税率计算缴纳个人所得税。

股权转让时，股票（权）期权取得成本按行权价确定，限制性股票取得成本按实际出资额确定，股权奖励取得成本为零。

（2）享受递延纳税政策的非上市公司股权激励（包括股票期权、股权期权、限制性股票和股权奖励，下同）须同时满足以下条件：

①属于境内居民企业的股权激励计划。

②股权激励计划经公司董事会、股东（大）会审议通过。未设股东（大）会的国有单位，经上级主管部门审核批准。股权激励计划应列明激励目的、对象、标的、有效期、各类价格的确定方法、激励对象获取权益的条件、程序等。

③激励标的应为境内居民企业的本公司股权。股权奖励的标的可以是技术成果投资入股到其他境内居民企业所取得的股权。激励标的股票（权）包括通过增发、大股东直接让渡以及法律法规允许的其他合理方式授予激励对象的股票（权）。

④激励对象应为公司董事会或股东（大）会决定的技术骨干和高级管理人

员，激励对象人数累计不得超过本公司最近六个月在职职工平均人数的30%。

⑤股票（权）期权自授予日起应持有满三年，且自行权日起持有满一年；限制性股票自授予日起应持有满三年，且解禁后持有满一年；股权奖励自获得奖励之日起应持有满三年。上述时间条件须在股权激励计划中列明。

⑥股票（权）期权自授予日至行权日的时间不得超过十年。

⑦实施股权奖励的公司及其奖励股权标的公司所属行业均不属于《股权奖励税收优惠政策限制性行业目录》范围（见附件）。公司所属行业按公司上一纳税年度主营业务收入占比最高的行业确定。

2. 对上市公司股票期权、限制性股票和股权奖励适当延长纳税期限

上市公司授予个人的股票期权、限制性股票和股权奖励，经向主管税务机关备案，个人可自股票期权行权、限制性股票解禁或取得股权奖励之日起，在不超过十二个月的期限内缴纳个人所得税。

3. 对技术成果投资入股实施选择性税收优惠政策

企业或个人以技术成果投资入股到境内居民企业，被投资企业支付的对价全部为股票（权）的，企业或个人可选择适用递延纳税优惠政策。

选择技术成果投资入股递延纳税政策的，经向主管税务机关备案，投资入股当期可暂不纳税，允许递延至转让股权时，按股权转让收入减去技术成果原值和合理税费后的差额计算缴纳所得税。

允许被投资企业按技术成果投资入股时的评估值入账并在企业所得税前摊销扣除。

技术成果是指专利技术（含国防专利）、计算机软件著作权、集成电路布图设计专有权、植物新品种权、生物医药新品种，以及科技部、财政部、国家税务总局确定的其他技术成果。

技术成果投资入股，是指纳税人将技术成果所有权让渡给被投资企业、取得该企业股票（权）的行为。

依据上述101号文的规定，味道公司的店长们受让大股东蒋究因股权激励转让的股票符合递延纳税和合并纳税的优惠政策，经向主管税务机关备案，可实行递延纳税政策，店长们在取得股票时可暂不纳税，递延至五年后转让该股票时纳税。五年后店长转让股票时，按照股票转让收入减除股票取得成本的差额，适用“财产转让所得”项目，按照20%的税率计算缴纳个人所得税。

这样就将此前店长们需要分的两次纳税合并为一次纳税，在此101号文实施之前的税收政策是在店长们获授股权时需要按照股票的实际评估价值减去受让时的优惠价，再按薪资所得纳税，然后在股票转让时又需要按照财产转让所得纳税，现在的规定相当于取消了第一项，减轻了激励对象的税收负担。

味道公司的大股东蒋究先生在本次股权激励向店长们转让股票时，需按照股票转让收入减除股票取得成本的差额，适用“财产转让所得”项目，按照20%的税率计算缴纳个人所得税。

**010**

## 风险事件

### 新方式，解决了股权激励中的诸多问题

赢海创苑生物科技股份有限公司（以下简称创苑公司）成立十多年，拥有一批高水平的科技人才，是国内生物制药领域的一支劲旅。

创苑公司总股本9000万股，尚未上市。创苑公司在2006年6月由有限公司改制为股份公司，改制时创始团队就考虑到未来需要对公司现有及将来引进的人才进行股权激励，为此，各创始团队成员协商一致，共同决定拿出20%共1800万股的股票用于未来对公司员工的激励，该部分的股票由创苑公司的第三大股东黄有德代为持有。

2015年年初，创苑公司决定制订并实施股权激励计划，经创苑公司创始团队初步研究，创苑公司制订股权激励计划面临如下情况：

其一，目前需要激励的员工超过60名，如果将激励股票直接授予激励对象个人名下，公司股东过多，不便于管理，采用何种持股模式？

其二，公司未来需继续引进人才，需预留股份激励新引进的人才，预留的股份已不再合适继续由黄有德代持，该如何持有？

其三，被激励的员工从被授予股票之日起需在公司工作满五年，未工作满五年的，其被授予的股票由公司按净资产价格回购，如何保障回购的顺利实施，又不因此引起纠纷？

其四，公司拟按净资产价格将激励股票转让给激励对象，部分激励对象一次性拿出股票转让款有困难，怎样给予其适当的帮助?

其五，公司数名监事亦为公司的发展作出了重要贡献，如何解决对监事进行股权激励而又不因此对公司未来上市构成障碍?

其六，让目前制订的股权激励计划适用于未来一段时期新引进的符合激励条件的人才。

为解决上述问题，创苑公司聘请诚律师团队为公司制订股权激励方案。诚律师团队初步对创苑公司进行了解，提议创苑公司设立一只“股权激励信托计划”来解决创苑公司在股权激励中遇到的问题。征得创苑公司同意后，诚律师团队联合赢海财联信托有限公司共同对创苑公司进行了充分的尽职调查，提出了创苑公司股权激励计划整体方案:

一、提议创苑公司通过赢海财联信托有限公司（以下简称“财联信托”）设立“财联·创苑股权激励信托计划”（以下简称“信托计划”）实施员工股权激励计划，并委托诚律师团队担任信托计划的监察人。

该信托计划要素设计如下:

| 信托计划名称：财联·创苑股权激励信托计划 | | |
|---|---|---|
| 信托概况 | 委托人/初始受益人 | 黄有德<br>代表创苑公司及现有创业团队拿出代持的股份作为拟进行股票激励的股票池 |
| | 受托人 | 赢海财联信托有限公司 |
| | 受益人 | 现有的激励对象及未来的激励对象 |
| | 监察人 | 聘请诚律师团队担任 |
| | 成立规模 | 按实际需要确定 |
| | 信托期限 | 长期 |
| | 信托目的 | 为了激励和留住核心人才，有利于实现创苑公司的战略发展目标，按创苑公司制定的规则向相关员工及所需引进的人才转让部分股东权益，对其进行长期激励，分享企业发展成果，使其与企业结成利益共同体，从而勤勉尽责地为企业的长期发展服务 |
| | 托管银行 | ＊＊银行 |
| 信托财产 | 现有股东拿出的未来用于激励的股票，及相应股票在信托计划存续期间取得的分红、转让收入等收益，相关股票对应的收益权份额转让给激励对象（受益人）所有。 | |

二、草拟《股权激励实施细则（草案）》供参考

（一）总则

1. 为建立、健全赢海创苑生物科技股份有限公司（以下简称公司）激励与约束机制，提高企业竞争力，根据《中华人民共和国公司法》《中华人民共和国信托法》及其他相关法律法规和《赢海创苑生物科技股份有限公司章程》，制定本细则。

2. 公司通过赢海财联信托有限公司（以下简称“财联信托”）设立“财联·创苑股权激励信托计划”（以下简称“信托计划”）实施员工股权激励计划。为规范员工股权激励的管理，确保被激励员工的合法权益，公司股东大会是员工股权激励的最高权力机构，公司人力资源部是员工股权激励的执行机构，为信托计划的指令权人。

3. 本细则所遵循的基本原则

（1）确保股权管理合法性、可操作性、可持续性的原则；

（2）股权激励对象利益、公司利益相结合，有利于公司可持续发展的原则；

（3）激励与约束相结合的原则。

4. 由于本细则的特殊性，其条款多为约束性条款，股权激励对象在不违背本细则的前提下可享有的其他各项权利，需承担的其他各项义务，以相关法律法规、信托文件及《公司章程》为准，本细则不再详细列明。

（二）约束条款

1. 信托受益人及受让信托受益权的对象，须符合以下条件：

（1）信托受益人及受让信托受益权的对象必须是公司的员工或公司，如是员工，则为按照公司股权激励相关规定可以享受公司股权激励的人员。

（2）经公司股东大会同意。

2. 股权激励对象的信托受益权转让时，其受让人必须为公司；股权激励对象之间、股权激励对象和外部人员之间不得进行信托受益权转让，信托受益权也不可馈赠或继承。

3. 根据公司年度经营盈利情况及公司章程，年终分红不少于净利润的40%，公司将分红款划付信托计划后，向财联信托出具各股权激励对象应分配收益明细。

（三）受益权处理

1. 在信托存续期内，当股权激励对象因辞职、解雇、退休、死亡等原因而终止与公司的劳动关系时，其持有的信托受益权必须进行转让。

2. 股权激励对象在公司工作期间转让信托受益权的，只能向公司转让，且转让数量不得超过其初始持有的信托受益权的50%。余下信托受益权可在其离开公司（包括辞职及劳动合同到期）后，由公司分五年购买，每年受让的收益权的份额为其离职日信托收益权的1/5，五年内全部购买完毕。每份信托受益权的购买价格为购买日前公司最近一期经审计的每股净资产。

3. 当股权激励对象因违反公司保密协议、利用职务便利损害公司利益而被公司解雇时，其持有的信托受益权由公司在其离开时一次性强制购买，每份信托受益权的购买价格为其初始获得所对应的信托受益权而实际支付的款项。

4. 当股权激励对象按照法定程序正常解除或终止与公司间的劳动关系，且持有信托受益权份额，如其在离职后，违反与公司签订的竞业限制协议或保密协议，公司有权对其所持的信托受益权一次性强制购买，每份信托受益权的购买价格为其初始获得所对应的信托受益权而实际支付的款项。

5. 除本细则另有规定外，信托受益权转让按以下方式进行：

（1）分五年购买：股权激励对象符合下列情况之一的，公司将分五年购买其信托受益权，每份信托受益权的购买价格为购买日前公司最近一期经审计的每股净资产：

a. 因意外事故丧失行为能力或因精神病而丧失民事行为能力；

b. 退休；

c. 正常辞职；

d. 因公司裁员而被解聘。

（2）一次性购买：股权激励对象符合下列情况之一的，公司一次性购买其持有的信托受益权，每份信托受益权的购买价格为受让/购买日前公司最近一期经审计的每股净资产：

a. 死亡；

b. 退休（股权激励对象向公司提出一次性受让/购买的申请，并经公司同意）。

（3）强制购买：股权激励对象符合下列情况之一的，公司强制购买其持有的信托受益权，每份信托受益权的购买价格为其初始获得所对应的信托受益权而实际支付的款项：

a. 违反竞业限制协议或保密协议规定；

b. 因职务便利损害公司利益被解聘。

（四）股权激励对象的确认及受益权转让手续的办理

1. 股权激励对象的人选及其受让信托受益权的份额和受让价格由公司人力资源部提出方案，报请公司股东大会决议。

2. 公司人力资源部根据股东大会决议确定的股权激励人选及其受让信托受益权的份额和受让价格委托指令权人向信托受托人发出指令，让信托受托人根据上述指令及相关信托文件代为办理信托受益权的相关转让手续。

（五）附则

1. 根据相关法律法规、公司内外环境及经营状况的变化，公司有权对该细则进行调整。

2. 本细则如有与国家相关法律法规相抵触之处，以相关法律法规为准。

3. 本细则由赢海创苑生物科技股份有限公司股东大会审议通过，并负责解释。

三、激励对象将在“财联·创苑股权激励信托计划”下的受益权质押给商业银行贷款的融资方案。

上述方案得到创苑公司董事会的认可，经过优化后交创苑公司股东大会表决通过。

诚律师团队及赢海财联信托有限公司依创苑公司股东大会表决通过的方案，共同为创苑公司起草了下列股权激励计划全套文件：

1.《赢海创苑生物科技股份有限公司股权激励实施细则》

规定股权激励对象、条件、数量、价格、转让、回购等。

2.《信托合同》

由委托人黄有德与赢海财联信托有限公司签订，约定黄有德将用于激励的股票转让给赢海财联信托有限公司，设立“财联·创苑股权激励信托计划”，每一股股票对应一份受益份额，黄有德为该信托计划的初始受益人，享有全部受益份额。

3.《财联·创苑股权激励信托计划信托受益权转让合同》

由委托人黄有德与每一激励对象分别签订，约定黄有德将每一激励对象所可获得授予的激励股票数量所对应的受益份额转让给该激励对象。

4.《财联·创苑股权激励信托计划信托监察合同》

由诚律师团队所在律师事务所、赢海财联信托有限公司、黄有德三方签订，约定聘请诚律师团队成员担任财联·创苑股权激励信托计划的监察人，监察人独立履行监察人职责，监察赢海财联信托有限公司按信托文件的约定管理和运用信托财产，保障受益人（激励对象）的合法权益。

5.《财联·创苑股权激励信托计划受益权质押贷款合同》

由激励对象与金融机构签订，约定激励对象将在“财联·创苑股权激励信托计划”下的受益权质押给金融机构，金融机构给予激励对象借款。

6.《赢海创苑生物科技股份有限公司股票转让合同》《信托收益权份额转让指令》《信托收益权收益分配指令》等其他有关的文件。

上述文件共约180页。

## 律师分析

### 创新的股权激励信托计划

股权激励的信托安排是一种创新的股权激励模式，最初是因传统的股权激励方案不能很好解决激励股票预留、激励对象不再适合激励时股份的流动性与回购、购买股权的资金来源与融资、激励股票一次性分光不利未来人才引进、合理的税务筹划、授权与指令等问题，由盈科律师事务所资产管理法律事业部程旭东律师团队联合广东粤财信托有限公司在国内首创律师作为监察人的股权激励信托计划，并在上市公司——广东德美精细化工集团股份有限公司旗下公司的股权激励方案实施中顺利运营与管理。

该创新的股权激励信托安排具有如下的优势：

（1）可解决持股主体问题。

（2）可解决监事不得成为激励对象的问题。

（3）可解决预留股权及股权来源问题。

（4）有助于企业留住人才、吸引人才。

（5）有助于解决股权管理和流动的问题。

（6）可有效解决激励对象购股融资问题。

（7）优化目标公司法人治理结构。

（8）化解受益人变更手续复杂问题。

（9）满足股权激励计划的长期性要求。

（10）信托财产独立、隔离，保证了股份、资金与交易安全，防范道德风险。

（11）信托及股权激励专业领域的律师担任监察人降低操作风险。

该创新的股权激励信托计划运用在赢海创苑生物科技股份有限公司的股权激励方案中也体现出了上述优势。

# 第十七章 IPO

## 001

### 风险事件

#### 难以割舍的关联公司

赢海味道餐饮管理有限公司（以下简称味道公司）于2011年年底成立，成立之初是蒋究先生个人持有100%股份的一人有限公司，主要业务是投资、经营、管理旗下的“味道”火锅门店。

创业初期，蒋究为了保证食材品质，降低采购成本，蒋究以妻子孙丽凤的名义成立了赢海美优康食材贸易有限公司（以下简称美优康公司），让其妻妹孙美凤参与打理。

美优康公司从食材生产源头把控品质与价格，大宗食材直接向生产基地或农户订购，安排专员监管食材的品质，有效地保障了食材的安全、卫生。美优康公司订购的食材不对外销售，全部按采购成本加价30%将食材供应给味道公司旗下的“味道”火锅门店，统一跟味道公司结算货款。

当门店开到第六家时，味道公司对旗下全部门店开始采取中央厨房管理模式，统一采购“味道”火锅所需的食材等，利用中央厨房巨大的操作车间，严把采购、选菜、切菜、调料、配料等各个环节。门店所需的全部原材料、半成品及配菜等，统一用冷藏车在指定时间内配送到各分店。

味道公司通过中央厨房集中规模采购、集约生产保证了优质食材的稳定供应，提供了菜品的质优价廉，降低了食品安全风险，冷链物流体系更好地保证了食材的新鲜与安全，令味道公司的“味道”火锅店在市场上拥有良好的美誉度，近几年驶入了快速扩张开分店的发展轨道。

随着味道公司的“味道”火锅门店越来越多，美优康公司与味道公司的业务量也越来越大，至2015年年底，美优康公司与味道公司之间的食材采购金额当年已达人民币500万元。

2015年年初，蒋究先生对味道公司有了上市的计划，拟在三年内IPO（即首次公开募股）上市，挂牌深圳证券交易所创业板。味道公司聘请了阳光证券股份有限公司、谨慎会计师事务所、行远诚律师事务所作为上市辅导的中介机构，开启了味道公司的上市之路。

三家中介机构对味道公司进行初步尽职调查后，在与蒋究先生的沟通中指出：味道公司的重大原材料采购严重依赖美优康公司，美优康公司的营业收入也100%来源于味道公司，味道公司与美优康公司之间的关联交易不符合公司上市的要求，应当予以规范。

中介机构建议味道公司收购美优康公司100%的股份，把美优康公司变成味道公司的全资子公司，彻底解决原材料采购中的关联交易问题。

但是，蒋究先生跟妻子孙丽凤商量，让孙丽凤向味道公司转让其持有的美优康公司股份时，孙丽凤反应强烈，明确表示反对。孙丽凤认为美优康公司每年有百万元的利润，不愿意将美优康公司交给味道公司与其他投资者一起分享，同时，孙丽凤也认为其妹妹孙美凤为美优康公司作出了很大贡献，大部分采购渠道都是孙美凤亲自一家家考察、洽谈的，孙美凤在美优康公司中有15%的干股，不能牺牲孙美凤的利益。

一时间，蒋究面对味道公司与美优康公司的交联交易问题，犹豫不决，难以取舍。

## 律师分析

### 利益输送的关联交易应当禁止

关联交易是指企业关联方之间利用关联关系进行的交易，关联交易是企业经营中经常出现的而又容易发生不公平结果的交易。

关联方是指在企业财务和经营决策中，一方控制、共同控制另一方或对另一方施加重大影响，以及两方或两方以上受同一方控制、共同控制的，构成关联方。

《公司法》规定的关联关系，是指公司控股股东、实际控制人、董事、监事、高级管理人员与其直接或者间接控制的企业之间的关系，以及可能导致公司利益转移的其他关系。

关联方关联交易的形式主要有：购销商品、买卖有形或无形资产、兼并或合并法人、出让与受让股权、提供或接受劳务、代理、租赁、各种采取合同或非合同形式进行的委托经营等、提供资金或资源、协议或非协议许可、担保、作研究与开发或技术项目的转移、向关联方人士支付报酬、合作投资设立企业、合作开发项目、其他有影响的重大交易等。

一方面，关联交易可以节约商业谈判等交易成本，提高交易效率；另一方面，关联交易容易使交易的价格、方式等在非竞争的条件下出现不公正情况，形成对关联方的利益输送，从而侵犯股东权益，也会令债权人利益受到损害。

目前，中国证券监督管理委员会（以下简称证监会）在对拟IPO上市公司的审核中，虽然没有完全禁止关联交易事项，但关联交易是重点审核的事项之一。

证监会在IPO审核中对关联交易保持着高度的“警惕”，要求发行人（指拟IPO上市公司）及各中介机构应严格按照《企业会计准则》《上市公司信息披露管理办法》及其他证券交易相关业务规则的有关规定进行关联方认定，充分披露关联方关系及其交易。对关联方既按会计准则界定，也按相关监管规则界定，并秉着实质重于形式的认定原则。

相关规则认定的上市公司的关联人包括关联法人和关联自然人。

具有以下情形之一的法人或其他组织，为上市公司的关联法人：

（1）直接或者间接控制上市公司的法人或其他组织；

（2）由上述第（一）项所列主体直接或者间接控制的除上市公司及其控股子公司以外的法人或其他组织；

（3）由上市公司的关联自然人直接或者间接控制的，或者由关联自然人担任董事、高级管理人员的除上市公司及其控股子公司以外的法人或其他组织；

（4）持有上市公司5%以上股份的法人或其他组织；

（5）本所根据实质重于形式原则认定的其他与上市公司有特殊关系，可能导致上市公司利益对其倾斜的法人或其他组织，包括持有对上市公司具有重要影响的控股子公司10%以上股份的法人或其他组织等。

具有以下情形之一的自然人，为上市公司的关联自然人：

（1）直接或间接持有上市公司5%以上股份的自然人；

（2）上市公司董事、监事和高级管理人员；

（3）前述第（一）项所列关联法人的董事、监事和高级管理人员；

（4）本条第（一）项和第（二）项所述人士的关系密切的家庭成员；

（5）本所根据实质重于形式原则认定的其他与上市公司有特殊关系，可能导致上市公司利益对其倾斜的自然人，包括持有对上市公司具有重要影响的控股子公司10%以上股份的自然人等。

具有以下情形之一的法人、其他组织或者自然人，视同上市公司的关联人：

（1）根据与上市公司或者其关联人签署的协议或者作出的安排，在协议或者安排生效后，或在未来十二个月内，将为上市公司的关联法人或关联自然人；

（2）过去十二个月内，曾经为上市公司的关联法人或关联自然人。

涉嫌利益输送、影响公司独立经营能力、增加公司经营风险等损害公司利益的关联交易是被禁止的，如果拟IPO上市公司存在上述关联交易应当进行规范、整改，否则将构成IPO的实质性障碍。

本风险事件中，味道公司向美优康公司采购原材料购成关联交易，导致味道公司经营所需的原材料采购严重依赖美优康公司，并涉嫌向美优康公司输送重大利益，严重影响味道公司的独立经营、持续经营，并在财务上带重大隐患。这样的关联交易在上市公司是被禁止的。

中介机构给予味道公司的建议整改是中肯的，蒋究先生应当下决心按中介机构给出的建议整改并规范味道公司与美优康公司之间关联交易，否则，这将构成味道公司IPO的实质障碍。

002

## 风险事件

### 恩威并施的吸收并购

蒋究是农家子弟，蒋究的父母一辈子都生活在农村，在田间劳作是他们一生的工作。蒋究有兄妹三人，他本人是家中长子，下面有弟弟蒋宏、妹妹蒋艳。自懂事起，蒋究就对弟弟蒋宏、妹妹蒋艳关爱有加，面对老实本分的父母，蒋究长兄如父般照顾着蒋宏、蒋艳，帮助他们上学、就业、结婚成家。

2011年是蒋究事业上顺风如意的一年，他创办的赢海味道餐饮管理有限公司（以下简称味道公司）在这一年红火起来了，蒋究也是在这一年将“味道”火锅门店开到了省城南州市。

为了照顾蒋宏、蒋艳的家庭生活，支持他们的发展，蒋究资助蒋宏、蒋艳分别在南州市的商业旺地各开了一家“味道”火锅门店：“味道”火锅珠江店与“味道”火锅海珠店。两家门店均采用升级的装修标准，共享味道公司的管理、培训、采购系统，并在味道公司内为两家门店选配了经验丰富的店长与优秀员工，交由蒋宏、蒋艳各自独立经营。

“味道”火锅珠江店与海珠店从开业时起就生意火爆，每月营业收入都位于味道公司旗下门店的前列，每家店每年都能带来近200万元的利润，分别成为蒋宏、蒋艳小家庭的主要经济收入来源。

行远诚律师事务所诚律师团队在对味道公司进行上市辅导的法律尽职调查中，了解到了上述情况。行远诚律师事务所在给予味道公司解决规范公司治理的建议中指出：“味道”火锅珠江店与海珠店系味道公司实际控制人蒋究的弟弟、妹妹独立经营，但与味道公司旗下的其他火锅门店共享管理、培训、采购系统，共用“味道”品牌，经营相同业务，构成同业竞争，必须消除。为彻底解决同业竞争问题，建议把“味道”火锅珠江店与海珠店吸收并入味道公司。

面对味道公司上市途中的拦路虎——美优康公司、“味道”火锅珠江店与海珠店，为了味道公司的长久发展，蒋究决定排除来自家庭的困扰，按中介机构的建议彻底解决关联交易与同业竞争的问题。

蒋究先跟妻子孙丽凤晓之以理，动之与情，要求妻子以公司的发展大局为重，把美优康公司并入味道公司，同时表示将妻妹孙美凤在美优康公司中15%的干股折算成味道公司的股份，保证孙美凤的现有利益。经过反复沟通，孙丽凤同意了蒋究的意见。

蒋究与妻子孙丽凤达成一致意见后，一起召集弟弟蒋宏、妹妹蒋艳、妻妹孙美凤开家庭会议，要求大家以味道公司的上市大局为重，同意把美优康公司、“味道”火锅珠江店与海珠店并入味道公司，解决关联交易与同业竞争的问题，扫除上市的障碍。为照顾大家的利益，蒋究表示美优康公司、“味道”火锅珠江店与海珠店均按合理估值折算成味道公司的股份。

同时，蒋究严肃表示，如果弟妹们不同意将美优康公司、“味道”火锅珠江店与海珠店并入味道公司，味道公司将不再从美优康公司采购食材，会启用新的采购渠道；或者，“味道”火锅珠江店与海珠店要彻底与味道公司分开，不再许可使用“味道”商标，不能共用味道公司的管理、培训、采购系统，相关管理人员也要从珠江店与海珠店中撤出。

在蒋究恩威并施下，蒋宏、蒋艳、孙美凤三人一方面觉得自己的利益得到了保障，另一方面也觉得一切都是依靠着蒋究这个靠山才有发展，离开了味道公司，各自都难以立足。于是，纷纷表示同意味道公司并购美优康公司、“味道”火锅珠江店与海珠店的方案。

蒋究在中介机构的帮助下，紧锣密鼓地开始了味道公司并购美优康公司、“味道”火锅珠江店与海珠店的各项工作。

## 律师分析

### 吸收合并是解决同业竞争的适当途径

同业竞争是指主体公司所从事的业务与其控股股东、实际控制人所控制的其他企业所从事的业务相同或近似，双方构成或可能构成直接或间接的竞争关系。

与控股股东、实际控制人及其所控制的其他企业之间不存在同业竞争是IPO上市的基本条件之一，如有，将构成IPO审核的实质性障碍。

是否与拟 IPO 主体公司构成同业竞争，可从竞争主体、同业范围、竞争关系三方面来判别。

竞争主体的判别，应从实际控制角度来划分：

第一类包括公司的第一大股东、通过协议或公司章程等对主体公司财务和经营政策有实际控制权力的股东、可以控制公司董事会的股东、与其他股东联合可以共同控制公司的股东；

第二类包括上述股东直接或间接控制的公司，也就是主体公司的并行公司；

第三类主体公司的控股股东、实际控制人为自然人时，扩展至其直系亲属控制的企业，通常而言，控股股东、实际控制人直系亲属控制的企业也属于竞争方。

同业范围的判别，依据相关规则主要应从业务的性质、业务的客户对象、产品或劳务的可替代性、市场差别等方面判断，并充分考虑对主体公司及其他股东的客观影响，如果与主体公司从事相同、相似业务就构成同业。在实践中，如有营业执照范围的重叠就需要关注，当然不能单依经营范围来判别是否属于同业范围，更从同一业务或者相似业务的领域进行实质判断。

竞争关系的判别，不仅局限于从经营范围上做出判断，而应遵循“实质重于形式”的原则，从业务的性质、业务的客户对象、产品或劳务的可替代性、市场差别等方面进行判断，同时应充分考虑对拟上市企业及其股东的客观影响。其中，是否存在现实或潜在的利益或冲突；是否存在替代关系；是否可能争夺商业机会；是否使用相同的商号、商标、原料、销售渠道、经销商、供应商等；设备、工艺流程、技术的通用性等，均是判别考虑的因素。

同业竞争的解决一般有以下几种方式：

（1）竞争方将竞争业务转让给无关联的第三方；

（2）竞争方关闭注销竞争企业；

（3）通过吸收并购，将竞争业务集中到拟 IPO 主体；

（4）将竞争业务委托拟 IPO 主体公司经营；

（5）拟 IPO 主体公司放弃存在同业竞争的业务；

（6）拟 IPO 主体公司与竞争方股东协议解决同业竞争问题，竞争方作出今后不再进行同业竞争的书面承诺；

（7）拟 IPO 主体公司在有关股东协议、公司章程等文件中规定避免同业竞争的措施，并在申请 IPO 上市前取得控股股东、实际控制人同业竞争方面的有效承诺，承诺将不以任何方式直接或间接地从事或参与和拟 IPO 主体公司竞争的任何业务活动。

在实践中，如同业竞争的企业经营业绩好，一般通过吸收合并到拟 IPO 主体公司中，一方面，能彻底解决同业竞争的问题，便于资源整合，统一管理；另一方面，也能充盈拟 IPO 主体公司的利润，这是解决同业竞争的适当途径。如同业竞争的企业经营不佳，则常常采用关闭注销，或转让给无关联的第三方解决。

上述事件中，蒋究在解决味道公司拟 IPO 中的关联交易与同业竞争问题时，兼顾与味道公司同业竞争的亲属们的利益，以合理估值吸收竞争企业，并折算成拟 IPO 主体公司的股份，同时又明确表述如不能吸收合并，将坚决与竞争企业切割。蒋究恩威并施，采用兼顾各方利益的吸收并购方式解决同业竞争问题是一个 IPO 主体公司解决同业竞争的良性案例。

**003**

## 风险事件

# 虚增收入、少列成本的财务操纵

赢海味道餐饮管理有限公司于 2015 年 6 月改制为赢海味道餐饮管理股份有限公司（以下简称味道公司），拟用 2015 年、2016 年、2017 年三年的财务数据在 2017 年提交 IPO 申报材料。

味道公司 2017 年延续 2016 年的良好发展势头，经营情况持续向好。公司财务总监何朴实向董事长蒋究汇报时预测 2017 年全年的财务数据为：营业收入有望突破 3 亿元，税后利润将达到 2600 万元。蒋究了解到近期 IPO 审核通过的公司的上年利润都在 3000 万元以上，如果味道公司明年按 2600 万元申报 IPO 材料不稳妥，要求何朴实想办法把 2017 年的利润调到 3000 万元以上。

何朴实按照蒋究的指示，通过将部分员工安排在其他公司买社保的方式，少算味道公司员工人数，少列工资成本。另外，将2017年年底销售的会员卡及老会员的充值提前确认为当年的收入。味道公司2017年年未经审计的财务报表显示当年营业收入总额3.3亿元，利润3060万元。

2018年3月，谨慎会计师事务所在对味道公司2017年财务进行审计时发现：味道公司2017年比2016年营业收入增加，工资成本却减少；2017年12月业务收入出现剧增等不合理现象。进一步核查后，发现了味道公司虚增收入、少列成本的情况。

于是，谨慎会计师事务所指出味道公司虚增收入、少列支出，过度粉饰业绩，构成财务操纵，应当予以纠正，否则将构成申报IPO的硬伤，难以通过审核。

## 律师分析

### 财务舞弊，一票否决

财务舞弊和过度的业绩粉饰，共同构成IPO过程中的财务操纵。

财务审核是IPO审核的核心，其中防范财务操纵是财务审核的重点。审核中如发现存在财务舞弊的行为，将会被“一票否决”，不能通过审核。

多数有财务舞弊嫌疑行为的IPO申报在发行部初审环节就不能通过。少数能够提交给发审委审核，初审报告一般也会将相关财务操纵的事项列为关注问题，提请发审委员注意，结果也往往是不能通过审核。对此类被否决的理由通常会表述为会计基础的规范性存疑、内控制度的有效性不足等，而不会直白地指出财务舞弊、业绩粉饰或财务操纵。

2017年6月9日证监会召开新闻发布会，新闻发言人明确表示：证监会继续严把审核质量关，采取多种措施和手段，严格实施IPO各环节的全过程监管，通过反馈、检查、初审、发审等审核流程和审核机制的有机配合，有效遏制问题苗头和“带病申报”情形，净化审核环境，强化中介机构责任，严厉打击利润操纵、欺诈发行、包装上市、虚假披露等行为，从严监管促进优质企业上市，发挥资本市场资源配置功能，促进供给侧结构性改革，切实服务实体经济。

新闻发言人还特别提到：证监会将进一步强化发行监管，严格审核，在严防企业造假的同时，密切关注企业通过短期缩减人员、降低工资、减少费用、放宽信用政策促进销售等方式粉饰业绩的情况，一经发现，将综合运用专项问核、现场检查、采取监管措施、移送稽查等方式严肃处理。

证监会也辟谣了设置隐形财务门槛的消息，IPO 审核中唯利润规模论在逐渐被打破。

目前，证监会发审委对 IPO 的审核标准已上升为审核体系，涵盖财务和非财务等多维度指标，强化了审核的综合性、全面性、专业性、精细化等属性，并不简单唯财务指标而论。审核红线仍旧聚焦在了公司财务真实性、持续经营能力、企业内控等问题上。

在财务真实性方面，监管层设定了“关联交易占比超过 30%”“现金交易超过 10%”“第三方收款超过 5%”“财务调整超过 20%”“原始财务报表与申报报表差异超过 20%”等红线。

上述事件中，谨慎会计师事务所的意见是正确的，味道公司采取虚增收入、少列成本的方式粉饰业绩的风险极高，如不纠正，很可能因此就导致不能通过 IPO 的审核。

## 004

### 风险事件

## 共用商标导致公司独立性存疑

蒋究在赢海市开设第一家“味道”火锅店时，是以其个人名义申请的个体工商户营业执照，当时蒋究以其个人名义申请了食品类、餐饮类“味道”注册商标，后因成立了赢海味道餐饮管理有限公司（以下简称味道公司），又追加申请了实业经营类、实业管理类“味道”注册商标。

味道公司成立后，蒋究将第一家“味道”火锅店以 500 万元的价格转给了味道公司，作为味道公司的直营店。2017 年，蒋究也说服其弟弟、妹妹将其经营的“味道”火锅珠江店与“味道”火锅海珠店转让给味道公司直营。至此，味道公司旗下25家门店全部为味道公司的直营店。

味道公司及其旗下门店全部使用“味道”商标，对此，蒋究向味道公司出具了书面许可，许可味道公司及其现有门店、将来开设的门店长期无偿使用“味道”商标。

2015年，蒋究还以独资成立了赢海味道食品有限公司（以下简称味道食品公司），该味道食品公司也使用“味道”商标，生产经营“味道”牌真空包装食品。

对此，为味道公司进行上市辅导的阳光证券股份有限公司的有关人员指出，味道公司使用的“味道”商标属实际控制人所有，且与实际控制人的其他公司共用商标，严重影响味道公司的独立性，建议蒋究把“味道”商标转让给味道公司，并解决其与味道食品公司共用“味道”商标的事情。

蒋究接受了券商的意见，将“味道”商标以一元的价格转让给了味道公司，味道食品公司也启用新的商标，将不再使用“味道”商标。

## 律师分析

### 企业独立性是公司IPO的基本要求

独立性是公司IPO基本条件之一，也是IPO审核的重点内容之一。

对拟IPO公司独立性的基本要求有：

（1）资产完整方面。生产型企业具备与生产经营有关的主要生产系统、辅助生产系统和配套设施，合法拥有与生产经营有关的主要土地、厂房、机器设备以及商标、专利、非专利技术的所有权或者使用权，具有独立的原料采购和产品销售系统；非生产型企业具备与经营有关的业务体系及主要相关资产。

（2）人员独立方面。发行人的总经理、副总经理、财务负责人和董事会秘书等高级管理人员不在控股股东、实际控制人及其控制的其他企业中担任除董事、监事外的其他职务，不在控股股东、实际控制人及其控制的其他企业领薪；发行人的财务人员不在控股股东、实际控制人及其控制的其他企业中兼职。

（3）财务独立方面。发行人已建立独立的财务核算体系、能够独立作出财务决策、具有规范的财务会计制度和对分公司、子公司的财务管理制度；发行人未与控股股东、实际控制人及其控制的其他企业共用银行账户。

（4）机构独立方面。发行人已建立健全内部经营管理机构、独立行使经营管理职权，与控股股东和实际控制人及其控制的其他企业间不存在机构混同的情形。

（5）业务独立方面。发行人的业务独立于控股股东、实际控制人及其控制的其他企业，与控股股东、实际控制人及其控制的其他企业间不存在同业竞争或者显失公平的关联交易。

发行人应当在招股说明书中披露，已达到发行监管对公司独立性的上述基本要求。

事件中，味道公司使用实际控制人所有的“味道”商标，且与实际控制人的其他公司共用商标，严重影响了味道公司的独立性。味道公司的实际控制人蒋究接受券商的意见，将“味道”商标转让给味道公司，实际控制人的其他公司不再共用“味道”商标，解决了相关问题。

## 005

### 风险事件

## 大树底下乘凉不能通过 IPO 审核

威灵意文化创意股份有限公司（以下简称威灵意公司）是世界500强之一的A集团发起设立的股份公司，主营业务为承办展览展示、广告、设计、创意策划、影视、传媒等，主要依托A集团及其旗下的成员单位拓展业务。

背靠A集团这棵大树，威灵意公司的发展很快。

2017年，威灵意公司提交了IPO申报材料。

威灵意公司的财务数据显示，2014—2016年，威灵意公司实现的营业收入分别为3.12亿元、3.96亿元、4.63亿元，对应的归属净利润为3123.22万元、3765.14万元、4056.77万元。

威灵意公司2014—2016年报告期前五大客户销售收入占比非常集中，其中对第一大客户的收入占比超过30%，销售费用率远低于同行业可比公司。

其中，上述报告期内前五大客户销售收入分别为2.36亿元、2.69亿元、3.61亿元，分别占当期营业收入的比例分别为75.64%、67.92%、77.97%。其中，向第一大客户销售的收入分别为9500万元、1.28亿元、1.74亿元，分别占当期营业收入的30.45%、32.32%、37.58%。

威灵意公司前五大客户均为A集团及其旗下的成员单位。

背靠A集团这棵大树乘凉，大股东头戴着世界500强的“光环”，但威灵意公司仍不能通过IPO审核的“阳光”照射。

证监会发行监管部在审核时认为威灵意公司的经营严重依赖大股东，存在客户集中度过高、对第一大客户重大依赖、销售费用率不合理地低于同行业可比公司等问题。

威灵意公司IPO被否。

## 律师分析

### 严重依赖大客户将影响持续盈利能力

拟IPO公司的营业收入严重依赖大客户直接影响到公司的持续盈利能力和独立性，是一个重要的审核风险。

对于拟IPO公司的持续盈利能力方面，要求不得有下列影响持续盈利能力的情形：

（1）发行人的经营模式、产品或服务的品种结构已经或者将发生重大变化，并对发行人的持续盈利能力构成重大不利影响；

（2）发行人的行业地位或发行人所处行业的经营环境已经或者将发生重大变化，并对发行人的持续盈利能力构成重大不利影响；

（3）发行人最近一个会计年度的营业收入或净利润对关联方或者存在重大不确定性的客户存在重大依赖；

（4）发行人最近一个会计年度的净利润主要来自合并财务报表范围以外的投资收益；

（5）发行人在用的商标、专利、专有技术以及特许经营权等重要资产或技术的取得或者使用存在重大不利变化的风险；

（6）其他可能对发行人持续盈利能力构成重大不利影响的情形。

为此，要求发行人披露主营业务、销售及主要客户情况：

（1）列表披露报告期内各期主要产品（或服务）的产能、产量、销量、销售收入，产品或服务的主要消费群体、销售价格的变动情况；

（2）报告期内各期向前五名客户合计的销售额占当期销售总额的百分比，向单个客户的销售比例超过总额的50%、前五名客户中新增的客户或严重依赖于少数客户的，应披露其名称或姓名、销售比例。

（3）如该客户为发行人的关联方，则应披露产品最终实现销售的情况。受同一实际控制人控制的销售客户，应合并计算销售额。

事件中，威灵意公司的营业收入严重依赖大股东，持续盈利能力存疑，其IPO被否在情理之中。

**006**

## 风险事件

### 金亚科技财务造假，留下一地鸡毛

金亚科技股份有限公司（以下简称金亚科技）成立于1999年11月18日，主营业务：数字电视系统前后端软、硬件产品的研发、生产、销售及服务，以及向中小数字电视运营商提供数字电视端到端整体解决方案。

2009年10月30日，金亚科技在深圳证券交易所创业板上市，是创业板首批28家集中挂牌上市的企业之一，股票代码：300028。

金亚科技以发行市盈率45.2倍，每股发行价11.3元，发行3700万股，募资超4亿元。当时，被誉为中国最具影响力创新成果100强、广电行业十大创新品牌、中国数字电视产业十大自主品牌、国家高新技术企业、四川省质量AA级认证企业，披着闪耀的光环。

2014年，金亚科技实际控制人周旭辉被曝出已与某美女明星隐婚两年。

2015年6月5日，金亚科技公告提示：金亚科技及实际控制人周旭辉因涉嫌证券违法违规，正在被中国证监会立案调查。

之后，金亚科技多次公告提示：因公司及实际控制人周旭辉涉嫌违反证券法律法规，被立案调查，公司股票存在被暂停上市风险。

2015年6月30日，金亚科技公告：周旭辉辞去公司董事长、董事等全部职务。

2017年11月、12月，398名自然人原告因证券纠纷起诉金亚科技，其中217名原告起诉金亚科技，181名原告起诉金亚科技和金亚科技实际控制人周旭辉，要求赔偿股票投资损失合计近亿元。

2018年3月6日，中国证券监督管理委员会作出《行政处罚决定书》〔编号：［2018］10号〕及《市场禁入决定书》〔编号：［2018］3号〕，认为：金亚科技及相关当事人为了扭转2013年大幅的亏损，通过虚增收入、成本，配套地虚增存货、往来款和银行存款，设置两个账套，伪造2014年财务数据情况；通过虚构客户、伪造合同、伪造银行单据、伪造材料产品收发记录、隐瞒费用支出等方式，虚增营业收入73635141.1元，虚增营业成本19253313.84元，少计销售费用3685014元，少计管理费用1320835.1元，少计财务费用7952968.46元，少计营业外收入19050元，少记营业外支出13173937.58元，虚增利润总额80495532.4元，占当期披露的利润总额的比例为335.14%，上述会计处理使金亚科技2014年年度报告利润总额由亏损变为盈利；虚增2014年度银行存款217911835.55元；虚列2014年度预付工程款3.1亿元。

上述决定对金亚科技给予警告，并处以60万元的罚款；对周旭辉给予警告，并处以90万元的罚款，其中作为直接负责的主管人员罚款30万元，作为实际控制人罚款60万元；对其他涉案人员一一给予处罚。对周旭辉采取终身证券市场禁入的措施。

2018年4月至6月，400多名原告因证券纠纷起诉金亚科技，其中200名原告起诉金亚科技和金亚科技实际控制人周旭辉，要求赔偿股票投资损失合计近亿元。

2018年6月25日，金亚科技收到了深圳证券交易所发来的《关于通报金亚科技股份有限公司涉嫌犯罪案被中国证监会移送公安机关的函》〔创业板函［2018］第40号〕，被告之：中国证监会在对金亚科技涉嫌欺诈发行股票等违法行为立案调查中查实，金亚科技在IPO申报材料中虚增2008年、2009年1月至6月营业收入，占当期公开披露营业收入的47.49%、68.97%；虚增2008年、2009年1月至6月利润，分别占当期公开披露利润的85.96%、109.33%。金亚科技涉嫌构成欺诈发行股票罪，已于近日将该案移送公安机关。

2018年6月27日，深圳证券交易所发布《关于启动对金亚科技强制退市机制答投资者问》，声明已正式启动对金亚科技的强制退市机制，金亚科技股票存在被暂停及终止上市的风险。

2018年7月27日，金亚科技发布公告称：公司实际控制人周旭辉因涉嫌欺诈发行股票罪，已被四川省公安厅直属公安局刑事拘留。

2018年8月起，金亚科技持续发布《关于公司股票可能被暂停上市或终止上市的风险提示公告》

至此，金亚科技为了达到发行上市条件，通过虚构客户、虚构业务、伪造合同、虚构回款等方式虚增收入和利润，骗取了IPO核准，财务造假细节曝光。

金亚科技一再地造假，性质过于恶劣，证监会在查明真相后，直接移送给了公安机关。

金亚科技实际控制人周旭辉因金亚科技上市而辉煌的人生就此落下帷幕，留下一地鸡毛。

## 律师分析

### 造假上市涉嫌构成欺诈发行股票罪

欺诈发行股票罪，是指在招股说明书、认股书中隐瞒重要事实或者编造重大虚假内容，发行股票，数额巨大、后果严重或者有其他严重情节的行为。

构成欺诈发行股票罪处五年以下有期徒刑或者拘役，并处或者单处非法募集资金金额1%以上5%以下罚金。

单位犯欺诈发行股票罪的，对单位判处罚金，并对其直接负责的主管人员和其他直接责任人员，处五年以下有期徒刑或者拘役。

在招股说明书、认股书中隐瞒重要事实或者编造重大虚假内容，发行股票或者公司、企业债券，涉嫌下列情形之一的，应予立案追诉：

（1）发行数额在500万元以上的；

（2）伪造、变造国家公文、有效证明文件或相关凭证、单据的；

（3）利用募集的资金进行违法活动的；

（4）转移或者隐瞒所募集资金的；

（5）其他后果严重或有其他严重情节的情形。

金亚科技2014年年度报告虚假记载的行为，违反了《证券法》第六十三条有关“发行人、上市公司依法披露的信息，必须真实、准确、完整，不得有虚假记载、误导性陈述或者重大遗漏”的规定，构成《证券法》第一百九十三条所述“发行人、上市公司或者其他信息披露义务人未按照规定披露信息，或者所披露的信息有虚假记载、误导性陈述或者重大遗漏”的行为。因此，证监会对金亚科技、周旭辉给予警告、罚款的处罚，对周旭辉采取终身证券市场禁入措施。

金亚科技在IPO申报材料中虚增2008年、2009年1月至6月营业收入，占当期公开披露营业收入的47.49%、68.97%；虚增2008年、2009年1月至6月利润，分别占当期公开披露利润的85.96%、109.33%，涉嫌构成欺诈发行股票罪。因此，中国证监会将该案移送公安机关处理，深圳证券交易所也因此决定暂停其股票上市。

目前，金亚科技涉嫌构成欺诈发行股票罪已被移送公安机关处理，深圳证券交易所已正式启动对金亚科技的强制退市机制，金亚科技股票存在被终止上市的风险。

# 第十八章　解散清算

001

## 风险事件

### 僵尸公司，股东如何自保

2006年，随着中国房地产业蓬勃发展，民用陶瓷需求也快速增长。陶瓷产业的极速发展，让手握闲钱没处使的冼慰民嗅到了商机。

同年6月中旬，冼慰民与赢海市陶瓷行业排名靠前的几家企业高管郝仁、巨书强、董赢潇沟通，建议大家一起成立一家陶瓷公司，主营业务为研发、生产、销售陶瓷墙地砖。

经过数次沟通，冼慰民与郝仁、巨书强、董赢潇决定共同投资成立“赢海市宝诺陶瓷有限公司”，并签订了一份《投资成立“赢海市宝诺陶瓷有限公司”合同》。

该投资合同约定，四方均以货币形式出资共同投资人民币2000万元成立“赢海市宝诺陶瓷有限公司”（暂用名，以下简称宝诺公司），其中冼慰民出资人民币700万元，占35%股权；郝仁出资人民币500万元，占25%股权，巨书强出资人民币400万元，占20%股权，董赢潇出资人民币400万元，占20%股权。宝诺公司后续发展需要资金由冼慰民给予支持。

2007年1月，宝诺公司成立。

冼慰民担任公司法定代表人，职务为执行董事，郝仁职务为总经理，巨书强职务为生产副总经理，董赢潇职务为销售副总经理。

2008年2月，宝诺公司厂房建成并投产。

2008年年初至2011年年底，宝诺公司每年销售额及利润均以两位数增长，且每年都有分红，公司各股东间沟通良好。

但从2012年6月开始，受公司研发滞后、国内建筑陶瓷产能过剩的影响，宝诺公司销售业绩逐月下滑，至2012年12月底，宝诺公司不得不实施裁员及关停一部分生产线进行自救。

至2013年6月，公司营业额更是一落千丈，公司股东间互不信任感油然而生，矛盾重重，大家对公司后期发展意见不一，员工也是人心涣散，无心生产，导致产品质量严重下降，客户投诉及产品质量纠纷日益增多。

2013年10月，巨书强、董赢潇先后从宝诺公司出走。2013年12月，冼慰民决定关停生产线并遣散员工。2014年起，宝诺公司开始停产，厂房荒芜，机器设备严重老化、贬值。

2017年1月，冼慰民向赢海市赢城区人民法院提起诉讼，请求解散宝诺公司。2017年6月，赢海市赢城区人民法院判决解散宝诺公司。

## 律师分析

### 公司经营严重困难，股东可提请法院解散公司

事件中宝诺公司2013年10月后处于停业状态，巨书强、董赢潇先后从宝诺公司出走后，公司从未召开过股东会，公司的人合基础已完全丧失，宝诺公司的财产也处于老化、贬值中。

冼慰民作为持有宝诺公司35%股份的股东，为使自己利益不受重大损失，可以向法院提起解散宝诺公司的诉讼。

根据法律规定，公司可因下列原因解散：章程规定的营业期限届满；股东会或者股东大会决议解散；因公司合并或者分立需要解散；依法被吊销营业执照；依法责令关闭或者被撤销。

但是，公司存在僵局时，且持续两年以上无法召开股东会或者股东大会、持续两年以上不能作出有效的股东会或者股东大会决议、公司董事长期冲突且无法通过股东会或者股东大会解决导致公司经营管理发生严重困难，继续存续会使股东利益受到重大损失，而又不能通过其他途径解决僵局时，单独或者合

计持有公司全部股东表决权 10% 以上的股东也可以请求人民法院解散公司。

上述事件中，至冼慰民诉至人民法院解散公司，宝诺公司已超过二年无法召开股东会议，股东利益冲突与矛盾深刻，公司难以形成可执行的决议，导致经营决策无法作出，公司业务活动无法正常经营，管理陷于混乱与瘫痪状况，为了不使公司财产持续的损耗和流失，股东利益不受重大损失，冼慰民就可以向人民法院提起诉讼请求解散宝诺公司。

**002**

## 风险事件

### 执照被吊销公司未清算，股东有麻烦

2007 年 1 月 10 日，嬴海市宝诺陶瓷有限公司（以下简称宝诺公司）成立。主营业务为研发、生产、销售陶瓷墙地砖。经营期限为长期。注册资金为人民币 2000 万元，其中冼慰民出资人民币 700 万元，占 35% 股权；郝仁出资人民币 500 万元，占 25% 股权；巨书强出资人民币 400 万元，占 20% 股权；董嬴潇出资人民币 400 万元，占 20% 股权。

冼慰民担任公司法定代表人，职务为执行董事，郝仁职务为总经理，巨书强职务为生产副总经理，董嬴潇职务为销售副总经理。

2008 年 2 月，宝诺公司厂房建成并投产。

2009 年 4 月，因公司经营需要，宝诺公司向嬴海市农商银行借款人民币 2000 万元，用于补充公司流动资金及购买设备，借期为三年，以公司设备提供抵押担保。

2008 年年初至 2011 年年底，宝诺公司每年销售额及利润均以两位数增长，且每年都有分红，公司各股东间沟通良好。

但从 2012 年 6 月开始，受公司研发滞后、国内建筑陶瓷产能过剩影响，宝诺公司销售业绩逐月下滑，至 2012 年 12 月底，宝诺公司不得不实施裁员及关停一部分生产线等措施进行自救。

至 2013 年 6 月，公司营业额已是一落千丈，公司股东间互不信任感油然而

生，大家对公司后期发展意见不一，员工更是人心涣散，无心生产，导致产品质量严重下降，客户投诉及产品质量纠纷日益增多。

2013 年 12 月，宝诺公司停止生产并遣散员工。

2015 年 6 月，宝诺公司被赢海市赢城区工商行政管理局吊销营业执照。此后，公司账册和与经营有关的重要文件因无人管理及厂房水浸而灭失。

2012 年 8 月，赢海市农商银行向赢海市赢城区人民法院提起有关诉讼，待判决生效后，赢海市农商银行向赢海市赢城区人民法院申请强制执行。

该案处置相应抵押物（机器设备）后尚有大部分本金及利息未能偿还。后赢海市赢城区人民法院发现被执行人宝诺公司未有可供执行的财产，终结本次执行程序。

2016 年 6 月 20 日，赢海市农商银行向赢海市赢城区人民法院申请对宝诺公司进行强制清算。赢海市赢城区人民法院受理对宝诺公司进行强制申请后，要求宝诺公司及其法定代表人冼慰民及股东郝仁、巨书强、董赢潇在规定期限内向法院申报宝诺公司的财产，并移交印章、账册、文书、有关财务会计报告等资料，但上述资料因宝诺公司未妥善保管而灭失。

鉴于宝诺公司因账册、重要文件灭失而无法进行清算，于是赢海市赢城区人民法院出具裁定："终结申请人赢海市农商银行申请被申请人赢海市宝诺陶瓷有限公司进行强制清算的程序。申请人赢海市农商银行可另行依据《最高人民法院关于适用〈中华人民共和国公司法〉若干问题的规定（二）》第十八条的规定，要求被申请人赢海市宝诺陶瓷有限公司的股东、董事、实际控制人等清算义务人对其债务承担偿还责任。"

## 律师分析

### 公司被吊销营业执照且不能清算，股东须对债务承担连带清偿责任

事件中宝诺公司因故被赢海市赢城区工商行政管理局吊销营业执照，而宝诺公司股东冼慰民、郝仁、巨书强、董赢潇未在法定期限内成立清算组对公司

进行清算，需承担相应法律责任。

公司因章程规定的营业期限届满、股东会或股东大会决议解散、被吊销营业执照或责令关闭或被撤销、人民法院判决解散等原因被解散，有限责任公司股东、股份有限公司董事或股东大会确定的人（以下简称清算义务人）应在上述解散事由出现之日起十五日内成立清算组对公司进行清算。

如果清算义务人未在上述期限内成立清算组对公司进行清算，导致公司主要财产、账册、重要文件等灭失，无法进行清算，公司债权人可以主张清算义务人对公司债务承担连带清偿责任。

宝诺公司在2015年6月被赢海市赢城区工商行政管理局吊销营业执照后，公司一直未进行清算，且公司账册及经营有关的重要文件又因无人管理及厂房水浸而灭失。

宝诺公司的债权人赢海市农商银行可以向法院主张冼慰民、郝仁、巨书强、董赢潇对宝诺公司的债务承担连带清偿责任。

## 003

### 风险事件

## 如此清算，清算组成员担责不冤

2007年1月10日，赢海市宝诺陶瓷有限公司（以下简称宝诺公司）成立。注册资金为人民币2000万元。冼慰民担任公司的法定代表人，职务为执行董事。

2008年2月，宝诺公司设备调试完毕并投产。

2011年6月，宝诺公司因需补充流动资金，向赢海市友前小额贷款有限公司（以下简称友前小贷）借款人民币600万元，借期为一年，以公司设备提供抵押担保。

自公司成立起至2011年年底，宝诺公司每年销售额及利润均以两位数增长，公司运营正常。但从2012年6月开始，受公司研发滞后、国内建筑陶瓷产能过剩影响，宝诺公司销售业绩逐月下滑。

2013年年底，公司因营业额一落千丈，产品质量严重下降等影响被迫停止生产并遣散员工。

2012年8月，友前小贷向赢海市赢城区人民法院提起有关诉讼，待判决生效后，友前小贷向赢海市赢城区人民法院申请强制执行。该案处置相应抵押物（机器设备）后尚有大部分本金及利息未能偿还。

2013年8月，赢海市赢城区人民法院发现被执行人宝诺公司未有可供执行的财产，终结本次执行程序。

2014年1月6日，宝诺公司股东冼慰民、郝仁、巨书强、董赢潇作出股东会决议，决议通过以下事项：

（1）决定停止宝诺公司经营，解散宝诺公司。成立清算小组，处理宝诺公司清算与注销事宜。清算结束后，制作清算报告，并报送公司登记机关，办理宝诺公司注销登记；

（2）清算小组由冼慰民、郝仁、巨书强、董赢潇组成，冼慰民任组长。

2014年1月8日，宝诺公司向赢海市赢城区工商行政管理局提交了企业申报事项申请书，申请成立清算组。次日，宝诺公司在《赢海日报》刊登了清算公告。

2014年4月10日，宝诺公司向赢海市赢城区工商行政管理局提交《企业注销登记申请书》，注销登记信息显示：注销原因为宝诺公司股东会决议解散，债权债务清理完毕并已登报公告。

清算报告主要内容为：

（1）宝诺公司已于2014年1月9日在《赢海日报》刊登清算公告；

（2）宝诺公司已妥善处理未完业务，已停止生产经营；

（3）宝诺公司所有税款已清缴，税务登记已注销；

（4）宝诺公司员工已妥善安置；

（5）宝诺公司债权债务已清理完毕；

（6）宝诺公司剩余财产已由股东按出资比例分配完毕。

赢海市赢城区工商行政管理局于2014年5月20日向宝诺公司发出了《企业核准注销登记通知书》。

2014年6月20日，友前小贷向赢海市赢城区人民法院提起诉讼，请求判令宝诺公司清算组成员冼慰民、郝仁、巨书强、董赢潇对宝诺公司债务承担连带赔偿责任。

后赢海市赢城区人民法院作出判决支持友前小贷的诉讼请求。

## 律师分析

### 虚假清算，清算组成员须为公司债务承担责任

事件中宝诺公司清算组成员冼慰民、郝仁、巨书强、董赢潇在未对友前小贷的债务作出处理的情况下，向工商登记机关出具清算报告称公司债权债务已经清算完毕，骗取公司登记机关办理法人注销登记，需承担相应法律责任。

公司出现解散事由后，有限责任公司应由股东组成清算组、股份有限公司应由董事或股东大会确定的人员组成清算组对公司进行清算。

公司清算时，清算组应将公司解散清算事宜书面通知全体已知债权人，并在公司注册登记地省级有影响的报纸上进行公告。

清算组未按前述要求履行通知义务和公告义务，导致债权人未及时申报债权而未获清偿，债权人可要求清算组成员对因此造成的损失承担赔偿责任。

宝诺公司在2014年1月8日成立清算组后，清算组成员冼慰民、郝仁、巨书强、董赢潇理应通过书面通知与宝诺公司在同一城市且已知的债权人友前小贷申报债权。

现清算组成员因故意或重大过失而没有通知友前小贷，而给友前小贷造成损失，应承担赔偿责任。

## 004

## 风险事件

### 这般转让股权，隐患说来就来

2007年1月10日，赢海市宝诺陶瓷有限公司（以下简称宝诺公司）成立。董赢潇出资人民币400万元，占20%的股份。

2010年8月，董赢潇准备全家移民澳洲，考虑到以后自己不在国内发展，就打算处置国内所有资产，包括其在宝诺公司的股权。

在一次大学同学聚会上，他与同学郝瑾绅聊起资产出让的事宜。说者无意听者有心，郝瑾绅认为受让董赢潇在宝诺公司的股权是自己当前最好的一笔投资，一方面，利用自己担任宝诺公司所在工业园区管委会主任的优势，可以解决公司经营过程中一些问题；另一方面，宝诺公司成立之初，自己帮了董赢潇不少忙，因此董赢潇的股权出让价格应该不会很高。

经过几天深思熟虑后，郝瑾绅当即给董赢潇打电话，告诉他自己想受让其在宝诺公司的股权，但考虑到自己和太太的公务员身份，就不想办理股权变更登记。

两人一番沟通后，双方就按郝瑾绅的想法把股权转让事宜的有关细节也一并确定下来。

2010年9月10日，董赢潇在取得宝诺公司其他股东的同意后，与郝瑾绅签订了一份《股权转让合同》。

随后，双方按合同约定履行完毕各自应履行的义务，宝诺公司也按上述合同约定将每次分红款汇至郝瑾绅指定的账户，但郝瑾绅一直没有要求宝诺公司就上述股权转让事宜去公司登记机关办理变更登记。

2011年6月，宝诺公司因需补充流动资金，向赢海市友前小额贷款有限公司（以下简称友前小贷）借款人民币600万元，借期为一年，以公司设备提供抵押担保。

自公司成立起至2011年年底，宝诺公司每年销售额及利润均以两位数增长，公司运营正常。但从2012年6月开始，受公司研发滞后、国内建筑陶瓷产能过剩影响，宝诺公司销售业绩逐月下滑。至2013年年底，宝诺公司亏损严重，被迫停止生产并遣散员工。

2012年8月，友前小贷向赢海市赢城区人民法院提起有关诉讼，待判决生效后，友前小贷向赢海市赢城区人民法院申请强制执行。

该案处置相应抵押物（机器设备）后尚有大部分本金及利息未能偿还。2013年8月，赢海市赢城区人民法院发现被执行人宝诺公司未有可供执行的财产，终结本次执行程序。

2014年1月6日，宝诺公司股东冼慰民、郝仁、巨书强、郝瑾绅作出股东会决议，该股东会决议董赢潇的名字由郝瑾绅代签，决议通过以下事项：

（1）决定停止宝诺公司经营，解散宝诺公司。成立清算小组，处理宝诺公司清算与注销事宜。清算结束后，制作清算报告，并报送公司登记机关，办理宝诺公司注销登记；

（2）清算小组由冼慰民、郝仁、巨书强、董嬴潇组成，冼慰民任组长。

2014 年 1 月 8 日，宝诺公司向嬴海市嬴城区工商行政管理局提交了企业申报事项申请书，申请成立清算组。

2014 年 1 月 9 日，宝诺公司在《嬴海日报》刊登了清算公告。

2014 年 4 月 10 日，宝诺公司向嬴海市嬴城区工商行政管理局提交《企业注销登记申请书》及《清算报告》，其中注销登记信息显示：注销原因为宝诺公司股东会决议解散，债权债务清理完毕并已登报公告。

清算报告主要内容为：

（1）宝诺公司已于 2014 年 1 月 9 日在《嬴海日报》刊登清算公告；

（2）宝诺公司已妥善处理未完业务，已停止生产经营；

（3）宝诺公司所有税款已清缴，税务登记已注销；

（4）宝诺公司员工已妥善安置；

（5）宝诺公司债权债务已清理完毕；

（6）宝诺公司剩余财产已由股东按出资比例分配完毕。

嬴海市嬴城区工商行政管理局于 2014 年 5 月 20 日向宝诺公司发出了《企业核准注销登记通知书》。

2014 年 6 月 20 日，友前小贷向嬴海市嬴城区人民法院提起诉讼，请求判令宝诺公司清算组成员冼慰民、郝仁、巨书强、董嬴潇对宝诺公司债务承担连带赔偿责任。

董嬴潇抗辩称：其在宝诺公司的股权早在 2010 年 9 月 10 日已转让给郝瑾绅，对于宝诺公司的清算、注销均不知情，《企业注销登记申请书》及《清算报告》上“董嬴潇”均系郝瑾绅所签，董嬴潇并非清算组成员，不应承担赔偿责任。

嬴海市嬴城区人民法院在后来作出的判决中，支持了友前小贷的诉讼请求。

## 律师分析

### 有限公司股权转让未登记，清算责任由原股东承担

事件中尽管宝诺公司决定解散的所有文件中董赢潇的名字均由郝瑾绅代签，且董赢潇早已将其在宝诺公司的股权转让给郝瑾绅，但上述转让并未在公司登记机关办理变更登记。在宝诺公司清算组未对友前小贷的债务作出处理的情况下，向工商登记机关出具清算报告称公司债权债务已经清算完毕，骗取公司登记机关办理法人注销登记，董赢潇需对友前小贷的债务承担连带赔偿责任。

公司股东发生变更，应当办理变更登记，未办理变更登记不得对抗第三人。

公司出现解散事由后，有限责任公司应由股东组成清算组对公司进行清算。

公司清算时，清算组应将公司解散清算事宜书面通知全体已知债权人，并在公司注册登记地省级有影响力的报纸上进行公告。

清算组未按前述要求履行通知义务和公告义务，导致债权人未及时申报债权而未获清偿，债权人可要求清算组成员对因此造成的损失承担赔偿责任。

事件中虽然董赢潇与郝瑾绅签订了股权转让合同，董赢潇将其在宝诺公司的股权转让给了郝瑾绅，但未在公司登记机关办理股权转让和股东变更登记，因此宝诺公司的股权变更不能对抗友前小贷。

对于友前小贷而言，董赢潇仍然为宝诺公司的股东，承担宝诺公司股东的责任。进而，董赢潇作为宝诺公司的股东之一，承担组成清算组，依法清算的义务。

宝诺公司在2014年1月8日成立清算组后，清算组理应通过书面通知与宝诺公司在同一城市且已知的债权人友前小贷申报债权。

现清算组成员因故意或重大过失而没有通知友前小贷，给友前小贷造成损失的，应承担赔偿责任。

**005**

## 风险事件

### 承诺承担或有债务，被追加为被执行人

2007年1月10日，赢海市宝诺陶瓷有限公司（以下简称宝诺公司）成立。冼慰民占60%的股份，担任公司的法定代表人，职务为执行董事；巨书强占20%的股份；董赢潇占20%的股份；三名股东一致同意聘任郝仁为宝诺公司总经理。

自公司成立起至2011年年底，宝诺公司每年销售额及利润均以两位数增长，公司运营正常。但从2012年6月开始，受公司研发滞后、国内建筑陶瓷产能过剩影响，宝诺公司销售业绩逐月下滑。

至2013年6月，公司营业额更是一落千丈，产品质量也严重下降。

2013年年底，宝诺公司停止生产并遣散员工。

自宝诺公司厂房建成投产以来，赢海市恒源水晶石有限公司（以下简称恒源公司）一直是其陶瓷原料熔块的核心供应商。根据双方的交易习惯，宝诺公司通常在收到货物后月结90天付款。

2013年前，宝诺公司不仅采购量大，而且支付货款也非常及时，恒源公司上下为有宝诺公司这样的优质客户而感到高兴。

自2013年1月开始，宝诺公司偶有延期几天甚至十几天支付货款，恒源公司也认为这是正常现象，不以为意。但后来宝诺公司延期支付货款的期间越来越长，甚至对恒源公司的催收货款事宜不给予回复。

2013年年底，经过双方对账确认，宝诺公司共欠恒源公司货款人民币173万元。

恒源公司多次催收货款无果后，于2015年10月向赢海市赢城区人民法院提起有关诉讼，待判决生效后，向赢海市赢城区人民法院申请强制执行。

但宝诺公司的厂房及机器设备均抵押给赢海市农商银行办理了贷款，且处置上述厂房及机器设备的款项不足以覆盖宝诺公司所欠赢海市农商银行的本金与利息。

因此，恒源公司项下的债权一直未得以执行。

出于快速解决公司遗留问题，2016 年 10 月 20 日，宝诺公司股东冼慰民、巨书强、董赢潇作出股东会决议，决定解散公司，清算组成员由冼慰民、郝仁、巨书强、董赢潇组成，冼慰民任组长。

2016 年 10 月 22 日，宝诺公司向赢海市赢城区工商行政管理局提交《企业注销登记申请书》及由清算组所有成员签名的《承诺函》，承诺函主要内容为：宝诺公司无债权债务，如有债权债务由全体签字成员承担。

赢海市赢城区工商行政管理局于2016 年 11 月 20 日向宝诺公司发出了《企业核准注销登记通知书》。

2017 年 3 月 20 日，恒源公司向赢海市赢城区人民法院申请在其与宝诺公司间的买卖合同纠纷执行案件中追加郝仁为被执行人。

同年 4 月 10 日，赢海市赢城区人民法院出具裁定追加郝仁为上述案件的被执行人。

## 律师分析

### 公司注销登记时签署承诺的人员需承担相应责任

事件中宝诺公司未经清算即办理注销登记，导致公司无法进行清算，且其办理注销申请时已向工商行政管理部门提交了由冼慰民、郝仁、巨书强、董赢潇签名的《承诺函》，该承诺函显示宝诺公司无债权债务，如有债权债务由全体签字成员承担，因此郝仁需对宝诺公司未清偿的债务承担清偿责任。

公司出现解散事由后，有限责任公司应由股东组成清算组、股份有限公司应由董事或股东大会确定的人员组成清算组对公司进行清算。

公司依法清算结束后，清算组应当将报股东会或股东大会确认的清算报告报送公司登记机关，申请注销公司登记。

如果公司未经依法清算即办理注销登记，且第三人在公司登记机关办理注销登记时承诺对公司债务承担责任的，债权人有权主张该第三人对公司债务承担相应民事责任；如债权人的债权已经处于执行阶段，其还可以申请追加该第三人为被执行人，在承诺范围内承担清偿责任。